みんなが欲しかった！

宅建士の一問一答問題集

滝澤ななみ

★法改正情報は「サイバーブックストア」で!!★

　宅建士本試験は、例年4月1日現在施行されている法令等に基づいて出題されます。本書刊行後に施行が判明した法改正情報は、TAC出版ウェブページ「サイバーブックストア」内「法改正情報」ページにてPDFを公開いたします(2024年7月下旬予定)。

　また、法改正情報・最新統計データ等を網羅して、TAC宅建士講座が作成した『法律改正点レジュメ』を2024年7月より、TAC出版ウェブページ「サイバーブックストア」内で無料公開いたします(パスワードの入力が必要です)。

【『法律改正点レジュメ』ご確認方法】
・ TAC　出版 で検索し、TAC出版ウェブページ「サイバーブックストア」へアクセス!
・「各種サービス」より「書籍連動ダウンロードサービス」を選択し、「宅地建物取引士　法律改正点レジュメ」に進み、パスワードを入力してください。

パスワード：**241010861**

公開期限：2024年度宅建士本試験終了まで

簡単アクセスはこちらから →

　本書は一問一答形式の問題集ですが、そのコンセプトは「**解く**」、「**記憶、記録する**」、「**捨てる**」の3点です。

1)「解く」

　一問一答形式の問題集の目的は、知識の穴を埋めることです。

　教科書の内容を暗記、理解しているかどうかの確認は、実際に問題を解かなければ判断できません。本書は『**宅建士の教科書**』に準拠し、合格に必要な最低限の内容を中心とした問題で構成されているので、まずは本書を利用して「**知識の漏れ**」があるかどうかの確認作業をしましょう。

2)「記憶、記録する」

　次に、間違った問題、つまり知識の漏れがあった問題のみピックアップし、**繰り返し挑戦して解けるようにしましょう**。

　なお、試験日まで時間がない方は、間違った問題の記述を『**宅建士の教科書**』に記録しておきましょう。

3)「捨てる」

　これが一番重要です。「記憶、記録」が終わったら、本書はゴミ箱に捨てる、もしくは棚の奥に片づけましょう。

　皆さんが受験会場に持参する参考書は何でしょうか？

　テキストを持参する方、過去問題集を持参する方も多いと思いますが、本書はそういった「最後に確認するための参考書」ではありません。本試験日までには**知識、情報を集約**しておく必要があります。そこで、最後までこの書籍を使用するのではなく、本書から得られた情報は頭の中、またはテキストに集約させてください。

　本書をご活用いただき、皆様が合格されることを心よりお祈り申し上げます。

2023年9月

滝澤ななみ

本書の特長と使い方

1 知識の確認に最適な一問一答形式

本書は、『宅建士の教科書』で学んだ知識を効率的に確認するのに適したつくりになっています。問題は『宅建士の教科書』に記載の基本的な知識を中心に出題されているので、まずは左ページの問題文が「正しいか誤りか」をしっかり判断できるかどうか、チャレンジしてみましょう。

2 簡潔な解説とひとことコメント！

解説は「○×」を判定するポイントに絞ってシンプルにまとめました。また解答のポイントや一緒に整理しておきたい知識などを、適宜ウサギがコメントしています。

繰り返し学習に便利な
チェックボックス付き

応用レベルの問題は
グレーで表記

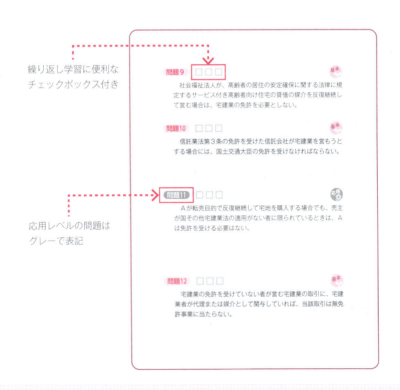

3 適宜『宅建士の教科書』に戻って復習を！

「正しいか誤りか」を判断できない問題、知識があやふやな問題があれば、それが**知識の漏れ**に該当します。本書にチェックをつけておくと同時に、『宅建士の教科書』に戻って**復習**しましょう。右ページの解説部分には、『宅建士の教科書』のどこに戻って復習すればよいかが明示されています。

4 繰り返し問題を解こう！

本書を解く目的は、**知識の漏れ**を把握し、**知識の穴**を埋めること。ですので、1回目に間違えた問題や知識があやふやだった問題について、自信をもって「○×」を判断できるようになるまで、何度でも**繰り返し**問題を解きましょう。

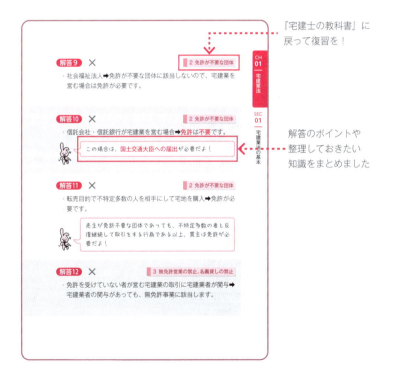

『宅建士の教科書』に戻って復習を！

解答のポイントや整理しておきたい知識をまとめました

目 contents 次

CHAPTER 01 宅建業法

SECTION 01	宅建業法の基本（13問）	2
SECTION 02	免許（25問）	10
SECTION 03	宅地建物取引士（26問）	24
SECTION 04	営業保証金（19問）	38
SECTION 05	保証協会（18問）	48
SECTION 06	事務所、案内所等に関する規制（18問）	58
SECTION 07	業務上の規制（88問）	68
SECTION 08	自ら売主となる場合の8つの制限（41問）	112
SECTION 09	報酬に関する制限（20問）	138
SECTION 10	監督・罰則（29問）	152
SECTION 11	住宅瑕疵担保履行法（12問）	168

CHAPTER 02 権利関係

SECTION 01	制限行為能力者（15問）	178
SECTION 02	意思表示（14問）	186
SECTION 03	代理（18問）	194
SECTION 04	時効（16問）	206
SECTION 05	債務不履行、解除（15問）	214
SECTION 06	危険負担（4問）	222
SECTION 07	弁済、相殺、債権譲渡（17問）	224
SECTION 08	売買（17問）	234
SECTION 09	物権変動（11問）	244
SECTION 10	抵当権（19問）	250
SECTION 11	連帯債務、保証、連帯債権（20問）	262
SECTION 12	賃貸借（18問）	274
SECTION 13	借地借家法（借地）（20問）	284

SECTION 14	借地借家法（借家）（17問）	296
SECTION 15	請負（9問）	306
SECTION 16	不法行為（13問）	312
SECTION 17	相続（18問）	320
SECTION 18	共有（9問）	330
SECTION 19	区分所有法（15問）	336
SECTION 20	不動産登記法（14問）	344

CHAPTER 03 法令上の制限

SECTION 01	都市計画法（40問）	354
SECTION 02	建築基準法（41問）	376
SECTION 03	国土利用計画法（12問）	396
SECTION 04	農地法（10問）	402
SECTION 05	盛土規制法（12問）	408
SECTION 06	土地区画整理法（12問）	416
SECTION 07	その他の法令上の制限（4問）	422

CHAPTER 04 税・その他

SECTION 01	不動産に関する税金（40問）	426
SECTION 02	不動産鑑定評価基準（9問）	446
SECTION 03	地価公示法（8問）	452
SECTION 04	住宅金融支援機構法（9問） 登録講習修了者は免除項目	456
SECTION 05	景品表示法（10問） 登録講習修了者は免除項目	460
SECTION 06	土地・建物（17問） 登録講習修了者は免除項目	466

参考編

SECTION 01	宅建業法の参考論点（4問）	476
SECTION 02	権利関係の参考論点（23問）	480
SECTION 03	法令上の制限の参考論点（5問）	494

★書籍購入者特典のアプリを活用しよう！★
（2023年11月上旬よりサービス開始予定）

　本書に収載している問題は、スマートフォン等でも学習できるようアプリもご用意しています。スキマ時間を利用して活用しましょう（無料）。
　また、本書に収載されている問題以外にも様々なコンテンツがありますので、スキマ時間をより有効活用したい方はぜひご利用ください（アプリ内課金あり）。

－アプリの利用方法－

≪Step 1≫アプリをダウンロードする
下記のサイトにアクセスし、アプリをダウンロードしてください。

タテスタ

サイトURL：https://tatesuta.jp/tactks-ichimon

≪Step 2≫書籍購入者特典を認証する
アプリをインストール後、下記の手順で書籍購入者特典の認証を行ってください。
（1）スマートフォンやタブレットのカメラで右記QRコードを読み込んでいただくか、直接URLを入力してください。読み込み後、「Step 1」でインストールしたアプリが起動します。

認証ページURL：
https://tks.tatesuta.jp/auth/25e365ytwiagqash

（2）表示された画面に、下記のパスワードを入力してください（iOS版・Android版共通）。

【パスワード】t3wdipkx

※本アプリは2024年度宅建士試験本試験終了まで有効です。

CHAPTER 01 宅建業法

SECTION 01	宅建業法の基本（13問）	2
SECTION 02	免許（25問）	10
SECTION 03	宅地建物取引士（26問）	24
SECTION 04	営業保証金（19問）	38
SECTION 05	保証協会（18問）	48
SECTION 06	事務所、案内所等に関する規制（18問）	58
SECTION 07	業務上の規制（88問）	68
SECTION 08	自ら売主となる場合の8つの制限（41問）	112
SECTION 09	報酬に関する制限（20問）	138
SECTION 10	監督・罰則（29問）	152
SECTION 11	住宅瑕疵担保履行法（12問）	168

SECTION 01

宅建業法の基本

問題1 □□□

宅建業法に規定する宅地とは、現に建物の敷地に供せられている土地に限らず、広く建物の敷地に供する目的で取引の対象とされた土地をいうものであり、その地目、現況の如何を問わない。

問題2 □□□

建物の敷地に供せられる土地は、都市計画法に規定する用途地域の内外を問わず宅地であるが、道路、公園、河川等の公共施設の用に供せられている土地は、用途地域内であれば宅建業法上の宅地とされる。

問題3 □□□

A社が、都市計画法に規定する用途地域外の土地であって、ソーラーパネルを設置するための土地の売買を業として媒介しようとする場合、免許は必要ない。

問題4 □□□

宅建業とは、宅地または建物の売買等をする行為で業として行うものをいうが、建物の一部の売買の代理を業として行う行為は、宅建業に当たらない。

解答1 ○

- そのとおりです。
- これから建物を建てる目的で取引される土地➡現在は空地であっても（登記記録上の地目や現況にかかわらず）宅地に該当します。

解答2 ×

1 宅建業とは

- 【原則】**用途地域内の土地**➡宅地に該当します。
- 【例外】**用途地域内の道路、公園、河川、広場等である土地**➡宅地に**該当しません**。

解答3 ○

1 宅建業とは

- 用途地域外の土地➡**建物の敷地に供せられる土地**であれば宅地に該当します。
- ソーラーパネル➡建物に該当しません。

> 用途地域外の土地で、建物ではない工作物の敷地に供せられるから、宅地には該当せず、免許は不要だよ！

解答4 ×

1 宅建業とは

- マンションやアパートの一室などの建物の一部も宅建業法上の建物に含まれる➡この売買の代理を業として行う行為は宅建業に該当します。

問題5 □□□

Aが、その所有する農地を区画割りして宅地に転用したうえで、一括して宅建業者Bに媒介を依頼して、不特定多数の者に対して売却する場合、Aは免許を必要としない。

問題6 □□□

Aが、その所有地にマンションを建築したうえで、自ら賃借人を募集して賃貸し、その管理のみをBに委託する場合、AおよびBは、免許を必要としない。

問題7 □□□

Aの所有する商業ビルを賃借しているBが、フロアごとに不特定多数の者に反復継続して転貸する場合、AとBは免許を受ける必要はない。

問題8 □□□

賃貸住宅の管理業者が、貸主から管理業務とあわせて入居者募集の依頼を受けて、貸借の媒介を反復継続して営む場合は、宅建業の免許を必要としない。

解答5 ×   1 宅建業とは

- 自ら不特定多数の人を相手にして宅地を売却➡宅建業に該当するので免許が必要です。

> 宅建業者に媒介を依頼したとしても、自ら売主になるので免許が必要だよ！

解答6 ○   1 宅建業とは

- 自ら賃借人を募集して賃貸➡宅建業に該当しないので免許は不要です。
- 賃貸物件の管理➡宅建業に該当しないので免許は不要です。

解答7 ○   1 宅建業とは

- **自ら賃貸、転貸**➡いずれも**宅建業に該当しない**ので免許は不要です。

解答8 ×   1 宅建業とは

- 賃貸住宅の管理➡宅建業に該当しません。
- 貸借の媒介を反復継続して営む➡宅建業に該当するので免許が必要です。

問題9 □□□

社会福祉法人が、高齢者の居住の安定確保に関する法律に規定するサービス付き高齢者向け住宅の貸借の媒介を反復継続して営む場合は、宅建業の免許を必要としない。

問題10 □□□

信託業法第3条の免許を受けた信託会社が宅建業を営もうとする場合には、国土交通大臣の免許を受けなければならない。

問題11 □□□

Aが転売目的で反復継続して宅地を購入する場合でも、売主が国その他宅建業法の適用がない者に限られているときは、Aは免許を受ける必要はない。

問題12 □□□

宅建業の免許を受けていない者が営む宅建業の取引に、宅建業者が代理または媒介として関与していれば、当該取引は無免許事業に当たらない。

解答9 ✕　　　　　　　　　　　　2 免許が不要な団体

- 社会福祉法人 ➡ 免許が不要な団体に該当しないので、宅建業を営む場合は免許が必要です。

解答10 ✕　　　　　　　　　　　　2 免許が不要な団体

- 信託会社・信託銀行が宅建業を営む場合 ➡ **免許**は**不要**です。

> この場合は、国土交通大臣への届出が必要だよ！

解答11 ✕　　　　　　　　　　　　2 免許が不要な団体

- 転売目的で不特定多数の人を相手にして宅地を購入 ➡ 免許が必要です。

> 売主が免許不要な団体であっても、不特定多数の者と反復継続して取引をする行為である以上、買主は免許が必要だよ！

解答12 ✕　　　　　　　　　　3 無免許営業の禁止、名義貸しの禁止

- 免許を受けていない者が営む宅建業の取引に宅建業者が関与 ➡ 宅建業者の関与があっても、無免許事業に該当します。

問題13 □□□

宅建業者は、自己の名義をもって、他人に、宅建業を営む旨の表示をさせてはならないが、宅建業を営む目的をもってする広告をさせることはできる。

解答13 ✕ 　　　　　　　　3 無免許営業の禁止、名義貸しの禁止

- 自己の名義をもって、他人に宅建業を営む目的をもって広告をさせること➡禁止されています。

・名義貸しをして他人に宅建業を営ませる➡3年以下の懲役もしくは300万円以下の罰金(またはこれらの併科)
・名義貸しをして他人に宅建業の表示・広告をさせる➡100万円以下の罰金

CHAPTER 01 | 宅建業法

SECTION
02 免許

問題 1 □□□

宅建業を営もうとするAは、甲県内に2以上の事務所を設置してその事業を営もうとする場合にあっては、国土交通大臣の免許を受けなければならないが、Aが取り扱う物件は甲県内に所在するものに限られる。

問題 2 □□□

A社が甲県にのみ事務所を設置し、Bが乙県に所有する1棟のマンション(10戸)について、不特定多数の者に反復継続して貸借の代理を行う場合、A社は甲県知事の免許を受けなければならない。

問題 3 □□□

宅建業者(甲県知事免許)は、乙県内で一団の建物の分譲を行う案内所を設置し、当該案内所において建物の売買の契約を締結し、または契約の申込みを受ける場合、国土交通大臣に免許換えの申請をしなければならない。

問題 4 □□□

宅建業法上の事務所とは、契約締結権限を有する者を置き、継続的に業務を行うことができる施設を有する場所を指すものであるが、商業登記簿に登載されていない営業所または支店は事務所には該当しない。

解答1 ✕

1 免許の種類

- 1つの都道府県内のみに事務所がある➡(事務所が複数ある場合でも)その都道府県の**知事免許**を受けます。
- 知事免許、大臣免許のいずれの免許の場合でも、全国で宅建業を営むことができ、物件の所在地は関係ありません。

解答2 ◯

1 免許の種類

- 免許の種類は事務所の設置場所で決まります。

解答3 ✕

2 事務所

- 案内所・モデルルームなど➡事務所に該当しません（免許換えは不要）。

解答4 ✕

2 事務所

- 前半部分はそのとおりです。
- 商業登記簿への登載➡事務所に該当するか否かとは関係ありません。

問題5 □□□

本店および支店1か所を有する法人Aが、甲県内の本店では建設業のみを営み、乙県内の支店では宅建業のみを営む場合、Aは乙県知事の免許を受けなければならない。

問題6 □□□

宅建業の免許の有効期間は5年であり、免許の更新の申請は、有効期間満了の日の90日前から30日前までの間に行わなければならない。

問題7 □□□

宅建業者から免許の更新の申請があった場合において、有効期間の満了の日までにその申請について処分がなされないときは、従前の免許は、有効期間の満了後もその処分がなされるまでの間は、なお効力を有する。

解答5 × 　　　　　　　　　　　　　2 事務所

- 支店で宅建業を営んでいれば、本店は宅建業を営んでいなくても宅建業法上の事務所となります。
- 法人Aは、国土交通大臣の免許を受けなければなりません。

> 事務所
> ❶本店（主たる事務所）
> ❷宅建業を行っている支店（従たる事務所）
> ❸継続的に業務を行うことができる施設を有する場所で、契約締結権限を有する使用人（支店長、支配人など）が置かれている場所

解答6 ○ 　　　　　　　　　　　　　3 免許の申請

- 免許の種類（知事・大臣）にかかわらず、有効期間は **5年** です。
- 有効期間満了の日の **90日前** から **30日前** までの間に、**免許の更新手続** を行わなければなりません。

解答7 ○ 　　　　　　　　　　　　　3 免許の申請

- 更新の申請について処分がなされるまでの間➡旧免許は有効となります。

> 更新処分がなされたときの有効期間は、処分がなされた日からではなく、旧免許の有効期間満了の日の翌日から起算されるよ！

問題8 □□□

宅建業者Ａ（甲県知事免許）が、免許の更新の申請を怠り、その有効期間が満了した場合、Ａは、遅滞なく、甲県知事に免許証を返納しなければならない。

問題9 □□□

宅建業者Ａ（甲県知事免許）は、甲県内に2以上の事務所を設置してその事業を営もうとする場合には、国土交通大臣に免許換えの申請をしなければならない。

問題10 □□□

宅建業者（甲県知事免許）が、乙県内に新たに事務所を設置して宅建業を営むため、国土交通大臣に免許換えの申請を行い、その免許を受けたときは、国土交通大臣から、免許換え前の免許（甲県知事）の有効期間が経過するまでの期間を有効期間とする免許証の交付を受けることとなる。

解答8 ✗ 　　　　　　　　　　　　　　　4 免許証

・免許の有効期間満了➡免許証の返納義務はありません。

> 免許証の返納（遅滞なく、免許権者へ返納）
> ❶免許換えにより、従前の免許の効力がなくなったとき
> ❷免許取消処分を受けたとき
> ❸亡失した免許証を発見したとき（亡失していた免許証を返納）
> ❹廃業等の届出をするとき

解答9 ✗ 　　　　　　　　　　　　　　　5 免許換え

・甲県内に2以上の事務所を設置➡甲県知事免許（免許換えは不要）。

> 免許換えのパターン
> ❶甲県知事免許➡国土交通大臣免許
> ❷甲県知事免許➡乙県知事免許
> ❸国土交通大臣免許➡甲県知事免許

解答10 ✗ 　　　　　　　　　　　　　　　5 免許換え

・免許の有効期間➡（免許を受けたときから）**5年間**です。

問題11 □□□

宅建業者の役員の住所に変更があったときは、30日以内に免許権者に変更を届け出なければならない。

問題12 □□□

いずれも宅建士ではないAとBが宅建業者C社の取締役に就任した。Aが常勤、Bが非常勤である場合、C社はAについてのみ役員の変更を免許権者に届け出る必要がある。

問題13 □□□

個人である宅建業者A（甲県知事免許）が死亡した場合、Aの相続人は、Aの死亡の日から30日以内に、その旨を甲県知事に届け出なければならない。

問題14 □□□

法人である宅建業者A（甲県知事免許）が合併により消滅した場合、Aを代表する役員であった者は、その日から30日以内に、その旨を甲県知事に届け出なければならない。

解答11 ×　　　　　　　　　　　　6 宅建業者名簿

- 役員の住所は宅建業者名簿登載事項ではない➡変更があっても届出不要です。なお、役員、政令で定める使用人や専任の宅建士は、「氏名」が宅建業者名簿登載事項です。

解答12 ×　　　　　　　　　　　　6 宅建業者名簿

- 宅建業者名簿に氏名が登載される役員（取締役、監査役など）➡非常勤役員を含みます（C社はAとBについて届出が必要です）。

> 「商号・名称」、「（法人の場合）役員・政令で定める使用人の氏名」、「事務所の名称・所在地」、「事務所ごとに置かれる専任の宅建士の氏名」に変更があった場合、30日以内に免許権者へ変更の届出が必要だよ！

解答13 ×　　　　　　　　　　　　7 廃業等の届出

- 死亡の日からではなく、**死亡の事実を知った日から30日以内**に届出が必要です。なお、免許が失効するのは**死亡の時**です。

解答14 ○　　　　　　　　　　　　7 廃業等の届出

- 合併した会社（残る会社）ではなく、**消滅した会社（なくなった会社）の代表者であった者**が届出義務者となります。なお、免許が失効するのは**消滅時（合併の効力発生時）**です。

問題15 □□□

法人である宅建業者Ａ（甲県知事免許）について破産手続開始の決定があった場合、その日から30日以内に、Ａを代表する役員Ｂは、その旨を、甲県知事に届け出なければならない。

問題16 □□□

宅建業者Ａは、免許を受けた都道府県知事から宅建業の免許の取消しを受けたものの、当該免許の取消し前に建物の売買の広告をしていた場合、当該建物の売買契約を締結する目的の範囲内においては、なお宅建業者とみなされる。

問題17 □□□

免許を受けようとする個人Ａが破産手続開始の決定を受けた後に復権を得た場合においても、Ａは免許を受けることができない。

問題18 □□□

免許を受けようとするＡ社の役員Ｂが刑法第211条（業務上過失致死傷等）の罪により地方裁判所で懲役１年の判決を言い渡された場合、当該判決に対してＢが高等裁判所に控訴し裁判が係属中であっても、Ａ社は免許を受けることができない。

解答15 ✗　　　　　　　　　　　　　7 廃業等の届出

- 代表する役員ではなく、**破産管財人**が届出義務者となります。なお、免許が失効するのは**届出時**です。

> 「破産」、「(法人の)解散」、「廃業」の場合は、届出時に免許が失効するよ！

解答16 ✗　　　　　　　　　　　　　8 みなし宅建業者

- 宅建業者であった者や相続人等は、**締結した契約にもとづく取引を結了する目的の範囲内において**、なお宅建業者とみなされます。
- これから締結するものについては、宅建業者とみなされません。

解答17 ✗　　　　　　　　　　　　　9 欠格事由

- 破産者は、**復権を得れば直ちに**免許を受けることができます。

解答18 ✗　　　　　　　　　　　　　9 欠格事由

- 高等裁判所に控訴し裁判が係属中➡まだ刑に処せられたわけではないので、免許を受けることができます。

問題19 □□□

免許を受けようとするA社の役員に、宅建業法の規定に違反したことにより罰金の刑に処せられた者がいる場合、その刑の執行が終わって5年を経過しなければ、A社は免許を受けることができない。

問題20 □□□

個人Aが不正の手段により免許を受けた後、免許を取り消され、その取消しの日から5年を経過した場合、その間に免許を受けることができない事由に該当することがなかったとしても、Aは再び免許を受けることはできない。

問題21 □□□

A社は不正の手段により免許を取得したとして甲県知事から免許を取り消されたが、A社の取締役Bは、当該取消に係る聴聞の期日および場所の公示の日の30日前にA社の取締役を退任した。A社の免許取消の日から5年を経過していない場合、Bは免許を受けることができない。

解答19 ○

9 欠格事由

- ❶禁錮以上の刑、❷宅建業法違反により罰金の刑、❸暴力的な犯罪や背任罪により罰金の刑に処せられた者で、刑の執行が終わった日から5年を経過しない者およびその者を役員・政令で定める使用人とする法人は免許を受けることができません。

> 執行猶予期間中は免許を受けることはできないけど、執行猶予期間が満了すれば直ちに免許を受けられるよ(5年待つ必要なし)！

解答20 ×

9 欠格事由

- 免許の取消しの日から5年を経過しているので免許を受けることができます。

解答21 ○

9 欠格事由

- 免許の取消しに係る聴聞公示の日前60日以内に法人の役員であった者 ➡ その取消しの日から5年間は免許を受けることができません。

> 免許の取消しに係る聴聞公示の日前60日以内に法人の「役員」であった者が対象で、政令で定める使用人であった者は対象外なので注意！

問題22 □□□

A社は甲県知事から業務停止処分についての聴聞の期日および場所を公示されたが、その公示後聴聞が行われる前に、相当の理由なく宅建業を廃止した旨の届出をした。その届出の日から5年を経過していない場合、A社は免許を受けることができない。

問題23 □□□

Aが免許の申請前5年以内に宅建業に関し不正または著しく不当な行為をした場合には、その行為について刑に処せられていなかったとしても、Aは免許を受けることができない。

問題24 □□□

免許を受けようとする法人の事務所に置く専任の宅建士が、刑法第261条(器物損壊等)の罪により罰金の刑に処せられ、その刑の執行が終わった日から5年を経過していない場合、当該法人は免許を受けることができない。

問題25 □□□

免許を受けようとする法人の非常勤役員が、刑法第246条(詐欺)の罪により懲役1年の刑に処せられ、その刑の執行が終わった日から5年を経過していなくても、当該法人は免許を受けることができる。

解答22 ×　　　　　　　　　　　　　　　9 欠格事由

- 免許取消処分に係る聴聞公示があった日以後、処分の日までに廃業等の届出があった場合（かけこみ廃業）➡その**廃業等の届出の日から5年間**は免許を受けることができません（本問の聴聞は「業務停止処分」についてなので、欠格事由に該当しません）。

> 廃業だけでなく、相当の理由のない合併や解散なども含むよ。

解答23 ○　　　　　　　　　　　　　　　9 欠格事由

- 免許の申請前**5年以内**に宅建業に関し、不正または著しく不当な行為をした場合➡免許の欠格事由に該当します。

解答24 ×　　　　　　　　　　　　　　　9 欠格事由

- 専任の宅建士➡法人の欠格事由の判定対象者ではありません。

> 「器物損壊罪により罰金の刑」は、役員等であっても欠格事由に該当しないよ！

解答25 ×　　　　　　　　　　　　　　　9 欠格事由

- 役員または政令で定める使用人に欠格事由に該当する者がいる法人➡法人自体の欠格事由となります。

> 非常勤役員は、役員に含まれるよ。

SECTION 03 宅地建物取引士

問題1 □□□

宅建士資格試験に合格した者は、合格した日から10年以内に登録の申請をしなければ、その合格は無効となる。

問題2 □□□

甲県で宅建士資格試験を受け、合格したAは、乙県に転勤することとなったとしても、登録は甲県知事に申請しなければならない。

問題3 □□□

宅建士資格試験に合格した者は、宅地建物取引に関する実務の経験を有しない場合でも、合格した日から1年以内に登録を受けようとするときは、登録実務講習を受講する必要はない。

解答1 ✗ 　　　　1 宅建士になるまでの流れ

- 宅建士資格試験の合格は生涯有効で、登録の申請に期限はありません。

登録自体にも有効期限はないよ！

解答2 〇 　　　　1 宅建士になるまでの流れ

- 登録の申請 ➡ **試験合格地の都道府県知事**に申請します。

解答3 ✗ 　　　　1 宅建士になるまでの流れ

- 合格から1年以内でも、**2年以上の実務経験**がなければ登録実務講習の受講が必要です。

登録の条件
❶ 欠格事由に該当しない
❷ **2年以上**の実務経験がある、または、**国土交通大臣**の**登録実務講習**を修了する

問題 4 □□□

宅建士資格試験に合格した日から1年以内に宅建士証の交付を受けようとする者が2年以上の実務経験がない場合は、登録をしている都道府県知事の指定する講習を受講しなければならない。

問題 5 □□□

宅地または建物の取引は権利関係や法令上の制限など取引条件に関する事項が複雑で多岐にわたるため、重要事項説明書は、宅地または建物の取引の専門的知識を有する宅建士が作成しなければならない。

問題 6 □□□

宅建士は、宅建士の信用を害するような行為をしてはならず、信用を害するような行為には、宅建士の職務に必ずしも直接関係しない行為や私的な行為も含まれる。

解答4 ✗   1 宅建士になるまでの流れ

- **試験合格後1年以内**に宅建士証の交付を受ける場合、**法定講習は免除**されます（2年以上の実務経験は、登録の条件に関係します）。

宅建士証交付の条件
【原則】都道府県知事の法定講習を受講する
【例外】試験合格後1年以内に宅建士証の交付を受ける場合、法定講習は免除

解答5 ✗   2 宅建士でなければできない仕事

- 重要事項説明書（35条書面）の作成義務を負う者➡**宅建業者**です。

宅建士でなければできない仕事
❶重要事項の説明
❷35条書面（重要事項説明書）への記名
❸37条書面（契約書）への記名

解答6 ○   2 宅建士でなければできない仕事

- 信用失墜行為の禁止➡宅建士の職務に必ずしも直接関係しない行為や私的な行為も含まれます。

問題7

成年被後見人または被保佐人は、宅建士として都道府県知事の登録を受けることができない。

問題8

宅建士が、刑法第204条（傷害）の罪により罰金の刑に処せられ、登録が消除された場合、当該登録が消除された日から5年を経過するまでは、新たな登録を受けることができない。

問題9

業務停止の処分に違反したとして宅建業の免許の取消しを受けた法人の政令で定める使用人であった者は、当該免許取消しの日から5年を経過しなければ、宅建士の登録を受けることができない。

問題10

登録を受けている者で宅建士証の交付を受けていない者が重要事項説明を行い、その情状が特に重いと認められる場合は、当該登録の消除の処分を受け、その処分の日から5年を経過するまでは、再び登録を受けることができない。

解答7　✗　　　3 欠格事由(宅建士の登録の欠格事由)

- 成年被後見人・被保佐人であるというだけでは登録の欠格事由ではありません。

「心身の故障により宅建士の事務を適正に行うことができない者として国土交通省令で定めるもの」は欠格事由に該当するよ！

解答8　✗　　　3 欠格事由(宅建士の登録の欠格事由)

- 登録が消除された日ではなく、**刑の執行が終わった日から5年**を経過するまで新たな登録を受けることができません。

解答9　✗　　　3 欠格事由(宅建士の登録の欠格事由)

- 政令で定める使用人であった者➡登録の欠格事由に該当しません。

「(免許の取消しに係る聴聞公示の日前60日以内に)役員であった者」であれば、免許取消しの日から5年を経過しなければ、登録を受けることができないよ！

解答10　○　　　3 欠格事由(宅建士の登録の欠格事由)

- 宅建士登録をしたが、宅建士証の交付を受けていない者が宅建士としての事務を行い、情状が特に重い➡この理由で登録消除処分を受けた者で、**登録消除処分の日から5年**を経過していない者は登録を受けることができません。

問題11 □□□

宅建士(甲県知事登録)が宅建士としての事務禁止処分を受け、その禁止の期間中に本人の申請により登録が消除された場合は、その者が乙県で宅建士資格試験に合格したとしても、当該期間が満了していないときは、乙県知事の登録を受けることができない。

問題12 □□□

未成年者は、宅建業に係る営業に関し成年者と同一の行為能力を有していたとしても、成年に達するまでは宅建士の登録を受けることができない。

問題13 □□□

宅建士の氏名等が登載されている宅建士資格登録簿は一般の閲覧に供されることとはされていないが、専任の宅建士は、その氏名が宅建業者名簿に登載され、当該名簿が一般の閲覧に供される。

問題14 □□□

宅建士A(甲県知事登録)は、宅建業者B社を退職し、宅建業者C社に再就職したが、AはB社およびC社のいずれにおいても専任の宅建士ではないので、勤務先の変更の登録を申請しなくてもよい。

解答11 ○   3 欠格事由（宅建士の登録の欠格事由）

- （事務禁止処分を受けて自ら登録を消除した場合、他の都道府県で新たに試験に合格したとしても）**事務禁止期間中は再登録ができません。**

解答12 ×   3 欠格事由（宅建士の登録の欠格事由）

- 宅建業に係る営業に関し成年者と同一の行為能力を有している未成年者➡**宅建士の登録ができます。**

解答13 ○   4 登録

- そのとおりです。

> 宅建業者名簿は一般の人に見られるものなので、個人情報の観点から、住所や本籍は登載されないよ（氏名は登載される）！

解答14 ×   4 登録

- 勤務先の宅建業者の商号または名称➡資格登録簿の登載事項なので、**遅滞なく変更の登録**を申請する必要があります。

> 勤務先の宅建業者の「事務所の所在地」に変更があっても、変更の登録の申請は不要！

問題15 □□□

宅建士(甲県知事登録)が本籍を変更した場合、遅滞なく、甲県知事に変更の登録を申請しなければならない。

問題16 □□□

甲県知事の登録を受けている宅建士は、乙県に主たる事務所を置く宅建業者の専任の宅建士となる場合、乙県知事に登録の移転を申請しなければならない。

問題17 □□□

宅建士(甲県知事登録)が甲県から乙県に住所を変更したときは、乙県知事に対し、登録の移転の申請をすることができる。

問題18 □□□

宅建士A(甲県知事登録)が、乙県に所在する宅建業者の事務所の業務に従事することとなったときは、Aは甲県知事を経由せずに、直接乙県知事に対して登録の移転を申請しなければならない。

解答15 ◯

- 住所、本籍➡資格登録簿の登載事項なので、**遅滞なく変更の登録**を申請しなければなりません。

解答16 ✕

- **登録の移転**は義務ではなく、**任意**です。

解答17 ✕

- 単に自宅の住所が変わっただけでは、登録の移転はできません。

> 自宅の住所が変わった場合、「変更の登録」が必要！
> なお、事務禁止期間中は、登録の移転は「できない」けど、変更の登録は「しなければならない」ので注意！

解答18 ✕

- **登録の移転**は義務ではなく、**任意**です。
- 登録の移転の申請➡現在登録している都道府県知事(甲県知事)を経由して、移転先の都道府県知事(乙県知事)に対して行います。

問題19 ☐☐☐

宅建士（甲県知事登録）が、乙県に所在する宅建業者の事務所の業務に従事することとなったため、乙県知事に登録の移転の申請とともに宅建士証の交付の申請をしたときは、乙県知事から、有効期間を5年とする宅建士証の交付を受けることとなる。

問題20 ☐☐☐

甲県知事の登録を受けている宅建士が、乙県知事に登録の移転を申請するときは、乙県知事が指定する講習を受講しなければならない。

問題21 ☐☐☐

宅建士の登録を受けている者が精神の機能の障害により宅建士の事務を適正に行うに当たって必要な認知、判断および意思疎通を適切に行うことができない者となった場合、本人がその旨を登録をしている都道府県知事に届け出ることはできない。

問題22 ☐☐☐

宅建士の登録を受けている者は、登録事項に変更があった場合は変更の登録申請を、また、破産者となった場合はその旨の届出を、遅滞なく、登録している都道府県知事に行わなければならない。

解答19 ✗ 　　　　　　　　　　　　　　　4 登録

- 登録の移転後の新しい宅建士証は移転先の都道府県知事から交付されますが、この場合の新しい宅建士証の有効期限は**移転前の有効期限**を引き継ぎます。

> 宅建業者が「免許換え」をした場合は、新たに免許を受けたときから、有効期間が5年になるよ。違いに注意しよう！

解答20 ✗ 　　　　　　　　　　　　　　　4 登録

- 登録の移転の際、移転先の知事が指定する講習を受講する必要はありません。

解答21 ✗ 　　　　　　　　　　　　　　　4 登録

- 心身の故障がある一定の者に該当することとなったとき➡**本人**または**その法定代理人**もしくは**同居の親族**が届出義務を負います。

解答22 ✗ 　　　　　　　　　　　　　　　4 登録

- 破産者となった場合はその旨の届出を、その日から**30日以内**に**本人**が届け出る必要があります。

> 宅建業者の「廃業等の届出」の場合は、「破産管財人」が届出義務者だったよね…

問題23 □□□

宅建士証の有効期間の更新の申請は、有効期間満了の90日前から30日前までにする必要がある。

問題24 □□□

宅建士は、重要事項の説明をするときは説明の相手方からの請求の有無にかかわらず宅建士証を提示しなければならず、また、取引の関係者から請求があったときにも宅建士証を提示しなければならない。

問題25 □□□

宅建士は、事務禁止の処分を受けたときは宅建士証をその交付を受けた都道府県知事に提出しなくてよいが、登録消除の処分を受けたときは返納しなければならない。

問題26 □□□

甲県知事の登録を受けている宅建士が、乙県知事から事務の禁止の処分を受けた場合は、速やかに、宅建士証を乙県知事に提出しなければならない。

解答23 ✗ 　　　　　　　　　　　　5 宅建士証

- 宅建士証の有効期間は**5年**で、**5年ごとに更新の手続**が必要となりますが、更新を受ける際の申請期間の定めはありません。

> 免許は、有効期間満了の日の90日前から30日前までの間に更新手続が必要だよ。違いに注意！

解答24 ○　　　　　　　　　　　　　5 宅建士証

- そのとおりです。

解答25 ✗　　　　　　　　　　　　　5 宅建士証

- 事務禁止の処分➡宅建士証の**提出**が必要です。
- 登録消除の処分➡宅建士証の**返納**が必要です。

> 返納が必要な場合
> ❶宅建士証が効力を失ったとき
> ❷登録が消除されたとき

解答26 ✗　　　　　　　　　　　　　5 宅建士証

- 事務禁止処分を受けたとき➡宅建士証の**交付を受けた都道府県知事**に宅建士証を**提出**しなければなりません。

SECTION 04 営業保証金

問題1 □□□

新たに宅建業を営もうとするA社は、営業保証金を本店および支店ごとにそれぞれ最寄りの供託所に供託しなければならない。

問題2 □□□

宅建業者Aが甲県内に本店および2つの支店を設置して宅建業を営もうとする場合、供託すべき営業保証金の合計額は1,200万円である。

問題3 □□□

営業保証金は、金銭による供託のほか、有価証券をもって供託することができるが、金銭と有価証券とを併用して供託することはできない。

問題4 □□□

有価証券を営業保証金に充てる場合における当該有価証券の価額は、国債証券の場合はその額面金額の100分の90、地方債証券の場合はその額面金額の100分の80である。

解答1 ✗ 　2 営業保証金の供託

- 営業保証金は**本店(主たる事務所)の最寄りの供託所**に供託しなければなりません。

解答2 ✗　2 営業保証金の供託

- 供託すべき営業保証金は2,000万円(1,000万円＋500万円×2)です。

> 供託すべき営業保証金の額
> ❶本店(主たる事務所)につき**1,000万円**
> ❷支店1カ所につき**500万円**

解答3 ✗ 　2 営業保証金の供託

- 営業保証金は、「金銭のみ」、「有価証券のみ」、「金銭と有価証券の両方」のいずれかの方法により供託します。

解答4 ✗　　2 営業保証金の供託

- 国債➡額面金額の**100%**。
- 地方債・政府保証債➡額面金額の**90%**。
- それ以外の国土交通省令で定める有価証券➡額面金額の**80%**。

問題5 □□□

新たに宅建業を営もうとする者は、営業保証金を金銭または国土交通省令で定める有価証券により、主たる事務所の最寄りの供託所に供託した後に、国土交通大臣または都道府県知事の免許を受けなければならない。

問題6 □□□

国土交通大臣から免許を受けた宅建業者が、営業保証金を主たる事務所の最寄りの供託所に供託した場合、当該供託所から国土交通大臣にその旨が通知されるため、当該宅建業者は国土交通大臣にその旨を届け出る必要はない。

問題7 □□□

免許権者は、宅建業者が宅建業の免許を受けた日から3月以内に営業保証金を供託した旨の届出をしないときは、その届出をすべき旨の催告をしなければならず、その催告が到達した日から1月以内に届出がないときは、当該宅建業者の免許を取り消すことができる。

問題8 □□□

宅建業者は、事業の開始後、新たに従たる事務所を設置したときは、その従たる事務所の最寄りの供託所に政令で定める額の営業保証金を供託し、その旨を免許権者に届け出なければならない。

解答5 ✕   2 営業保証金の供託

・「免許の取得」➡「営業保証金の供託」➡「免許権者への届出」
➡「事業の開始」の順番です。

解答6 ✕   2 営業保証金の供託

・免許権者への届出は、宅建業者が行う必要があります。

解答7 ◯   2 営業保証金の供託

・免許を与えた日から**3カ月以内**に、宅建業者から供託の届出が
ない場合➡免許権者は、届出すべき旨の**催告をしなければなり
ません。**

・さらに、催告が到達した日から**1カ月以内**に宅建業者から供託
の届出がない場合➡免許権者は、**免許を取り消すことができま
す**（免許の任意的取消事由）。

解答8 ✕   2 営業保証金の供託

・従たる事務所を設置したときでも、営業保証金は本店（主たる事
務所）の最寄りの供託所に供託しなければなりません。

問題9 □□□

宅建業者A（甲県知事免許）が甲県内に新たに支店を設置したときは、本店の最寄りの供託所に政令で定める額の営業保証金を供託すれば、当該支店での事業を開始することができる。

問題10 □□□

宅建業者は、主たる事務所を移転したことにより、その最寄りの供託所が変更となった場合において、金銭のみをもって営業保証金を供託しているときは、従前の供託所から営業保証金を取り戻した後、移転後の最寄りの供託所に供託しなければならない。

問題11 □□□

宅建業者A（甲県知事免許）は、甲県に本店と支店を設け、営業保証金として1,000万円の金銭と額面金額500万円の国債証券を供託し、営業している。Aは、本店を移転したため、その最寄りの供託所が変更した場合は、遅滞なく、移転後の本店の最寄りの供託所に新たに営業保証金を供託しなければならない。

問題12 □□□

宅建業者が、営業保証金を金銭および有価証券をもって供託している場合で、主たる事務所を移転したためその最寄りの供託所が変更したときは、金銭の部分に限り、移転後の主たる事務所の最寄りの供託所への営業保証金の保管替えを請求することができる。

解答9　✕　　　　　　　　　　　　2 営業保証金の供託

- 「営業保証金の供託」➡「免許権者への届出」➡「(新設した支店での)事業の開始」の順番です。

解答10　✕　　　　　　　　　　　　2 営業保証金の供託

- 「**金銭のみ**」で営業保証金を供託しているとき➡営業保証金の**保管替え**を請求しなければなりません。

解答11　　　　　　　　　　　　　2 営業保証金の供託

- 「有価証券のみ」または「金銭と有価証券の両方」で営業保証金を供託しているとき➡移転後の主たる事務所の最寄りの供託所に、新たに営業保証金を供託しなければなりません。

解答12　✕　　　　　　　　　　　　2 営業保証金の供託

- 「**有価証券のみ**」または「**金銭と有価証券の両方**」で営業保証金を供託しているとき➡**保管替えの請求はできません**(新たに営業保証金を供託しなければなりません)。

問題13 □□□

宅建業者Ａから依頼を受けて、Ａが販売する新築住宅の広告の制作を受託した広告代理店Ｂは、その広告代金債権に関し、営業継続中のＡが供託している営業保証金から弁済を受ける権利を有する。

問題14 □□□

宅建業者と宅建業に関し取引をした者は、その取引により生じた債権に関し、当該宅建業者が供託した営業保証金について、その債権の弁済を受ける権利を有するが、取引をした者が宅建業者に該当する場合は、その権利を有しない。

問題15 □□□

宅建業者Ａ（甲県知事免許）は、甲県に本店と支店を設け、営業保証金として1,000万円の金銭と額面金額500万円の国債証券を供託し、営業している。本店でＡと宅建業に関する取引をした者（宅建業者に該当する者を除く。）は、その取引により生じた債権に関し、1,000万円を限度としてＡからその債権の弁済を受ける権利を有する。

問題16 □□□

宅建業者Ａ（甲県知事免許）は、営業保証金の還付により、営業保証金の額が政令で定める額に不足することとなったときは、甲県知事から不足額を供託すべき旨の通知書の送付を受けた日から２週間以内にその不足額を供託しなければならない。

解答13 × 　　　　　　　　　　　　3 営業保証金の還付

- 広告代金は宅建業に係る取引によって生じた債権ではない➡営業保証金から弁済を受けられません。

解答14 ○ 　　　　　　　　　　　　3 営業保証金の還付

- 営業保証金を供託した宅建業者の宅建業に係る取引の相手方が宅建業者である➡営業保証金から弁済を受けられません。

解答15 × 　　　　　　　　　　　　3 営業保証金の還付

- 本店分の営業保証金の額(1,000万円)に限定されるわけではない➡Aが供託している営業保証金(1,500万円)の範囲内となります。

もちろん、支店で取引したからといって、限度額が500万円になるわけではないよ!

解答16 ○ 　　　　　　　　　　　　4 営業保証金の追加供託

- 営業保証金の還付により免許権者から不足額供託の通知➡**通知を受けた日から2週間以内**に供託所に追加供託をしなければなりません。

問題17 □□□

宅建業者A(甲県知事免許)は、甲県に本店と支店を設け、営業保証金として1,000万円の金銭と額面金額500万円の国債証券を供託し、営業している。Aは、営業保証金が還付され、営業保証金の不足額を供託したときは、供託書の写しを添付して、30日以内にその旨を甲県知事に届け出なければならない。

問題18 □□□

宅建業者は、免許の有効期間満了に伴い営業保証金を取り戻す場合は、還付請求権者に対する公告をすることなく、営業保証金を取り戻すことができる。

問題19 □□□

保証協会の社員となった宅建業者が、保証協会に加入する前に供託していた営業保証金を取り戻すときは、還付請求権者に対する公告をしなければならない。

解答17 ✗   4 営業保証金の追加供託

・**追加供託をした日から2週間以内**に、その旨を免許権者に届け出なければなりません。

解答18 ✗   5 営業保証金の取戻し

・免許の有効期間満了における取戻しの場合➡**公告が必要**です。

> 取戻しのために、6カ月以上の期間を定めて公告が必要
> ❶免許の有効期間が満了した
> ❷廃業・破産等の届出により免許が失効した
> ❸免許取消処分を受けた
> ❹一部の事務所を廃止した

解答19 ✗   5 営業保証金の取戻し

・保証協会の社員となったための取戻しの場合➡**公告は不要**です。

> 取戻しのために、公告は不要
> ❶(有価証券を含む方法で供託をしている場合で)本店の移転により、最寄りの供託所を変更した
> ❷保証協会の社員になった
> ❸取戻し事由が発生したときから10年を経過した

SECTION 05 保証協会

問題1 □□□

保証協会は、社員の取り扱った宅建業に係る取引に関する苦情について、宅建業者の相手方等からの解決の申出およびその解決の結果を社員に周知させなければならない。

問題2 □□□

保証協会は、そのすべての社員に対して、当該社員が受領した支払金や預り金の返還債務を負うことになったときに、その債務を連帯して保証する業務および手付金等保管事業を実施することが義務付けられている。

問題3 □□□

宅建業者で保証協会に加入しようとする者は、その加入した日から1週間以内に、政令で定める額の弁済業務保証金分担金を当該保証協会に納付しなければならない。

解答1 ○

1 保証協会とは

- そのとおりです。
- 苦情の解決 ➡ 保証協会の必須業務です。

> 保証協会の必須業務(必ず行わなければならない業務)
> ❶苦情の解決
> ❷宅建業に関する研修
> ❸弁済業務

解答2 ×

1 保証協会とは

- 一般保証業務、手付金等保管事業 ➡ 保証協会の任意業務です。

> 保証協会の任意業務(国土交通大臣の承認を受けて行うことができる業務)
> ❶一般保証業務
> ❷手付金等保管事業
> ❸研修実施に要する費用の助成業務

解答3 ×

3 弁済業務保証金分担金の納付

- 宅建業者が保証協会に加入しようとする場合 ➡ **加入しようとする日までに**分担金を保証協会に納付しなければなりません。

問題4 □□□

保証協会に加入している宅建業者が新たに支店を設置した場合、その設置した日から1月以内に当該保証協会に追加の弁済業務保証金分担金を納付しないときは、社員の地位を失う。

問題5 □□□

本店と3つの支店を有する宅建業者が保証協会に加入しようとする場合、当該保証協会に、110万円の弁済業務保証金分担金を納付しなければならない。

問題6 □□□

新たに事務所を設置する場合、保証協会の社員である宅建業者は、保証協会に納付すべき弁済業務保証金分担金に、金銭または有価証券をもって充てることができる。

問題7 □□□

保証協会は、その社員である宅建業者から弁済業務保証金分担金の納付を受けたときは、その納付を受けた日から2週間以内に、その納付を受けた額に相当する額の弁済業務保証金を供託しなければならない。

解答4 × 　　　　　　　　　3 弁済業務保証金分担金の納付

- 宅建業者が保証協会に加入後、新たに事務所を設置する場合➡**新たに事務所を設置した日から2週間以内**に分担金を納付しなければなりません。

解答5 × 　　　　　　　　　3 弁済業務保証金分担金の納付

- 納付すべき分担金は150万円(60万円＋30万円×3)です。

納付すべき弁済業務保証金分担金の額
❶本店(主たる事務所)につき**60万円**
❷支店1カ所につき**30万円**

解答6 × 　　　　　　　　　3 弁済業務保証金分担金の納付

- 弁済業務保証金分担金は、**金銭のみ**で納付します。

解答7 × 　　　　　　　　　4 弁済業務保証金の供託

- 納付を受けた日から**1週間以内**に保証協会は供託しなければなりません。

法務大臣および国土交通大臣が定める供託所(指定供託所＝東京法務局)に供託するよ！

問題8 □□□

保証協会が弁済業務保証金を供託所に供託するときは、金銭でしなければならない。

問題9 □□□

保証協会は、当該保証協会の社員である宅建業者が社員となる前に当該宅建業者と宅建業に関し取引をした者の有するその取引により生じた債権に関し弁済業務保証金の還付が行われることにより弁済業務の円滑な運営に支障を生ずるおそれがあると認めるときは、当該社員に対し、担保の提供を求めることができる。

問題10 □□□

150万円の弁済業務保証金分担金を保証協会に納付して当該保証協会の社員となった者と宅建業に関し取引をした者(宅建業者に該当する者を除く)は、その取引により生じた債権に関し、2,500万円を限度として、当該保証協会が供託した弁済業務保証金から弁済を受ける権利を有する。

問題11 □□□

保証協会の社員(甲県知事免許)と宅建業に関し取引をした者が、その取引により生じた債権に関し、当該保証協会が供託した弁済業務保証金について弁済を受ける権利を実行しようとするときは、弁済を受けることができる額について甲県知事の認証を受ける必要がある。

解答8 ✗   4 弁済業務保証金の供託

- 保証協会がする弁済業務保証金の供託は、**金銭**または**有価証券**ですることができます。

解答9 ○   5 弁済業務保証金の還付

- そのとおりです。

> 保証協会の社員である宅建業者と宅建業に係る取引をした相手方が宅建業者であれば、当該宅建業者は弁済業務保証金から還付を受けることができないよ。営業保証金と同じだね！

解答10 ○   5 弁済業務保証金の還付

- 分担金の額（150万円）から支店の数を算出
  ➡（150万円－60万円）÷30万円＝3カ所
- 保証協会の社員ではなかった場合に供託すべき額＝弁済業務保証金の還付の限度額
  ➡1,000万円＋500万円×3カ所＝2,500万円

解答11 ✗   5 弁済業務保証金の還付

- 弁済業務保証金から還付を受けるには、弁済を受けることができる額について、**保証協会の認証**を受けなければなりません。

問題12 □□□

保証協会は、弁済業務保証金について弁済を受ける権利を有する者から認証申出書の提出があり、認証に係る事務を処理する場合には、各月ごとに、認証申出書に記載された取引が成立した時期の順序に従ってしなければならない。

問題13 □□□

保証協会の社員である宅建業者と宅建業に関し取引をした者が、その取引により生じた債権に関し、弁済業務保証金について弁済を受ける権利を実行するときは、当該保証協会の認証を受けるとともに、当該保証協会に対し、還付請求をしなければならない。

問題14 □□□

保証協会は、弁済業務保証金の還付があったときは、当該還付額に相当する額の弁済業務保証金を供託しなければならない。

問題15 □□□

保証協会の社員である宅建業者は、当該宅建業者と宅建業に関し取引をした者の有するその取引により生じた債権に関し弁済業務保証金の還付がなされたときは、その日から2週間以内に還付充当金を保証協会に納付しなければならない。

解答12 　　　　　　　　　5 弁済業務保証金の還付

- 認証に係る事務の処理➡認証申出書の受理の順序に従ってしなければなりません。

解答13 　　　　　　　　　5 弁済業務保証金の還付

- 保証協会の認証は必要ですが、還付請求は**供託所**に対して行います。

解答14 ○ 　　　　　　　　　6 弁済業務保証金の不足額の供託

- 保証協会は、国土交通大臣から還付の通知を受けた日から**2週間以内**に、当該還付額に相当する額の弁済業務保証金を供託しなければなりません。

解答15 ✕ 　　　　　　　　　7 還付充当金の納付

- 還付されたときではなく、保証協会から**通知を受けた日から2週間以内**に納付しなければなりません。

 期限内に納付をしないときは、保証協会の社員の地位を失うよ！

問題16 □□□

還付充当金の未納により保証協会の社員の地位を失った宅建業者は、その地位を失った日から２週間以内に弁済業務保証金を供託すれば、その地位を回復する。

問題17 □□□

宅建業者Ａは、保証協会の社員の地位を失った場合、Ａとの宅建業に関する取引により生じた債権に関し権利を有する者に対し、６月以内に申し出るべき旨の公告をしなければならない。

問題18 □□□

宅建業者Ａは、その一部の事務所を廃止したときは、保証協会が弁済業務保証金の還付請求権者に対し、一定期間内に申し出るべき旨の公告をした後でなければ、弁済業務保証金分担金の返還を受けることができない。

解答16 ✗　　　　　　　　　　　　　7 還付充当金の納付

- このような手続きによって社員の地位を回復することはできません。

> その後も宅建業を営む場合は、1週間以内に営業保証金を供託する必要があるよ！

解答17 ✗　　　　　　　　　　　　　8 弁済業務保証金の取戻し等

- 社員の地位を失った宅建業者ではなく、保証協会が**6カ月以上の期間**を定めて**公告**をしなければなりません。

解答18 ✗　　　　　　　　　　　　　8 弁済業務保証金の取戻し等

- 一部の事務所を廃止した場合➡**公告は不要**です。

> 弁済業務保証金の取戻し等
> ❶社員でなくなった場合
> 　➡保証協会が6カ月以上の期間を定めて公告
> ❷一部の事務所を廃止した場合
> 　➡公告不要

CHAPTER 01 | 宅建業法

SECTION
06
事務所、案内所等に関する規制

問題1 □□□

宅建業者A（甲県知事免許）が、乙県に所在する1棟のマンション（150戸）を分譲するため、現地に案内所を設置し契約の申込みを受けるときは、甲県知事および乙県知事に、その業務を開始する日の10日前までに、宅建業法第50条第2項の規定にもとづく届出をしなければならない。

問題2 □□□

宅建業者Aは、20区画の一団の宅地分譲に際し、見学者の案内のみを行う現地案内所を設置した場合、当該案内所について都道府県知事に届出をしなければならない。

問題3 □□□

宅建業者Aが、20戸の一団の分譲建物の売買契約の申込みのみを受ける案内所甲を設置した場合、売買契約の締結は事務所乙で行うとしても、甲にも専任の宅建士を置かなければならない。

問題4 □□□

宅建業者は、事務所以外の継続的に業務を行うことができる施設を有する場所であっても、契約（予約を含む。）を締結せず、かつ、その申込みを受けない場合、当該場所に専任の宅建士を置く必要はない。

58

解答1 ○ 　　　　　　　　　　　　2 案内所等の届出

- 案内所等の届出➡**申込み・契約をする案内所等**を設ける場合は、❶**免許権者**と❷**案内所**の所在地を管轄する**都道府県知事**の**両方**に届出が必要です。
- 届出は、**業務を開始する日の10日前**までにしなければなりません。

解答2 × 　　　　　　　　　　　　2 案内所等の届出

- **申込み・契約をしない案内所等**の場合は**届出不要**です。

解答3 ○ 　　　3 事務所、案内所等に備え付けなければならないもの

- 案内所甲は申込みのみを受ける案内所➡**申込み・契約をする案内所等**に該当するので、**1人以上の専任の宅建士**を置かなければなりません。

解答4 ○ 　　　3 事務所、案内所等に備え付けなければならないもの

- 申込み・契約をしない案内所等には、専任の宅建士を置く必要はありません。

問題5 □□□

法人である宅建業者A社の従業者であり、宅建業に係る営業に関し成年者と同一の行為能力を有する未成年者の宅建士Bは、A社の役員であるときを除き、A社の専任の宅建士となることができない。

問題6 □□□

宅建業者は、事務所に置く唯一の専任の宅建士が退任した場合、その日から30日以内に新たな専任の宅建士を設置し、その設置の日から2週間以内に、専任の宅建士の変更があった旨を免許権者に届け出なければならない。

問題7 □□□

宅建業者は、一団の宅地の分譲を行う案内所において宅地の売買の契約の締結を行わない場合、その案内所には国土交通省令で定める標識を掲示しなくてもよい。

問題8 □□□

宅建業者は、一団の宅地建物の分譲をする場合における当該宅地または建物の所在する場所に国土交通省令で定める標識を掲示しなければならない。

解答5 ◯　　3 事務所、案内所等に備え付けなければならないもの

- 【原則】宅建業に係る営業に関し成年者と同一の行為能力を有する未成年者➡宅建士となることはできますが、専任の宅建士となることはできません。
- 【例外】未成年者である宅建士が宅建業者(法人)の役員である場合➡当該法人の専任の宅建士であるとみなされます。

解答6 ✕　　3 事務所、案内所等に備え付けなければならないもの

- 宅建士の数が不足するに至った場合➡**2週間以内**に補充等をしなければなりません。
- 宅建業者名簿の登載事項のうち、一定の事項に変更があった場合➡**30日以内**に**免許権者へ変更の届出**をしなければなりません。

> 事務所には、「業務に従事する者の5人に1人以上」の専任の宅建士を置く必要があるよ！

解答7 ✕　　3 事務所、案内所等に備え付けなければならないもの

- 申込み・契約をするしないにかかわらず、**すべての事務所、案内所等**には**標識の掲示が必要**です。

解答8 ◯　　3 事務所、案内所等に備え付けなければならないもの

- 宅建業者が一団の宅地建物の分譲を行う場合には、その宅地や建物が存在する場所(現地)にも**標識の掲示が必要**です。

問題9 □□□

宅建業者が、一団の宅地建物の分譲を案内所を設置して行う場合、その案内所が一時的かつ移動が容易な施設であるときは、当該案内所には、クーリング・オフ制度の適用がある旨等所定の事項を表示した標識を掲げなければならない。

問題10 □□□

宅建業者A社（国土交通大臣免許）が行う宅建業者B社（甲県知事免許）を売主とする分譲マンション（100戸）に係る販売代理について、A社が単独で当該マンションの所在する場所の隣地に案内所を設けて売買契約の締結をしようとするとき、A社は、当該案内所に宅建業法第50条第1項の規定にもとづく標識を掲げなければならないが、当該標識へは、B社の商号または名称および免許証番号も記載しなければならない。

問題11 □□□

宅建業者は、その業務に関する帳簿を備え、取引のあったつど、その年月日、その取引に係る宅地または建物の所在および面積その他国土交通省令で定める事項を記載しなければならないが、支店および案内所には備え付ける必要はない。

解答9 ○　　3 事務所、案内所等に備え付けなければならないもの

- 土地に定着している案内所等以外(テント張りの案内所など)➡クーリング・オフ制度の適用がある旨等所定の事項を記載した標識の掲示が必要です。

> 申込み・契約をしない案内所等に掲示する標識にもクーリング・オフ制度の適用がある旨を記載する必要があるよ！

解答10 ○　　3 事務所、案内所等に備え付けなければならないもの

- 他の宅建業者が行う一団の分譲マンションの代理や媒介につき案内所を設けて行う場合➡案内所にはA社の情報に加え、売主B社の「商号または名称」、「免許証番号」を記載した標識の掲示が必要です。

解答11 ×　　3 事務所、案内所等に備え付けなければならないもの

- 業務に関する帳簿➡**事務所ごと**(主たる事務所・従たる事務所)に備える必要があるので案内所は不要ですが、支店には備付けが必要です。

問題12 □□□

宅建業者は、帳簿を各事業年度の末日をもって閉鎖するものとし、閉鎖後5年間当該帳簿を保存しなければならないが、自ら売主となり、または売買の媒介をする新築住宅に係るものにあっては10年間保存しなければならない。

問題13 □□□

宅建業者は、その事務所ごとに従業者の氏名、従業者証明書番号その他国土交通省令で定める事項を記載した従業者名簿を備えなければならず、当該名簿を最終の記載をした日から5年間保存しなければならない。

問題14 □□□

宅建業者は、その業務に従事する者であっても、一時的に事務の補助のために雇用した者については、従業者名簿に記載する必要がない。

解答12 ✕ 　　3 事務所、案内所等に備え付けなければならないもの

- 【原則】業務に関する帳簿➡**各事業年度末に閉鎖し、閉鎖後5年間保存**しなければなりません。
- 【例外】宅建業者自ら売主となる新築住宅➡**閉鎖後10年間保存**しなければなりません。

> 10年間保存は自ら売主となる新築住宅が対象だから、新築住宅の売買の媒介は5年間の保存だね！

解答13 ✕ 　　3 事務所、案内所等に備え付けなければならないもの

- 従業者名簿の保存期間➡**最終の記載をした日から10年間**です。

> 「事務所ごと」なので、本店には本店の従業者の情報を記載した名簿を、支店には支店の従業者の情報を記載した名簿を備え付ける必要があるよ！

解答14 ✕ 　　3 事務所、案内所等に備え付けなければならないもの

- 一時的に事務の補助のために雇用した者であっても、従業者名簿に記載しなければなりません。

> 従業者名簿には、従業者の氏名（旧姓も併記できる）・生年月日等のほか、その事務所の従業者となった年月日・従業者でなくなった年月日、宅建士であるか否かも記載されるよ！

問題15 □□□

宅建業者は、従業者名簿の閲覧の請求があったときは、取引の関係者か否かを問わず、請求した者の閲覧に供しなければならない。

問題16 □□□

宅建業者が、一団の宅地の分譲を行う案内所において宅地の売買の契約の締結を行う場合、その案内所には国土交通大臣が定めた報酬の額を掲示しなければならない。

問題17 □□□

宅建業者は、その業務に従事させる者に従業者証明書を携帯させなければならないが、その者が非常勤の役員や単に一時的に事務の補助をする者である場合には携帯させなくてもよい。

問題18 □□□

宅建士は、取引の関係者から請求があったときは、従業者証明書を提示しなければならないが、宅建業法第35条に規定する重要事項の説明をする際は、宅建士証の提示が義務付けられているため、宅建士証の提示をもって、従業者証明書の提示に代えることができる。

解答15 ✗ 　　3 事務所、案内所等に備え付けなければならないもの

- 従業者名簿➡取引の関係者から請求があった場合は閲覧させなければなりません。

> 従業者名簿は閲覧あり、帳簿は閲覧なし！

解答16 ✗ 　　3 事務所、案内所等に備え付けなければならないもの

- 報酬額の掲示➡**事務所のみ必要**です。

解答17 ✗ 　　4 従業者証明書の携帯義務

- 従業者証明書➡**従業者全員**（社長、非常勤役員、パート・アルバイト等を含む）に携帯させなければなりません。

解答18 ✗ 　　4 従業者証明書の携帯義務

- 従業者証明書➡**取引の関係者から請求**があった場合は**提示**しなければなりません。
- 従業者証明書の提示➡宅建士証の提示や従業者名簿の閲覧をもって代えることはできません。

SECTION 07 | CHAPTER 01 | 宅建業法

業務上の規制

問題1 □□□

宅建業者Ａが、宅建業者ＢからＢ所有の建物の賃貸の媒介を依頼され、ＢはＡと当該物件の貸借に係る専任媒介契約を締結した。当該媒介契約の有効期間を定めなかったことは宅建業法の規定に違反しない。

問題2 □□□

宅建業者Ａが、Ｂ所有の宅地の売却の媒介依頼を受け、ＡＢ間で一般媒介契約を締結した場合、Ｂは、Ａ以外の他の宅建業者に重ねて媒介契約を依頼することはできない。

問題3 □□□

宅建業者Ａが、Ｂ所有の宅地の売却の媒介依頼を受け、ＡＢ間で専任媒介契約を締結した場合、Ｂは、Ａが探索した相手方以外の者と売買契約を締結することができない。

問題4 □□□

宅建業者Ａが、宅建業者ＢからＢ所有の建物の売却を依頼され、Ｂと一般媒介契約を締結する際に、Ｂから申出があり、有効期間を６か月としたことは宅建業法の規定に違反しない。

解答1 ○
　　　　　　　　　　　　　　　　　1 媒介契約・代理契約

- 宅建業法上の媒介契約の規制➡宅地・建物の売買・交換の媒介契約について定められたもので、**貸借**については**適用がありません**。

解答2 ✕
　　　　　　　　　　　　　　　　　1 媒介契約・代理契約

- 他の宅建業者に重ねて媒介を依頼すること➡**一般媒介契約はできます。**
- **専任媒介契約、専属専任媒介契約はできません。**

> 一般媒介契約では、依頼者が他の宅建業者に重ねて依頼したときに、「他の宅建業者」を明示する義務がある明示型と、その義務がない非明示型があるよ！

解答3 ✕
　　　　　　　　　　　　　　　　　1 媒介契約・代理契約

- 宅建業者が探した相手方以外の人と契約すること➡**一般媒介契約・専任媒介契約はできます。**
- **専属専任媒介契約はできません。**

解答4 ○
　　　　　　　　　　　　　　　　　1 媒介契約・代理契約

- 一般媒介契約の有効期間➡規制はありません。

問題5 □□□

宅建業者Aが、BからB所有の既存のマンションの売却に係る媒介を依頼され、AがBとの間で有効期間を6月とする専任媒介契約を締結した場合、その媒介契約は無効となる。

問題6 □□□

宅建業者Aが、BからB所有の中古マンションの売却の依頼を受け、Bと専任媒介契約（専属専任媒介契約ではない媒介契約）を締結した。当該専任媒介契約の有効期間は、3月を超えることができず、また、依頼者の更新しない旨の申出がなければ自動更新とする旨の特約も認められない。ただし、Bが宅建業者である場合は、AとBの合意により、自動更新とすることができる。

問題7 □□□

宅建業者Aが、宅建業者BからB所有の建物の売却を依頼され、Bと一般媒介契約（以下「本件契約」という。）を締結した。当該物件に係る買受けの申込みはなかったが、AはBに対し本件契約に係る業務の処理状況の報告を口頭により14日に1回以上の頻度で行ったことは宅建業法の規定に違反しない。

問題8 □□□

宅建業者Aは、BからB所有の宅地の売却について媒介の依頼を受けた。AがBとの間で専任媒介契約を締結した場合、AはBに対して、当該専任媒介契約に係る業務の処理状況を1週間に1回以上報告しなければならない。

解答5 ×   　　　　　　　　　　　　　1 媒介契約・代理契約

- 専任媒介契約・専属専任媒介契約の有効期間➡**3カ月**を超えることはできません。
- 3カ月を超える期間を定めた場合➡**超える部分だけが無効**となります（3カ月となる）。

解答6 ×   　　　　　　　　　　　　　1 媒介契約・代理契約

- 専任媒介契約・専属専任媒介契約の有効期間満了時に**自動更新**する旨の特約➡（たとえ依頼者との合意があったとしても）**定めることはできません。**
- 相手方が宅建業者でも、自動更新の特約は定められません。

 自動更新はできないけど、依頼者から申し出がある場合に更新はできるよ！

解答7 ○   　　　　　　　　　　　　　1 媒介契約・代理契約

- 一般媒介契約の依頼者への業務処理状況の報告義務➡義務はありません。

解答8 ×   　　　　　　　　　　　　　1 媒介契約・代理契約

- 専任媒介契約の依頼者への業務処理状況の報告義務➡**2週間に1回以上**報告する必要があります（口頭でも可）。

 専属専任媒介契約の場合は1週間に1回以上だよ（口頭でも可）！

問題9 □□□

宅建業者Aが、宅建業者BからB所有の建物の売却を依頼され、Bと一般媒介契約を締結した後、Aは、所定の事項を遅滞なく指定流通機構に登録したが、その登録を証する書面を、登録してから14日後にBに交付したことは宅建業法の規定に違反しない。

問題10 □□□

宅建業者Aは、BからB所有の宅地の売却について媒介の依頼を受けた。AがBとの間で専任媒介契約を締結した場合、Bの要望により当該宅地を指定流通機構に登録しない旨の特約をしているときを除き、Aは、当該専任媒介契約締結日から7日以内（休業日数を含まない。）に、指定流通機構に当該宅地の所在等を登録しなければならない。

問題11 □□□

宅建業者が、宅地の売却の依頼者と媒介契約を締結した場合、当該宅地の購入の申込みがあったときは、売却の依頼者が宅建業者であっても、遅滞なく、その旨を当該依頼者に報告しなければならない。

問題12 □□□

宅建業者Aは、Bが所有する甲アパートの売却に係る媒介の依頼を受け、Bと専任媒介契約を締結した。このとき、Aは、甲アパートの所在、規模、形質、売買すべき価額、依頼者の氏名、都市計画法その他の法令にもとづく制限で主要なものを指定流通機構に登録しなければならない。

解答9 ○ 　　　　　　　　　　　　　1 媒介契約・代理契約

- 一般媒介契約の指定流通機構への登録義務➡規制はありません（登録しても、しなくてもよいので、宅建業法の規定に違反しません）。

解答10 ✕ 　　　　　　　　　　　　　1 媒介契約・代理契約

- 専任媒介契約の指定流通機構への登録➡契約日から**7日以内**です（休業日を除く）。
- (専属)専任媒介契約の場合は指定流通機構への登録義務があり、この登録をしない旨の特約を定めることはできません。

> 専属専任媒介契約の場合は**5日以内**だよ（休業日を除く）！

解答11 ○ 　　　　　　　　　　　　　1 媒介契約・代理契約

- そのとおりです。なお、これに反する特約は**無効**とります。

解答12 ✕ 　　　　　　　　　　　　　1 媒介契約・代理契約

- 依頼者の氏名➡指定流通機構に登録する内容に含まれません。

> 他には「専属専任媒介契約の場合は、その旨」も登録すべき内容だよ！

問題13 □□□

宅建業者Aが、BからB所有の住宅の売却の媒介を依頼された場合、Aは、Bとの間で専任媒介契約を締結し、所定の事項を指定流通機構に登録したときは、その登録を証する書面を遅滞なくBに引き渡さなければならない。

問題14 □□□

宅建業者Aが、BからB所有の宅地の売却に係る媒介を依頼されて、AがBと専任媒介契約を締結した場合、当該宅地の売買契約が成立しても、当該宅地の引渡しが完了していなければ、売買契約が成立した旨を指定流通機構に通知する必要はない。

問題15 □□□

宅建業者Aが、BからB所有の甲住宅の売却に係る媒介の依頼を受けて一般媒介契約を締結する場合、Aは、宅建業法第34条の2第1項の規定にもとづき交付すべき書面に、宅建士をして記名押印させなければならない。

問題16 □□□

宅建業者Aは、BからB所有の宅地の売却について媒介の依頼を受けた。AがBとの間で一般媒介契約を締結した場合、AがBに対し当該宅地の価額または評価額について意見を述べるときは、その根拠を明らかにしなければならないが、根拠の明示は口頭でも書面を用いてもよい。

解答13 ◯ 　　　　　　　　　　1 媒介契約・代理契約

- そのとおりです。
- 書面の引渡しに代えて、依頼者の承諾を得て、**電磁的方法**により提供することもできます。

解答14 ✕ 　　　　　　　　　　1 媒介契約・代理契約

- 売買契約が成立したときは、**遅滞なく**、その旨を**指定流通機構に通知**しなければなりません。

指定流通機構への通知事項
❶（登録を証する書面の）登録番号
❷宅地・建物の取引価格
❸売買または交換の契約が成立した年月日

解答15 ✕ 　　　　　　　　　　1 媒介契約・代理契約

- 媒介契約書面 ➡ **宅建業者の記名押印が必要**です。

依頼者の承諾を得て、媒介契約書面に記載すべき事項を、電磁的方法であって宅建業者の記名押印に代わる一定の措置を講じたうえで提供することもできるよ！

解答16 ◯ 　　　　　　　　　　1 媒介契約・代理契約

- 媒介価格に意見を述べるとき ➡ その根拠を明らかにしなければなりません。
- 根拠の明示は、口頭や書面でも認められます。

問題17 □□□

宅建業者Ａが、宅建業者でないＢから建物の売却の依頼を受け、ＡとＢとの間で専属専任媒介契約を締結した場合、Ａが探索した相手方以外の者とＢとの間で売買契約を締結したときの措置について、ＡとＢとの間で取り決めがなければ、Ａは宅建業法第34条の２第１項の規定にもとづき交付すべき書面に記載する必要はない。

問題18 □□□

宅建業者Ａが、Ｂから、Ｂ所有の住宅の売却の媒介を依頼された場合、Ａは、Ｂとの間で媒介契約を締結したときは、当該契約が国土交通大臣が定める標準媒介契約約款にもとづくものであるか否かの別を、宅建業法第34条の２第１項の規定にもとづき交付すべき書面に記載しなければならない。

問題19 □□□

宅建業者Ａは、Ｂから、Ｂが所有し居住している甲住宅の売却について媒介の依頼を受けた。Ａが甲住宅について、宅建業法第34条の２第１項第４号に規定する建物状況調査の制度概要を紹介し、Ｂが同調査を実施する者のあっせんを希望しなかった場合、Ａは、同項の規定にもとづき交付すべき書面に同調査を実施する者のあっせんに関する事項を記載する必要はない。

問題20 □□□

宅建業者がその事業として行う宅地の販売広告において、宅地に対する将来の利用の制限について、著しく事実に相違する表示をしてはならない。

解答17 ✕ 　　　　　1 媒介契約・代理契約

・契約違反があった場合の措置➡媒介契約書面の記載事項です。

解答18 ◯　　　　　1 媒介契約・代理契約

・そのとおりです。

> 必ずしも標準媒介契約約款にもとづく媒介契約である必要はないけど、もとづいているのか、いないのかの記載は必要だよ！

解答19 ✕　　　　　1 媒介契約・代理契約

・既存の建物の場合、依頼者に対する建物状況調査(インスペクション)を実施する者のあっせんに関する事項➡(希望の有無にかかわらず)媒介契約書面の記載事項です。

解答20 ◯　　　　　2 広告に関する規制

・そのとおりです。
・他にも、現在または将来の利用の制限の一部を表示しないことにより誤認させることも禁止されています。

問題21 □□□

テレビやインターネットを利用して行う広告は、新聞の折込チラシや配布用のチラシと異なり、宅建業法の規制の対象とならない。

問題22 □□□

宅建業者Aは、自ら売主として、建築基準法第6条第1項の確認の申請中である新築の分譲マンションについて「建築確認申請済」と明示した上で広告を行った。当該広告は、建築確認を終えたものと誤認させるものではないため、宅建業法第33条の規定に違反するものではない。

問題23 □□□

宅建業者は、建築確認が必要とされる建物の建築に関する工事の完了前において、建築確認の申請中である場合は、建築確認を受けることを停止条件とする特約を付ければ、自ら売主として当該建物の売買契約を締結することができる。

問題24 □□□

宅建業者Aは、建築確認の済んでいない建築工事完了前の賃貸住宅の貸主Bから当該住宅の貸借の代理を依頼され、代理人として借主Cとの間で当該住宅の賃貸借契約を締結したことは、宅建業法の規定に違反しない。

解答21 ✕　　　　　　　　　　　2 広告に関する規制

- 誇大広告等の規制の対象➡新聞やチラシ、インターネット等のあらゆる広告を含みます。

解答22 ✕　　　　　　　　　　　2 広告に関する規制

- 宅地の造成工事、建物の建築工事について、必要な許可や確認等を受ける前➡広告することはできません。

たとえ「申請済」などの表示をしたとしても、許可等を受けた後でなければ広告をすることはできないよ！

解答23 ✕　　　　　　　　　　　2 広告に関する規制

- 宅地の造成工事、建物の建築工事について、必要な許可や確認等を受ける前➡「自ら売買・交換」の契約または「売買・交換」の媒介・代理をすることはできません。

解答24 ◯　　　　　　　　　　　2 広告に関する規制

- 宅地の造成工事、建物の建築工事について、必要な許可や確認等を受ける前➡「貸借(の媒介・代理)」はできます。

問題25 ☐☐☐

宅建業者が複数の区画がある宅地の売買について、数回に分けて広告するときは、最初に行う広告に取引態様の別を明示すれば足り、それ以降は明示する必要はない。

問題26 ☐☐☐

宅建業者Aが、自ら売主として宅建業者ではない買主Bに対し建物の売却を行う場合において、Aは、Bに対し、専任の宅建士をして重要事項の説明をさせなければならない。

問題27 ☐☐☐

宅建業者は、その媒介により売買契約が成立したときは、当該契約の各当事者に、遅滞なく、重要事項説明書を書面で交付または電磁的方法により提供しなければならない。

問題28 ☐☐☐

宅建業者は、宅地・建物の買主が宅建業者であっても、重要事項説明書を書面で交付または電磁的方法により提供しなければならない。

解答25 ✕   2 広告に関する規制

- 取引態様の明示 ➡ **広告の都度**しなければなりません。

解答26 ✕   3 重要事項の説明（35条書面）

- 重要事項の説明 ➡ **宅建士が行います**が専任である必要はありません。

解答27 ✕   3 重要事項の説明（35条書面）

- 重要事項の説明の時期 ➡ **契約が成立するまでに**、書面の交付等をして説明しなければなりません。
- 売主、貸主には 重要事項の説明（重要事項説明書を交付・提供）をする必要はありません。

> 35条書面の交付に代えて、説明の相手方の承諾を得て、35条書面に記載すべき事項を、電磁的方法であって宅建士の記名に代わる一定の措置を講じたものにより提供することができるよ！

解答28 〇   3 重要事項の説明（35条書面）

- **宅建業者**に対しては、原則として重要事項の**説明は不要**ですが、重要事項説明書の交付・提供は必要です。

> 買主、借主等が宅建業者の場合には、基本的には説明不要だけど、宅地・建物に係る信託で、宅建業者を委託者とするものの受益権の売買のときは説明が必要だよ！

問題29 □□□

宅建業者は、重要事項説明書を書面で交付するに当たり、専任の宅建士をして当該書面に記名させるとともに、売買契約の各当事者にも当該書面に記名させなければならない。

問題30 □□□

宅建士は、重要事項説明書を書面で交付するに当たり、相手方が宅建業者である場合、相手方から宅建士証の提示を求められない限り、宅建士証を提示する必要はない。

問題31 □□□

宅建業者が行う重要事項の説明は、宅建業者の事務所において行わなければならない。

問題32 □□□

宅建士は、テレビ会議等のITを活用して重要事項の説明を行うときは、相手方の承諾があれば宅建士証の提示を省略することができる。

解答29 ✕ 〔3 重要事項の説明（35条書面）〕

- 重要事項説明書➡**宅建士が記名**しますが、専任である必要はありません。
- 契約の各当事者は記名不要です。

解答30 ◯ 〔3 重要事項の説明（35条書面）〕

- 宅建業者に対しては、原則として重要事項の説明が不要なので、本問の重要事項説明書の交付にあたっては、求めがない限り宅建士証の提示は不要です。

> 宅建士証の提示が必要な場合
> ❶取引の関係者から請求があったとき
> ❷重要事項の説明(35条の説明)をするとき(相手から請求されなくても提示しなければならない)

解答31 ✕ 〔3 重要事項の説明（35条書面）〕

- 重要事項の説明の場所➡規制はなく、一定の要件を満たせばテレビ会議等のITを活用して行うこと(IT重説)もできます。

解答32 ✕ 〔3 重要事項の説明（35条書面）〕

- IT重説における宅建士証の提示➡宅建士が宅建士証を提示し、相手方が当該宅建士証を画面上で視認できたことを確認しなければなりません。

以下、問題33から問題72については、特に断りのない限り、説明の相手方は宅建業者ではないものとします。

問題33 □□□

宅建業者は、宅地の売買の媒介を行う場合、登記された抵当権について、引渡しまでに抹消される場合は、宅建業法第35条に規定する重要事項として説明しなくてよい。

問題34 □□□

建物の貸借の媒介を行う場合における、「都市計画法第29条第１項の規定にもとづく制限」は、宅建業法第35条に規定する重要事項として説明しなければならない。

問題35 □□□

宅建業者は、賃貸借契約の媒介を行う場合において、対象となる建物が既存の住宅であるときは、宅建業法第34条の２第１項第４号に規定する建物状況調査を実施しているかどうか、およびこれを実施している場合におけるその結果の概要を宅建業法第35条に規定する重要事項として説明しなければならない。

解答33 ✕   　3 重要事項の説明（35条書面）

- 登記された権利の種類・内容等 ➡ 宅地・建物の売買・交換、貸借すべてにおいて重要事項として説明が必要です。
- たとえ引渡しまでに抹消されるものであっても説明が必要です。

解答34 ✕   　3 重要事項の説明（35条書面）

- 法令上の制限 ➡ 建物の貸借の場合、建物賃借人に適用されるもの以外は重要事項ではありません。

> 建物の貸借の場合には、建物の賃借人に適用されるものが説明事項となり、建物の賃借人に適用されない建蔽率、容積率などの建築基準法や都市計画法に関する説明は不要だよ！

解答35 ◯   　3 重要事項の説明（35条書面）

- そのとおりです。

> 建物状況調査は、実施後1年を経過していないものに限られるよ！

問題36 □□□

宅建業者は、既存住宅の貸借の媒介を行う場合、建物の建築および維持保全の状況に関する書類の保存状況について、宅建業法第35条に規定する重要事項として説明しなければならない。

問題37 □□□

宅建業者は、建物の売買または貸借の媒介を行う場合、当該建物が津波防災地域づくりに関する法律第53条第1項により指定された津波災害警戒区域内にあるときは、その旨を、売買の場合は宅建業法第35条に規定する重要事項として説明しなければならないが、貸借の場合は説明しなくてよい。

問題38 □□□

宅建業者は、市町村が取引の対象となる宅地または建物の位置を含む水害ハザードマップを作成している場合、売買または交換の媒介のときは重要事項説明の際に水害ハザードマップを提示しなければならないが、貸借の媒介のときはその必要はない。

問題39 □□□

宅建業者が建物の貸借の媒介を行う場合における、「当該建物について、石綿の使用の有無の調査の結果が記録されているときは、その内容」は、宅建業法第35条に規定する重要事項として説明しなければならない。

解答36 ✕ 　　　3 重要事項の説明（35条書面）

- 建物の建築・維持保全の状況に関する書類の保存の状況➡売買・交換に限り重要事項として説明が必要です。

解答37 ✕　　　3 重要事項の説明（35条書面）

- 津波災害警戒区域内か否か➡宅地・建物の売買・交換、貸借すべてにおいて重要事項として説明が必要です。

同様に、売買・交換、貸借のすべてにおいて、取引対象の宅地・建物が「造成宅地防災区域内」・「土砂災害警戒区域内」にあるときは、その旨を説明する必要があるよ！

解答38 ✕　　　3 重要事項の説明（35条書面）

- 水害ハザードマップにおける、取引の対象となる宅地・建物の所在地➡宅地・建物の売買・交換、貸借すべてにおいて重要事項として説明が必要です。

解答39 ◯ 　　　3 重要事項の説明（35条書面）

- 石綿使用の調査の内容➡建物の売買・交換、貸借共に重要事項として説明が必要です。

あくまでも「石綿の使用の有無の調査結果が記録されているとき」に、その内容を説明すればOK。調査結果の記録がない場合、わざわざ調査をする必要はないよ！

問題40 □□□

建物の売買においては、宅建業者である売主は取引の対象となる建物(昭和56年6月1日以降に新築の工事に着手したものを除く。)について耐震診断を受けなければならず、また、その診断の結果を重要事項説明書に記載しなければならない。

問題41 □□□

宅建業者が建物の貸借の媒介を行う場合、当該建物が住宅の品質確保の促進等に関する法律第5条第1項に規定する住宅性能評価を受けた新築住宅であるときは、その旨を宅建業法第35条に規定する重要事項として説明しなければならない。

問題42 □□□

宅建業者Aは、マンションの分譲に際して、建物の区分所有等に関する法律第2条第4項に規定する共用部分に関する規約がまだ案の段階である場合、Aは、規約の設定を待ってから、その内容を宅建業法第35条に規定する重要事項として説明しなければならない。

問題43 □□□

宅建業者が区分所有建物の売買の媒介を行う場合、建物の区分所有等に関する法律第2条第3項に規定する専有部分の用途その他の利用の制限に関する規約の定めがあるときは、その内容を説明しなければならないが、区分所有建物の貸借の媒介を行う場合は、説明しなくてよい。

解答40 ✕ 　　　3 重要事項の説明（35条書面）

- 耐震診断の内容➡当該建物（昭和56年〈1981年〉6月1日以降に新築工事に着手したものを除く）が、「耐震改修促進法」に規定する一定の耐震診断を受けたものであるときは、その内容を説明すればよく、耐震診断を受けていない場合には耐震診断を受ける義務はありません。

解答41 ✕ 　　　3 重要事項の説明（35条書面）

- 住宅性能評価を受けた新築住宅➡新築住宅の売買・交換に限り重要事項として説明が必要です。

解答42 ✕ 　　　3 重要事項の説明（35条書面）

- 区分所有建物の売買・交換に際して、共用部分に関する規約の定めがあるときは、その内容を重要事項として説明しなければならない➡規約が「案」の段階でも、説明が必要です。

解答43 ✕ 　　　3 重要事項の説明（35条書面）

- 専有部分の用途その他の利用の制限に関する規約（【例】ペットの飼育禁止など）➡区分所有建物の売買・交換、貸借すべてにおいて重要事項として説明が必要です。

> 区分所有建物の貸借の場合にも説明が必要なのは、「専有部分の用途その他の利用の制限に関する規約」と「管理の委託先」だよ。

問題44 □ □ □

宅建業者Aは、マンションの分譲に際して、当該マンションの建物またはその敷地の一部を特定の者にのみ使用を許す旨の規約の定めがある場合、Aは、その内容だけでなく、その使用者の氏名および住所について説明しなければならない。

問題45 □ □ □

区分所有建物の売買において、売主が宅建業者で買主が宅建業者でない場合、当該売主は当該買主に対し、当該一棟の建物に係る計画的な維持修繕のための修繕積立金積立総額および売買の対象となる専有部分に係る修繕積立金額を説明すれば、滞納があることについては説明をしなくてもよい。

問題46 □ □ □

宅建業者Aが、自ら売主として宅建業者ではない買主Bに対し建物の売却を行う場合、Aは、Bに対し、代金以外に授受される金銭の額だけでなく、当該金銭の授受の目的についても宅建業法第35条に規定する重要事項として説明しなければならない。

問題47 □ □ □

宅建業者が、宅地の交換において交換契約に先立って交換差金の一部として30万円の預り金の授受がある場合、その預り金を受領しようとする者は、保全措置を講ずるかどうか、およびその措置を講ずる場合はその概要を宅建業法第35条に規定する重要事項として説明しなければならない。

解答44 ✕ 　　3 重要事項の説明（35条書面）

- 当該一棟の建物または敷地の一部を特定の者にのみ使用を許す旨の規約（「案」を含む）があるとき➡その内容を重要事項として説明しなければなりませんが、専用で使用している者（特定の者）の名前・住所は説明不要です。

解答45 ✕ 　　3 重要事項の説明（35条書面）

- 修繕積立金の内容、すでに積み立てられている額➡重要事項として説明が必要です。また、滞納があるときはその額を告げる必要があります。

解答46 ◯ 　　3 重要事項の説明（35条書面）

- 代金、交換差金、借賃以外に授受される金銭の額および当該金銭の授受の目的➡宅地・建物の売買・交換、貸借すべてにおいて重要事項として説明が必要です。

解答47 ✕ 　　3 重要事項の説明（35条書面）

- 支払金または預り金が**50万円未満**の場合➡支払金または預り金に該当しないので、重要事項とはなりません。

> 支払金、預り金の保全措置の概要は、宅地・建物の売買・交換、貸借すべてにおいて重要事項として説明が必要だよ！

問題48

宅建業者が、自ら売主として行う建物の売買において、その建物の種類または品質に関して契約の内容に適合しない場合におけるその不適合を担保すべき責任の履行に関し保証保険契約の締結などの措置を講ずるかどうか、また、講ずる場合はその措置の概要を宅建業法第35条に規定する重要事項として説明しなければならない。

問題49

宅建業者が建物の貸借の媒介を行う場合における、「台所、浴室、便所その他の当該建物の設備の整備の状況」は、宅建業法第35条に規定する重要事項として説明しなければならない。

問題50

宅建業者が建物の貸借の媒介を行う場合、契約の期間については説明する必要があるが、契約の更新については、宅建業法第37条の規定により交付すべき書面への記載事項であり、宅建業法第35条に規定する重要事項として説明する必要はない。

問題51

建物管理が管理会社に委託されている建物の貸借の媒介をする宅建業者は、当該建物が区分所有建物であるか否かにかかわらず、その管理会社の商号およびその主たる事務所の所在地について、借主に説明しなければならない。

解答48 ○　　　　　　　　3 重要事項の説明（35条書面）

- そのとおりです。

> 一定の担保責任の履行に関する措置を講じない場合にも、その旨を説明する必要があるよ！

解答49 ○　　　　　　　　3 重要事項の説明（35条書面）

- そのとおりです。

解答50 ×　　　　　　　　3 重要事項の説明（35条書面）

- 契約期間、契約の更新に関する事項 ➡ 貸借の重要事項として説明が必要です。

解答51 ○　　　　　　　　3 重要事項の説明（35条書面）

- そのとおりです。
- 委託先の「氏名（商号・名称）」「住所（主たる事務所の所在地）」について説明が必要です。

問題52 □□□

宅建業者が宅地の貸借の媒介を行う場合における、「敷金その他いかなる名義をもって授受されるかを問わず、契約終了時において精算することとされている金銭の精算に関する事項」は、宅建業法第35条に規定する重要事項として説明しなければならない。

問題53 □□□

宅建業者は、自らが保証協会の社員である場合、営業保証金を供託した主たる事務所の最寄りの供託所および所在地の説明をしなければならない。

問題54 □□□

宅建業者は、売買、交換または貸借の契約に際し、契約成立後、宅建士をして速やかに供託所等に係る説明をしなければならない。

問題55 □□□

宅建業者は、宅建業者の相手方に対して供託所等の説明を行う際に書面を交付することは要求されていないが、重要事項説明書に記載して説明することが望ましい。

解答52 ○　3 重要事項の説明（35条書面）

- そのとおりです。

解答53 ×　4 供託所等の説明

- 保証協会の社員である場合の供託所等の説明の内容➡❶保証協会の社員である旨、❷保証協会の名称、住所、事務所の所在地、❸保証協会が弁済業務保証金を供託している供託所、その所在地について説明が必要です。

保証協会の社員でない場合の説明事項は、営業保証金を供託した供託所（主たる事務所の最寄りの供託所）とその所在地だよ！

解答54 ×　4 供託所等の説明

- 供託所等の説明➡**契約が成立するまで**にしなければなりません。また、宅建士が説明する必要はありません。

解答55 ○　4 供託所等の説明

- 供託所等の説明の方法➡文書、または口頭で説明することができますが、重要事項説明書に記載して説明することが望ましいとされています。

問題56 □□□

宅建業者は、宅建業者が取引の相手方の場合においても、供託所等に係る説明をしなければならない。

問題57 □□□

宅建業者は、自ら売主となる土地付建物の売買契約および自ら貸主となる土地付建物の賃貸借契約のいずれにおいても、37条書面を作成し、その取引の相手方に交付・提供しなければならない。

問題58 □□□

宅建業者は、37条書面を交付するに当たり、宅建士をして、その書面に記名押印の上、その内容を説明させなければならない。

問題59 □□□

宅建業者Aが売主を代理して建物を売却する場合、買主が宅建業者であるときは、37条書面の交付または電磁的方法による提供をしなくてもよい。

解答56 × 　　　　　　　　　　　　　　4 供託所等の説明

- 供託所等の説明をする相手方➡宅建業者に対しては説明不要です。

解答57 × 　　　　　　　　　　　　5 契約書（37条書面）の交付

- 自ら貸主➡宅建業に該当しないため、37条書面の作成、交付・提供は不要です。

解答58 × 　　　　　　　　　　　　5 契約書（37条書面）の交付

- 37条書面➡**説明は不要**です。
- 37条書面への記名・押印➡**宅建士の記名は必要**ですが押印は不要です。

> 37条書面も、35条書面と同様、一定の場合に電磁的方法による提供ができるよ！

解答59 × 　　　　　　　　　　　　5 契約書（37条書面）の交付

- 37条書面➡**契約の両当事者に交付・提供が必要**ですので、宅建業者でも省略できません。

問題60

宅建業者Aは、自ら売主として、宅建業者Bの媒介により、Cと宅地の売買契約を締結した。Bが宅建士をして37条書面に記名させている場合、Aは宅建士をして当該書面に記名させる必要はない。

以下、問題61から問題73については、必要な承諾を得て、一定の事項を電磁的方法（電子情報処理組織を使用する方法その他の情報通信の技術を利用する方法をいう。）により提供する場合を考慮しないこととします。

問題61

宅建業者は、その媒介により建物の売買の契約を成立させた場合において、当該建物の引渡しの時期または移転登記の申請の時期のいずれかを37条書面に記載し、当該契約の各当事者に交付しなければならない。

問題62

宅建業者Aが売主を代理して抵当権が設定されている建物を売却する場合、当該抵当権の内容について37条書面に記載しなければならない。

問題63

宅建業者は、その媒介により建物の貸借の契約を成立させた場合において、当該建物が既存の建物であるときは、建物の構造耐力上主要な部分等の状況について当事者の双方が確認した事項を37条書面に記載し、当該契約の各当事者に交付しなければならない。

解答60 ✕

5 契約書（37条書面）の交付

・37条書面➡売主である宅建業者Ａと媒介をする宅建業者Ｂ共に交付・提供義務を負い、それぞれの宅建士に記名させなければなりません。

解答61 ✕

5 契約書（37条書面）の交付

・宅地・建物の引渡時期と移転登記の申請の時期➡共に37条書面の必要的記載事項です。

・移転登記の申請時期は、売買・交換のみ記載事項です。

解答62 ✕

5 契約書（37条書面）の交付

・登記された権利の種類・内容等➡重要事項(35条書面の記載事項)ですが、37条書面の記載事項ではありません。

解答63 ✕

5 契約書（37条書面）の交付

・既存の建物の構造耐力上主要な部分等の状況について当事者の双方が確認した事項➡売買・交換の場合のみ37条書面の必要的記載事項です。

CH 01 宅建業法

SEC 07 業務上の規制

問題64 □□□

宅建業者Ａが自ら売主として建物を売却する場合、当該売買契約に際し、買主から支払われる手付金の額が売買代金の５％未満であるときは、当該手付金の額の記載があれば、授受の時期については37条書面に記載しなくてもよい。

問題65 □□□

宅建業者は、その媒介により建物の貸借の契約を成立させた場合において、借賃以外の金銭の授受に関する定めがあるときは、その額や当該金銭の授受の時期だけでなく、当該金銭の授受の目的についても37条書面に記載し、当該契約の各当事者に交付しなければならない。

問題66 □□□

宅建業者が媒介により既存建物の貸借の契約を成立させた場合、契約の解除に関する定めがあるときは、その内容を37条書面に記載しなければならない。

問題67 □□□

宅建業者が媒介により既存建物の貸借の契約を成立させた場合、天災その他不可抗力による損害の負担に関する定めがあるときは、その内容を37条書面に記載しなければならない。

解答64 ✕　　　　　　　　　　　　5 契約書（37条書面）の交付

・手付金➡代金・交換差金・借賃以外の金銭の授受に関する定め
があるときに該当するため37条書面の任意的記載事項であり、
その額、金銭の授受の時期、目的が記載事項となります。

解答65 ◯　　　　　　　　　　　　5 契約書（37条書面）の交付

・そのとおりです。
・代金・交換差金・借賃以外の金銭の授受に関する定めがあると
き➡37条書面の任意的記載事項で、その額、金銭の授受の時期、
目的が記載事項となります。

解答66 ◯　　　　　　　　　　　　5 契約書（37条書面）の交付

・そのとおりです。
・契約の解除に関する定めがあるとき➡37条書面の任意的記載
事項で、その内容が記載事項となります。

解答67 ◯　　　　　　　　　　　　5 契約書（37条書面）の交付

・天災その他不可抗力による損害の負担に関する定めがあるとき
➡37条書面の任意的記載事項で、その内容が記載事項となり
ます。

問題68 □□□

宅建業者Aは、Bを売主としCを買主とする宅地の売買契約を媒介した。当該売買契約に、当該宅地が種類または品質に関して契約の内容に適合しない場合においてその不適合を担保すべき責任に関する特約があるときは、Aは、当該特約について記載した37条書面をBおよびCに交付しなければならない。

問題69 □□□

宅建業者が媒介により既存建物の貸借の契約を成立させた場合、設計図書、点検記録その他の建物の建築および維持保全の状況に関する書面で、国土交通省令で定めるものの保存の状況を37条書面に記載しなければならない。

問題70 □□□

宅建業者は、自ら売主となる土地付建物の売買契約において、宅建業者ではない買主から保全措置を講ずる必要のない金額の手付金を受領する場合、手付金の保全措置を講じないことを、重要事項説明書に記載して説明し、37条書面にも記載しなければならない。

問題71 □□□

宅建業者は、媒介により区分所有建物の賃貸借契約を成立させた場合、専有部分の用途その他の利用の制限に関する規約においてペットの飼育が禁止されているときは、その旨を重要事項説明書に記載して説明し、37条書面にも記載しなければならない。

解答68 〇 | 5 契約書（37条書面）の交付

一定の担保責任（当該宅地・建物が種類・品質に関して契約の内容に適合しない場合におけるその不適合を担保すべき責任）または当該責任の履行に関して講ずべき保証保険契約の締結その他の措置についての定めがあるとき➡売買・交換の場合のみ37条書面の任意的記載事項で、その内容が記載事項となります。

解答69 ✕ | 5 契約書（37条書面）の交付

設計図書、点検記録その他の建物の建築および維持保全の状況に関する書類で、国土交通省令で定めるものの保存の状況➡重要事項（35条書面の記載事項）ですが、37条書面の記載事項ではありません。

解答70 ✕ | 5 契約書（37条書面）の交付

支払金、預り金の保全措置の概要➡35条書面の記載事項ですが、37条書面の記載事項ではありません。

解答71 ✕ | 5 契約書（37条書面）の交付

専有部分の用途その他の利用の制限に関する規約➡35条書面の記載事項ですが、37条書面の記載事項ではありません。

問題72 □□□

宅建業者が媒介により区分所有建物の貸借の契約を成立させたとき、契約の解除について定めがある場合は、重要事項説明書にその旨記載し内容を説明したときも、37条書面に記載しなければならない。

問題73 □□□

宅建業者A社が、自ら売主として宅建業者でない買主Bと宅地の売買契約を締結しようとしており、Bは購入するに当たりA社のあっせんを受けて金融機関から融資を受けることとした。この際、A社は重要事項説明において当該あっせんが不調に終わるなどして融資が受けられない場合の措置について説明をし、37条書面へも記載することとしたが、融資額や返済方法等のあっせんの内容については37条書面に記載すれば、重要事項説明に係る書面への記載を省略することができる。

問題74 □□□

宅建業者Aが、賃貸アパートの媒介に当たり、入居申込者が無収入であることを知っており、入居申込書の収入欄に「年収700万円」とあるのは虚偽の記載であることを認識したまま、その事実を告げずに貸主に提出した行為は宅建業法に違反する。

問題75 □□□

宅建業者が重要事項説明書を作成する際、調査不足のため記載された内容が事実と異なるものとなったが、意図的に事実と異なる内容を記載したものではないため、宅建業法違反ではない。

解答72 ◯　　　　　　　　　　　5 契約書（37条書面）の交付

- 契約の解除➡35条書面、37条書面共に記載事項です（37条書面は任意的記載事項）。

解答73 ✕　　　　　　　　　　　5 契約書（37条書面）の交付

- 代金等に関するローンのあっせんについて貸借が不成立のときの措置➡35条書面、37条書面共に記載事項です（37条書面は任意的記載事項）。

- 代金、交換差金に関する金銭の貸借のあっせんの内容➡35条書面の記載事項ですが、37条書面の記載事項ではありません。

解答74 ◯　　　　　　　　　　　　6 その他の業務上の規制

- 故意による重要な事実の不告知、不実のことを告げる行為は禁止されています。

解答75 ✕　　　　　　　　　　　　6 その他の業務上の規制

- 故意でなくても、重要事項に関して不実のことを告げる行為は禁止されています。

問題76 □□□

宅建業者は、その業務に関し、相手方に不当に高額の報酬を要求した場合、たとえ受領していなくても宅建業法違反となる。

問題77 □□□

宅建業者が、マンションの販売に際して、買主が手付として必要な額を持ち合わせていなかったため、手付を分割受領することにより、契約の締結を誘引したことは、宅建業法の規定に違反する。

問題78 □□□

宅建業者が、自ら売主である新築分譲マンションを訪れた買主Aに対して、「弊社と提携している銀行の担当者から、手付金も融資の対象になっていると聞いております。ご検討ください。」と告げたことは、宅建業法の規定に違反しない。

問題79 □□□

宅建業者が、自ら売主である新築分譲マンションを訪れた買主Aに対して、「弊社が数年前に分譲したマンションが、先日高値で売れました。このマンションはそれより立地条件が良く、また、近隣のマンション価格の動向から見ても、5年後値上がりするのは間違いありません。」と告げたことは、宅建業法の規定に違反しない。

解答76 ○ 　　　6 その他の業務上の規制

・不当に高額な報酬を要求する行為は禁止されています。

実際に受け取っていなくても、要求したらアウト！

解答77 ○ 　　　6 その他の業務上の規制

・宅建業者が手付金を貸したり、分割したりすることによって、契約の締結を誘導する行為は禁止されています。

解答78 ○ 　　　6 その他の業務上の規制

・手付金の借入れについて銀行等をあっせんすることは禁止されていません。

解答79 × 　　　6 その他の業務上の規制

・契約の締結の勧誘に際し、利益が生じることが確実であると誤解させるような断定的判断の提供は禁止されています。

実際に契約をしていない場合でも提供したらアウト！

問題80 □□□

宅建業者Aが、分譲マンションの購入を勧誘するに際し、うわさをもとに「3年後には間違いなく徒歩5分の距離に新しく私鉄の駅ができる」と告げた場合、そのような計画はなかったとしても、故意にだましたわけではないので法には違反しない。

問題81 □□□

宅建業者が、自ら売主である新築分譲マンションを訪れた買主Aに対して、「隣接地は、市有地で、現在、建築計画や売却の予定がないことを市に確認しました。将来、建つとしても公共施設なので、市が眺望を遮るような建物を建てることは絶対ありません。ご安心ください。」と告げたことは、宅建業法の規定に違反しない。

問題82 □□□

宅建業者が、宅地の売買に際して、相手方が「契約の締結をするかどうか明日まで考えさせてほしい」と申し出たのに対し、事実を歪めて「明日では契約締結できなくなるので、今日しか待てない」と告げたことは、宅建業法の規定に違反する。

問題83 □□□

宅建業者が、マンション販売の勧誘を電話で行った際に、勧誘に先立って電話口で宅建業者の商号または名称を名乗らずに勧誘を行ったことは、宅建業法の規定に違反する。

解答80 ✗

6 その他の業務上の規制

・契約の締結の勧誘に際し、交通の利便について誤解させるような断定的判断の提供は、故意かどうかにかかわらず禁止されています。

解答81 ✗

6 その他の業務上の規制

・契約の締結の勧誘に際し、将来の環境について誤解させるような断定的判断の提供は禁止されています。

解答82 ○

6 その他の業務上の規制

・正当な理由なしに、契約を締結するかどうかを判断するために必要な時間を与えることを拒むことは禁止されています。

解答83 ○

6 その他の業務上の規制

・勧誘に先立って、宅建業者の商号・名称、当該勧誘を行う者の氏名や、契約の締結について勧誘する目的であることを告げずに勧誘を行うことは禁止されています。

問題84 □□□

宅建業者が、建物の貸借の媒介に際して、賃貸借契約の申込みをした者がその撤回を申し出たが、物件案内等に経費がかかったため、預り金を返還しなかったことは、宅建業法の規定に違反する。

問題85 □□□

宅建業者は、依頼者本人の承諾があった場合でも、秘密を他に漏らしてはならない。

問題86 □□□

宅建業者は、業務上取り扱ったことについて知り得た秘密に関し、税務署の職員から質問検査権の規定にもとづき質問を受けたときであっても、回答してはならない。

問題87 □□□

宅建業者が、宅建業を営まなくなった後は、その業務上取り扱ったことについて知り得た秘密を他に漏らしても、法に違反しない。

問題88 □□□

宅建業者が、自ら売主となる宅地建物の売買契約成立後、媒介を依頼した他の宅建業者へ報酬を支払うことを拒む行為は、不当な履行遅延（宅建業法第44条）に該当する。

解答84 ○   　　　　　　　　　　6 その他の業務上の規制

- 相手方が契約の申込みの撤回を行うのに際し、すでに受け取っている預り金の返還を拒むことは禁止されています。

解答85 ×   　　　　　　　　　　6 その他の業務上の規制

- 業務上知り得た秘密➡正当な理由がある場合は開示でき、依頼者本人の承諾があったことは正当な理由に該当します。

解答86 ×   　　　　　　　　　　6 その他の業務上の規制

- 業務上知り得た秘密➡正当な理由がある場合は開示でき、税務署の質問検査に回答することは正当な理由に該当します。

解答87 ×   　　　　　　　　　　6 その他の業務上の規制

- 守秘義務➡宅建業者が廃業したり、従業員が退職したあとでも、守秘義務が課せられます。

解答88 ×   　　　　　　　　　　6 その他の業務上の規制

- 不当な履行遅延の禁止➡宅地・建物の❶登記、❷引渡し、❸代金の支払い等について不当に遅延することは禁止されています。

他の宅建業者への報酬は、❸代金の支払いには該当しないよ！

CHAPTER 01 | 宅建業法

SECTION 08 自ら売主となる場合の8つの制限

問題1 □□□

宅建業者でないBは、宅建業者Aの事務所で買受けの申込みをし、その翌日、喫茶店で契約を締結したが、Aはクーリング・オフについて告げる書面をBに交付しなかった。この場合、Bはクーリング・オフによる契約の解除をすることができない。

問題2 □□□

宅建業者Aが、自ら売主として、宅建業者ではないBとの間で宅地の売買契約を締結した。Aの事務所ではないがAが継続的に業務を行うことができる施設があり宅建業法第31条の3第1項の規定により専任の宅建士が置かれている場所で、Bが買受けの申込みをし、2日後に喫茶店で売買契約を締結したときは、Bはクーリング・オフにより契約の解除を行うことができる。

問題3 □□□

宅建業者A社が、自ら売主として宅建業者でない買主Bとの間で締結した建物の売買契約について、Bは、モデルルームにおいて買受けの申込みをし、後日、A社の事務所において売買契約を締結した。この場合、Bは、A社からクーリング・オフについて何も告げられていなければ、契約の解除をすることができる。

解答1 ○

- 事務所で買受けの申込み➡クーリング・オフによる解除ができません。

解答2 ✕

- 事務所以外で、継続的に業務を行うことができる施設を有する場所で買受けの申込み➡クーリング・オフによる解除ができません。

解答3 ✕

- モデルルーム(土地に定着する案内所)において買受けの申込み➡クーリング・オフによる解除ができません。

問題4 □□□

宅建業者でないBは、宅建業者Aの仮設テント張りの案内所で買受けの申込みをし、その3日後にAの事務所でクーリング・オフについて書面の交付を受け、告げられた上で契約を締結した。Bは、その書面を受け取った日から起算して8日目に、Aに対しクーリング・オフによる契約の解除を行う旨の文書を送付し、その2日後にAに到達した。この場合、Aは契約の解除を拒むことができない。

問題5 □□□

宅建業者Aが、自ら売主として、宅建業者ではないBとの間で宅地の売買契約を締結した。Aが媒介を依頼した宅建業者Cの事務所でBが買受けの申込みをし、売買契約を締結した場合、Aからクーリング・オフについて何も告げられていなければ、当該契約を締結した日から起算して8日経過していてもクーリング・オフにより契約を解除することができる。

問題6 □□□

宅建業者Aが、自ら売主として、宅建業者でないBとの間でマンション(代金3,000万円)の売買契約を締結しようとするとき、Bは自ら指定した自宅においてマンションの買受けの申込みをした場合においても、宅建業法第37条の2の規定にもとづき、書面により買受けの申込みの撤回を行うことができる。

解答4 ○
2 クーリング・オフ制度

- 仮設テント張りの案内所で買受けの申込み➡クーリング・オフができる場所に該当します。
- 書面で告げられた日から起算して8日目に文書を送付➡クーリング・オフによる解除ができます。

> 書面を発したときにクーリング・オフの効果が生じるよ（発信主義）！

解答5 ✕
2 クーリング・オフ制度

- 売主である宅建業者から媒介を依頼された他の宅建業者の事務所で買受けの申込み➡クーリング・オフによる解除ができません。

解答6 ✕
2 クーリング・オフ制度

- 自ら指定した自宅において買受けの申込み➡クーリング・オフによる解除ができません。

> 買主が自ら申し出た場合の自宅、勤務先はクーリング・オフができない場所だけど、宅建業者が申し出た場合には、買主の自宅や勤務先で買受けの申込みを行ってもクーリング・オフができるよ！

問題7 □□□

宅建業者Ａ社が、自ら売主として宅建業者でない買主Ｂとの間で締結した建物の売買契約について、Ｂは、自らの希望により自宅近くの喫茶店において買受けの申込みをし、売買契約を締結した。その３日後にＡ社から当該契約に係るクーリング・オフについて書面で告げられた。この場合、Ｂは、当該契約締結日から起算して10日目において、契約の解除をすることができる。

問題8 □□□

宅建業者ではない法人Ｂは、宅建業者Ａの仮設テント張りの案内所で買受けの申込みをし、その８日後にＡの事務所で契約を締結したが、その際クーリング・オフについて書面の交付を受けずに告げられた。この場合、クーリング・オフについて告げられた日から８日後には、Ｂはクーリング・オフによる契約の解除をすることができない。

問題9 □□□

宅建業者Ａが、自ら売主として、宅建業者ではないＢとの間で宅地の売買契約を締結した。Ｂが喫茶店で当該宅地の買受けの申込みをした場合において、Ｂが、Ａからクーリング・オフについて書面で告げられた日の翌日から起算して８日目にクーリング・オフによる契約の解除の書面を発送し、10日目にＡに到達したときは、Ｂはクーリング・オフにより契約の解除を行うことができる。

解答7 ○　　　　　　　　　　　　2 クーリング・オフ制度

- 自らの希望により自宅近くの喫茶店において買受けの申込み➡クーリング・オフができる場所に該当します。
- 契約締結日から起算して10日目であっても書面で告げられた日から8日を経過していないので、クーリング・オフによる解除ができます。

解答8 ×　　　　　　　　　　　　2 クーリング・オフ制度

- 仮設テント張りの案内所で買受けの申込み➡クーリング・オフができる場所に該当します。
- 書面で告げられていない（口頭で告げられたのみ）➡クーリング・オフの期間が進行しないため、クーリング・オフによる解除ができます。

解答9 ×　　　　　　　　　　　　2 クーリング・オフ制度

- 喫茶店で買受けの申込み➡クーリング・オフができる場所に該当します。
- 書面で告げられた日の翌日から起算して8日目➡**書面で告げられた日から起算して8日**を経過しているため（9日目）クーリング・オフによる解除ができません。

例えば、2月18日(月)に書面で告げられた場合は、2月25日(月)までに書面を発すればクーリング・オフができるよ！

問題10 ☐☐☐

宅建業者Aが、自ら売主として、宅建業者ではないBとの間で宅地の売買契約を締結した。Bが喫茶店で当該宅地の買受けの申込みをした場合において、クーリング・オフによる契約の解除ができる期間内に、Aが契約の履行に着手したときは、Bはクーリング・オフにより契約の解除を行うことができる。

問題11 ☐☐☐

宅建業者Aが、自ら売主として宅建業者ではない買主Bとの間で宅地の売買契約を締結した。Bは、Aの仮設テント張りの案内所で買受けの申込みをし、2日後、Aの事務所で契約を締結した上で代金全額を支払った。その5日後、Bが、宅地の引渡しを受ける前に当該契約について解除の書面を送付した場合、Aは代金全額が支払われていることを理由に契約の解除を拒むことができる。

問題12 ☐☐☐

宅建業者Aが、自ら売主となり、宅建業者でない買主Bとの間で宅地の売買契約を締結した。Bはレストランにおいて買受けの申込みをし、その際にAからクーリング・オフについて書面で告げられ、契約を締結した。この場合、Bは、当該契約の締結をした日の5日後においては、書面を発しなくても契約の解除をすることができる。

解答10 ◯   　2 クーリング・オフ制度

- 売主が契約の履行に着手したとき➡手付による解除とは異なり、要件を満たせばクーリング・オフによる解除ができます。

「相手方が契約の履行に着手」は、手付による解除が制限される場面だね。混同しないように！

解答11 ✕   　2 クーリング・オフ制度

- 仮設テント張りの案内所で買受けの申込み➡クーリング・オフができる場所に該当します。
- 代金全額を支払った場合➡宅地・建物の引渡しを受けていなければ、クーリング・オフによる解除ができます。

買主が「宅地・建物の引渡しを受け」かつ「代金の全額を支払った」場合には、クーリング・オフによる解除ができないよ！

解答12 ✕   　2 クーリング・オフ制度

- レストランにおいて買受けの申込み➡クーリング・オフができる場所に該当します。
- クーリング・オフは必ず書面で行わなければなりません。

問題13 □□□

宅建業者Ａが、自ら売主として、宅建業者ではないＢとの間で建物の売買契約を締結する場合、ＡＢ間の建物の売買契約における「宅建業法第37条の２の規定にもとづくクーリング・オフによる契約の解除の際に、当該契約の締結に際しＡがＢから受領した手付金は返還しない」旨の特約は有効である。

問題14 □□□

宅建業者Ａが、自ら売主として、宅建業者ではないＢとの間で宅地の売買契約を締結した。Ｂが喫茶店で当該宅地の買受けの申込みをした場合において、ＡとＢとの間でクーリング・オフによる契約の解除をしない旨の合意をしたときは、Ｂはクーリング・オフにより契約の解除を行うことができない。

問題15 □□□

宅建業者ではない法人Ｂは、宅建業者Ａの仮設テント張りの案内所で買受けの申込みをし、その３日後にＡの事務所でクーリング・オフについて書面の交付を受け、告げられた上で契約を締結した。この書面の中で、クーリング・オフによる契約の解除ができる期間を14日間としていた場合、Ｂは、その書面を交付された日から12日後であっても契約の解除をすることができる。

解答13 ✕　　　2 クーリング・オフ制度

- クーリング・オフの効果➡売主(宅建業者)は、すでに受け取った手付金や代金等をすべて返さなければなりません(これに反する特約は無効です)。

> 宅建業者はクーリング・オフに伴う損害賠償や違約金の支払いを請求することはできないよ!

解答14 ✕　　　2 クーリング・オフ制度

- クーリング・オフの規定に反する特約で、申込者等にとって**不利**な特約➡**無効**であり、要件を満たせばクーリング・オフによる解除ができます。

解答15 〇　　　2 クーリング・オフ制度

- 申込者等にとって**有利**な特約➡**有効**です。
- クーリング・オフについて書面で告げられた日から12日後であっても、特約にしたがって契約の解除ができます。

問題16 □□□

宅建業者A社が、自ら売主として建物の売買契約を締結する際、当該建物が中古建物である場合、宅建業者である買主Bとの間で、「中古建物であるため、A社は、当該建物について一定の担保責任を負わない」旨の特約を定めることは、宅建業法の規定に違反する。

問題17 □□□

宅建業者Aが、自ら売主として、宅建業者でないBと宅地の売買契約を締結した。当該売買契約において、一定の担保責任を負うのはBが引渡しの日から3年以内に不適合の事実をAに通知したときとする（ただし、Aが引渡しの時にその不適合を知り、または重大な過失によって知らなかったときを除く。）特約を定めた場合、その特約は無効となる。

問題18 □□□

宅建業者Aが、自ら売主として、宅建業者でないBと宅地の売買契約を締結した。当該売買契約において、売主の責めに帰すべき事由による不適合についてのみ引渡しの日から1年間一定の担保責任を負うという特約を定めた場合、その特約は無効となる。

問題19 □□□

宅建業者Aが、自ら売主として、宅建業者でないBと宅地の売買契約を締結した。Aが一定の担保責任を負う期間内においては、損害賠償の請求をすることはできるが、契約の解除ができないとする特約を定めた場合、その特約は有効である。

解答16 ×   3 一定の担保責任の特約の制限

買主が宅建業者→8種制限の適用がないため一定の担保責任の特約の制限を受けず違反となりません。

解答17 ×   3 一定の担保責任の特約の制限

- 通知につき**引渡しの日から2年以上**とする（引渡時に悪意・重過失の売主を除く）特約→**有効**です。

- 買主が不適合を知った時から1年以内にその旨を売主に通知（民法の原則）!
- 上記期間制限について、引渡しの時から2年以上の期間となる特約を定めることができる（宅建業法の例外）!

解答18 ○   3 一定の担保責任の特約の制限

- 売主の責めに帰すべき事由による不適合についてのみ引渡しの日から1年間担保責任を負う旨の特約→民法の規定より買主に不利なので**無効**です。

解答19 ×   3 一定の担保責任の特約の制限

- 契約の解除ができないとする特約→民法の規定より買主に不利なので**無効**です。

問題20 □□□

宅建業者A社が、自ら売主として宅建業者でない買主Bとの間で売買契約を締結した。A社は、Bとの間で締結した中古住宅の売買契約において、引渡後2年以内に発見された雨漏り、シロアリの害、建物の構造耐力上主要な部分の瑕疵についてのみ責任を負うとする特約を定めることができる。

問題21 □□□

Aは、Bとの間で、Aが所有する建物を代金2,000万円で売却する売買契約を締結した。AおよびBがともに宅建業者である場合において、当事者の債務の不履行を理由とする契約の解除があったときの損害賠償の額を600万円とする特約を定めた場合、当該特約は無効となる。

問題22 □□□

宅建業者Aが、自ら売主として、宅建業者ではないBとの間でマンション(代金3,000万円)の売買契約を締結しようとしている。Aは、Bとの間で、当事者の債務不履行を理由とする契約解除に伴う違約金について300万円とする特約を定めた場合、加えて、損害賠償の予定額を600万円とする特約を定めることができる。

解答20 ✕

3 一定の担保責任の特約の制限

- 雨漏り、シロアリの害、建物の構造耐力上主要な部分の瑕疵についてのみ責任を負うとする特約➡民法の規定より買主に不利なので**無効**です。

解答21 ✕

4 損害賠償額の予定等の制限

- 買主が宅建業者➡8種制限の適用がないため損害賠償額の予定等の制限を受けず**有効**です。

解答22 ✕

4 損害賠償額の予定等の制限

- 損害賠償の予定額と違約金の額の合計額(300万円+600万円＝900万円)➡**代金の20%**(600万円)**を超えている**ので、この特約を定めることはできません。

問題23 □□□

宅建業者Ａが、自ら売主として、宅建業者ではないＢとの間で建物の売買契約を締結する場合において、当事者の債務の不履行を理由とする契約の解除に伴う損害賠償の額についての特約を、代金の額の10分の2を超えて定めたときは、当該特約は全体として無効となる。

問題24 □□□

宅建業者Ａが、自ら売主として宅建業者ではないＢを買主とする土地付建物の売買契約（代金3,200万円）を締結する場合において、当事者の債務の不履行を理由とする契約の解除に伴う損害賠償の予定額を定めていない場合、債務の不履行による損害賠償の請求額は売買代金の額の10分の2を超えてはならない。

問題25 □□□

宅建業者Ａが、自ら売主として、宅建業者ではないＢとの間で建物の売買契約を締結する場合、Ｂが当該契約の履行に着手した後においては、Ａは、契約の締結に際してＢから受領した手付金の倍額をＢに現実に提供したとしても、契約を解除することはできない。

解答23 ✗ 　　　　　　　　　　　4 損害賠償額の予定等の制限

- 損害賠償の予定額と違約金の額の合計額は**代金の20%まで**➡超える場合は、**超える部分について無効**です。

解答24 ✗ 　　　　　　　　　　　4 損害賠償額の予定等の制限

- 損害賠償額を予定しない、または違約金の定めがない場合➡実損額を請求できます。

解答25 ◯ 　　　　　　　　　　　5 手付の性質、手付の額の制限

- 手付による解除➡**相手方が履行に着手するまで**に解除しなければなりません。

問題26 □□□

宅建業者Aは、自ら売主として新築マンションを分譲するに当たり、売買契約の締結に際して宅建業者ではない買主Bから手付を受領した。その後、当該契約の当事者の双方が契約の履行に着手する前に、Aは、手付を買主に返還して、契約を一方的に解除することは宅建業法に違反しない。

問題27 □□□

宅建業者Aが自ら売主となって、宅建業者でないBと宅地の売買契約を締結するに際して手付金を受領する場合において、その手付金が解約手付である旨の定めがないときは、Aが契約の履行に着手していなくても、Bは手付金を放棄して契約の解除をすることができない。

問題28 □□□

宅建業者Aが、自ら売主として、宅建業者ではないBとの間で建物の売買契約を締結する場合において、Aは、あらかじめBの承諾を書面で得た場合に限り、売買代金の額の10分の2を超える額の手付を受領することができる。

問題29 □□□

宅建業者Aは、自ら売主として、宅建業者でないBとの間で、建築工事完了前の建物に係る売買契約（代金5,000万円）を締結した。Aは、宅建業法第41条に定める手付金等の保全措置を講じた上で、Bから2,000万円を手付金として受領することができる。

解答26 ✕
5 手付の性質、手付の額の制限

・売主が手付による解除➡買主が履行に着手するまでは、手付の**倍額を現実に提供**して契約を解除できます。

買主は売主が履行に着手するまでは、手付を放棄して契約を解除できるよ！

解答27 ✕
5 手付の性質、手付の額の制限

・宅建業法上の手付➡いかなる性質のものであっても**解約手付**とされるので、手付による解除をすることができます。

解答28 ✕
5 手付の性質、手付の額の制限

・自ら売主となり宅建業者以外の買主から受領できる手付金の額
➡**代金の10分の2**を超えることはできません（書面による承諾があっても受領できません）。

解答29 ✕
5 手付の性質、手付の額の制限

・自ら売主となり宅建業者以外の買主から受領できる手付金の額
➡**代金の10分の2**を超えることはできません（手付金等の保全措置を講じたとしても受領できません）。

問題30 □□□

宅建業者Ａが、自ら売主として宅建業者Ｂとの間で造成工事の完了後に締結する宅地（代金3,000万円）の売買契約においては、Ａは、宅建業法第41条の２に定める手付金等の保全措置を講じないで、当該宅地の引渡し前に手付金800万円を受領することができる。

問題31 □□□

宅建業者Ａが、自ら売主として、宅建業者ではないＢとの間で締結する建築工事完了前のマンション（代金3,000万円）の売買契約に関し、Ａが手付金として200万円を受領しようとする場合、Ａは、Ｂに対して書面で宅建業法第41条に定める手付金等の保全措置を講じないことを告げれば、当該手付金について保全措置を講じる必要はない。

問題32 □□□

宅建業者Ａが、自ら売主として、宅建業者ではないＢとの間で建物の売買契約を締結するとき、ＡＢ間で建築工事完了前の建物の売買契約を締結する場合において、ＡがＢから保全措置が必要となる額の手付金を受領する場合、Ａは、事前に、国土交通大臣が指定する指定保管機関と手付金等寄託契約を締結し、かつ、当該契約を証する書面を買主に交付した後でなければ、Ｂからその手付金を受領することができない。

解答30 ○ 6 手付金等の保全措置

- 買主が宅建業者➡8種制限の適用がないため、代金の10分の2を超える手付金でも受領できます。また、保全措置が必要なケースであっても手付金等の保全措置を講じることなく受領できます。

解答31 × 6 手付金等の保全措置

- 手付金の額が代金の5％（150万円）を超えるので、保全措置の対象となります。
- 書面による通知や承諾があったとしても、保全措置を講じた後でなければ手付金等を受領することはできません。

解答32 × 6 手付金等の保全措置

- 未完成物件➡❶銀行等との保証委託契約、❷保険会社との保証保険契約のいずれかの保全措置が必要です。
- 未完成物件の場合は、指定保管機関による保全措置を講じることはできません。

完成物件の場合の保全措置の方法
❶銀行等との保証委託契約
❷保険会社との保証保険契約
❸指定保管機関による保全措置

問題33 □□□

宅建業者Aが、自ら売主として宅建業者ではないBを買主とする土地付建物の売買契約（代金3,200万円）を締結するにあたり、当該土地付建物の工事の完了前に契約を締結した場合、Aは、宅建業法第41条に定める手付金等の保全措置を講じなくても手付金100万円、中間金60万円を受領することができる。

問題34 □□□

宅建業者である売主は、宅建業者ではない買主との間で、戸建住宅の売買契約（所有権の登記は当該住宅の引渡し時に行うものとする。）を締結した。当該住宅が建築工事の完了後で、売買代金が3,000万円であった場合、売主は、買主から手付金200万円を受領した後、当該住宅を引き渡す前に中間金300万円を受領するためには、手付金200万円と合わせて保全措置を講じた後でなければ、その中間金を受領することができない。

問題35 □□□

宅建業者Aが、自ら売主として、宅建業者でないBとの間でマンション（代金4,000万円）の売買契約を締結した。Aは、建築工事完了前のマンションの売買契約を締結する際に、Bから手付金200万円を受領し、さらに建築工事中に200万円を中間金として受領した後、当該手付金と中間金について宅建業法第41条に定める保全措置を講じたことは、宅建業法の規定に違反する。

解答33 ○   　　　　　　　　6 手付金等の保全措置

- **未完成物件**➡手付金等の額が「**代金の5％以下**」かつ「**1,000万円以下**」の場合は保全措置が**不要**です。
- 手付金と中間金の合計額(100万円＋60万円＝160万円)➡代金の5％(160万円)、かつ、1,000万円を超えていないので保全措置は不要です。

> 手付金等の額とは、契約締結後、物件の引渡前に支払われる金銭(手付金、中間金など)だよ！

解答34 ○   　　　　　　　　6 手付金等の保全措置

- **完成物件**➡手付金等の額が「**代金の10％以下**」かつ「**1,000万円以下**」の場合は保全措置が**不要**です。
- 手付金と中間金の合計額(200万円＋300万円＝500万円)➡代金の10％(300万円)を超えるので、中間金を受領する前に、手付金と合わせて保全措置を講じた後でなければ中間金を受領することはできません。

解答35 ○   　　　　　　　　6 手付金等の保全措置

- 手付金と中間金の合計額(200万円＋200万円＝400万円)➡代金の5％(200万円)を超えるので、中間金を受領する前に、手付金と合わせて保全措置を講じた後でなければ、中間金を受領することができません(保全措置は受領の前に講じなければならず、受領の後に保全措置を講じたとしても違反となります)。

問題36 □□□

宅建業者Aが、自ら売主として、宅建業者ではないBとの間で建物の売買契約を締結するとき、AB間で建築工事完了前の建物の売買契約を締結する場合において、売買代金の10分の2の額を手付金として定めた場合、Aが手付金の保全措置を講じていないときは、Bは手付金の支払を拒否することができる。

問題37 □□□

宅建業者Aは、自己の所有に属しない宅地について、自ら売主として、宅建業者Bと売買契約の予約を締結したことは、宅建業法の規定に違反しない。

問題38 □□□

宅建業者は、自己の所有に属しない宅地または建物についての自ら売主となる売買契約を締結してはならないが、当該売買契約の予約を行うことはできる。

問題39 □□□

宅建業者Aが、自ら売主として宅建業者ではない買主Bとの間で宅地の売買契約を締結するに際して、Aは、Bに売却予定の宅地の一部に甲市所有の旧道路敷が含まれていることが判明したため、甲市に払下げを申請中である。この場合、Aは、重要事項説明書に払下申請書の写しを添付し、その旨をBに説明すれば、売買契約を締結することができる。

解答36 ○   6 手付金等の保全措置

- 売主である宅建業者が必要な保全措置を講じないとき➡買主は手付金等の支払いを拒絶することができます。

解答37 ○   7 自己の所有に属しない物件の売買契約の制限

- 買主が宅建業者➡8種制限の適用がないため自己の所有に属しない物件の売買契約の制限を受けず、宅建業法に違反しません。

解答38 ×   7 自己の所有に属しない物件の売買契約の制限

- 自己の所有に属しない物件の売買契約の制限➡制限される売買契約には売買予約契約を含みます。

解答39 ×   7 自己の所有に属しない物件の売買契約の制限

- 自己の所有に属しない物件の売買契約の制限➡自己の所有に属しない物件であっても、現在の所有者との間で、宅建業者が**物件を取得する契約**を締結している場合には、売買契約（売買予約契約を含む）を締結することができます。

「払下げを申請中」ということは、甲市とAはまだ取得契約を締結していないよ！

問題40 □□□

宅建業者Aは、農地の所有者Bと建物の敷地に供するため農地法第5条の許可を条件とする売買契約を締結したので、自ら売主として宅建業者ではない個人CとB所有の農地の売買契約を締結したことは、宅建業法の規定に違反しない。

問題41 □□□

宅建業者Aが自ら売主として、B所有の甲宅地を、宅建業者でない買主Cに売却する場合において、Aは、甲宅地の売買が宅建業法第41条第1項に規定する手付金等の保全措置が必要な売買に該当するとき、Cから受け取る手付金について当該保全措置を講じておけば、Cとの間で売買契約を締結することができる。

解答40 ✗   7 自己の所有に属しない物件の売買契約の制限

・現在の所有者から宅建業者が物件を取得する契約➡**停止条件付契約は認められません。**

解答41 ◯   7 自己の所有に属しない物件の売買契約の制限

・そのとおりです。未完成物件の場合は、手付金等の保全措置を講じているとき、またはその必要性がないときに売買契約を締結することができます。

> 法第41条第1項に規定する手付金等の保全措置は、未完成物件の場合の保全措置のことだよ。

CHAPTER 01 | 宅建業法

SECTION
09 報酬に関する制限

問題1 □□□

宅建業者が媒介する物件の売買について、売主があらかじめ受取額を定め、実際の売却額との差額を当該宅建業者が受け取る場合は、媒介に係る報酬の限度額の適用を受けない。

問題2 □□□

既存住宅の売買の媒介について、宅建業者Aが売主Bに対して建物状況調査を実施する者をあっせんした場合、AはBから報酬とは別にあっせんに係る料金を受領することはできない。

問題3 □□□

宅建業者Aが、BからB所有の中古マンションの売却の依頼を受け、Bと専任媒介契約（専属専任媒介契約ではない媒介契約）を締結した場合、当該専任媒介契約に係る通常の広告費用はAの負担であるが、指定流通機構への情報登録およびBがAに特別に依頼した広告に係る費用については、成約したか否かにかかわらず、国土交通大臣の定める報酬の限度額を超えてその費用をBに請求することができる。

解答1 × 　　　1 報酬に関する制限の全体像

- 報酬額➡宅建業者が受け取れる報酬額には制限（限度額）があります。

> 売買・交換の媒介・代理における報酬基本額（税抜き価額）
> ❶200万円以下　　　　　　➡代金額×5％
> ❷200万円超〜400万円以下　➡代金額×4％＋2万円
> ❸400万円超　　　　　　　➡代金額×3％＋6万円

解答2 ○ 　　　1 報酬に関する制限の全体像

- そのとおりです。
- 建物状況調査を実施する者をあっせんした場合の費用➡報酬とは別に必要経費を請求することはできません。

解答3 ×　　　1 報酬に関する制限の全体像

- 指定流通機構への情報登録に係る費用➡報酬とは別に必要経費を請求することはできません。
- BがAに特別に依頼した広告に係る費用➡報酬のほかに別途請求することができます。

> 依頼者から依頼されて行った広告の料金は、報酬と異なり、成約したか否かにかかわらず請求できるよ！

問題4 □□□

宅建業者が建物の貸借の媒介において広告を行った場合には、依頼者の依頼の有無にかかわらず、報酬の限度額を超えて、当該広告の料金に相当する額を受領することができる。

問題5 □□□

宅建業者Aは、Bから、Bが所有し居住している甲住宅の売却について媒介の依頼を受けた。Aは、甲住宅の評価額についての根拠を明らかにするため周辺の取引事例の調査をした場合、当該調査の実施についてBの承諾を得ていなくても、同調査に要した費用をBに請求することができる。

問題6 □□□

宅建業者A（消費税課税事業者）が売主B（消費税課税事業者）からB所有の土地付建物の媒介の依頼を受け、買主Cとの間で、土地付建物の代金は6,400万円（うち、土地代金は4,200万円）で、消費税および地方消費税を含むものとする売買契約を成立させた。この場合、AがBから受領できる報酬の上限額は、217万8,000円である。

解答4 ✗ 　　　　　　　　　1 報酬に関する制限の全体像

- 依頼者からの依頼がない場合の広告の料金➡報酬とは別に請求することはできません。

解答5 ✗ 　　　　　　　　　1 報酬に関する制限の全体像

- 承諾を得ていない調査に要した費用➡報酬とは別に請求することはできません。

> 「依頼者からの特別の依頼により支出する特別の費用」で、「事前に依頼者の承諾があるもの」は、報酬のほかに別途請求することができるよ！

解答6 ✗ 　　　　　　2 売買・交換の媒介・代理における報酬限度額

- **土地**の取引は**非課税取引**です。
- ❶建物：（6,400万円－4,200万円）÷1.1＝2,000万円
  土地と建物の合計：4,200万円＋2,000万円＝6,200万円
- ❷基本公式の額：6,200万円×3％＋6万円＝192万円
- ❸報酬限度額：192万円×1.1＝211万2,000円

> 売買の代金額から消費税額を除いた価額（税抜き価額）が代金額になるから、問題文をよく読もう！

問題7 □□□

宅建業者A社（消費税課税事業者）は売主Bおよび買主Cの双方から戸建住宅の売買の媒介の依頼を受け、BとCの間で、土地付建物の代金は5,400万円（うち、土地代金は2,100万円）で消費税額および地方消費税額を含むものとする売買契約を成立させた。この場合、A社はBとCから合計で174万9,000円の報酬を受領することができる。

問題8 □□□

宅建業者A（消費税課税事業者）が宅地（代金1,000万円。消費税等相当額を含まない。）の売買について、売主から代理の依頼を受け、買主から媒介の依頼を受け、売買契約を成立させて買主から30万3,000円の報酬を受領する場合、売主からは48万9,000円を上限として報酬を受領することができる。

解答7 ✗　　2 売買・交換の媒介・代理における報酬限度額

- 売主・買主からそれぞれ174万9,000円を上限として報酬を受領でき、双方の合計で349万8,000円を受領できます。
❶建物：(5,400万円−2,100万円)÷1.1＝3,000万円
　土地と建物の合計：2,100万円＋3,000万円＝5,100万円
❷基本公式の額：5,100万円×3％＋6万円＝159万円
❸報酬限度額：159万円×1.1＝174万9,000円

解答8 ◯　　2 売買・交換の媒介・代理における報酬限度額

- 買主から30万3,000円を受領する場合、売主からは48万9,000円（79万2,000円−30万3,000円）を上限として報酬を受領することができます。
❶土地：1,000万円
❷基本公式の額：1,000万円×3％＋6万円＝36万円
❸報酬限度額：売主(代理) 36万円×2×1.1＝79万2,000円
　　　　　　　買主(媒介) 36万円×1.1＝39万6,000円

一方から代理の依頼を、他方から媒介(または代理)の依頼を受けた場合、双方から受け取れる報酬の合計限度額は基本公式で求めた金額(プラス消費税相当額)の2倍になるよ！

問題9 □□□

宅建業者Ａ社（消費税課税事業者）は売主Ｂから土地付中古別荘の売却の代理の依頼を受け、宅建業者Ｃ社（消費税課税事業者）は買主Ｄから別荘用物件の購入に係る媒介の依頼を受け、ＢとＤの間で売買代金は320万円（うち、土地代金は100万円）で、消費税額および地方消費税額を含むものとする土地付中古別荘の売買契約を成立させた。この場合、Ａ社がＢから受領する報酬の額によっては、Ｃ社はＤから報酬を受領することができない場合がある。

問題10 □□□

土地付中古住宅（代金500万円。消費税等相当額を含まない。）の売買について、宅建業者Ａ（消費税課税事業者）が売主Ｂから媒介を依頼され、現地調査等の費用が通常の売買の媒介に比べ５万円（消費税等相当額を含まない。）多く要する場合、その旨をＢに対し説明した上で、ＡがＢから受け取ることができる報酬の上限額は28万6,000円である。

問題11 □□□

中古住宅（１か月分の借賃15万円。消費税等相当額を含まない。）の貸借について、宅建業者Ａ（消費税課税事業者）が貸主Ｂから媒介を依頼され、現地調査等の費用が通常の貸借の媒介に比べ３万円（消費税等相当額を含まない。）多く要する場合、その旨をＢに対し説明した上で、ＡがＢから受け取ることができる報酬の上限額は19万8,000円である。

解答9 ○　　　2 売買・交換の媒介・代理における報酬限度額

- 同一の取引において複数の宅建業者が関与した場合に受け取れる報酬の合計額は、1つの宅建業者が関与した場合の報酬限度額以内です。したがって、A社が売主から30万8,000円を受領した場合、C社は買主から報酬を受領できません。

❶建物：（320万円－100万円）÷1.1＝200万円
　土地と建物の合計：100万円＋200万円＝300万円
❷基本公式の額：300万円×4％＋2万円＝14万円
❸報酬限度額：売主（代理）14万円×2×1.1＝30万8,000円
　　　　　　　買主（媒介）14万円×1.1＝15万4,000円

解答10 ×　　　2 売買・交換の媒介・代理における報酬限度額

- 低廉な空家等の売買・交換の媒介・代理における特例➡売買代金（消費税相当額を含まない）または交換の宅地・建物の価額（消費税相当額を含まない。差があるときはいずれか多い価額）が**400万円以下**の宅地・建物（低廉な空家等）であることが必要です。

500万円×3％＋6万円＝21万円
21万円×1.1＝23万1,000円（報酬限度額）

解答11 ×　　　2 売買・交換の媒介・代理における報酬限度額

- 低廉な空家等の売買・交換の媒介・代理における特例➡**貸借には適用されません。**

居住用で承諾がない場合の限度額
15万円×1.1＝16万5,000円
16万5,000円×$\frac{1}{2}$＝8万2,500円（報酬限度額）

問題12 □□□

宅地(代金200万円。消費税等相当額を含まない。)の売買の媒介について、通常の売買の媒介と比較して現地調査等の費用を多く要しない場合でも、売主Bと合意していた場合には、宅建業者Ａ(消費税課税事業者)はBから19万8,000円を報酬として受領することができる。

問題13 □□□

土地付中古住宅(代金300万円。消費税等相当額を含まない。)の売買について、宅建業者Ａ(消費税課税事業者)が買主Bから媒介を依頼され、現地調査等の費用が通常の売買の媒介に比べ4万円(消費税等相当額を含まない。)多く要する場合、その旨をBに対し説明した上で、AがBから受け取ることができる報酬の上限額は19万8,000円である。

問題14 □□□

宅建業者Ａ(消費税課税事業者)が宅地(代金300万円。消費税等相当額を含まない。)の売買の媒介について、通常の媒介と比較して現地調査等の費用が6万円(消費税等相当額を含まない。)多く要した場合、依頼者双方から合計で44万円を上限として報酬を受領することができる。

解答12 ✗　　2 売買・交換の媒介・代理における報酬限度額

- 低廉な空家等の売買・交換の媒介・代理における特例➡通常の売買・交換の媒介と比較して現地調査等の費用を要するものであることが必要です。

200万円×5％×1.1＝11万円（報酬限度額）

解答13 ✗　　2 売買・交換の媒介・代理における報酬限度額

- 低廉な空家等の売買・交換の媒介・代理における特例➡売主・交換を行う者である依頼者から受け取る報酬であることが必要です（買主や交換の相手方から受け取る報酬は入りません）。

300万円×4％＋2万円＝14万円
14万円×1.1＝15万4,000円（報酬限度額）

解答14 ✗　　2 売買・交換の媒介・代理における報酬限度額

- 低廉な空家等の売買・交換の媒介・代理における特例➡現地調査等の費用を加えて、売主から受領できる**報酬限度額は19万8,000円**（税込み）です。したがって、依頼者双方から受け取れる報酬の上限は、合計で35万2,000円（15万4,000円＋19万8,000円）となります。

❶土地：300万円➡400万円以下なので低廉な空家等の売買・交換の媒介・代理における特例の適用可
❷基本公式の額：300万円×4％＋2万円＝14万円
❸報酬限度額：14万円×1.1＝15万4,000円

問題15 □□□

宅建業者Ａ（消費税課税事業者）が貸主Ｂから建物の貸借の代理の依頼を受け、宅建業者Ｃ（消費税課税事業者）が借主Ｄから媒介の依頼を受け、ＢとＤとの間で賃貸借契約を成立させた。建物を店舗として貸借する場合、ＡがＢから受領する報酬とＣがＤから受領する報酬の合計額は借賃の１か月分および消費税相当額を超えてはならない。

問題16 □□□

宅建業者Ａ（消費税課税事業者）が単独で行う事務所用建物の貸借の媒介に関し、Ａが受ける報酬の合計額が借賃の1.1か月分以内であれば、Ａは依頼者の双方からどのような割合で報酬を受けてもよく、また、依頼者の一方のみから報酬を受けることもできる。

問題17 □□□

宅建業者Ａ（消費税課税事業者）が貸主Ｂから建物の貸借の代理の依頼を受け、宅建業者Ｃ（消費税課税事業者）が貸主Ｄから媒介の依頼を受け、ＢとＤとの間で１か月分の借賃を８万円（消費税等相当額を含まない。）とする賃貸借契約を成立させた。建物を住居として貸借する場合、Ｃは、媒介の依頼を受けるに当たってＤから承諾を得ているときを除き、４万4,000円を超える報酬をＤから受領することはできない。

解答15 ○   3 貸借の媒介・代理における報酬限度額

- 貸借の媒介・代理の場合の報酬限度額（貸主・借主から受け取れる合計額）➡**借賃の１カ月分および消費税相当額**です。

解答16 ○   3 貸借の媒介・代理における報酬限度額

- 居住用以外の建物の貸借の媒介・代理➡（双方から受け取る報酬の合計額が限度額以内であれば）依頼者の双方からどのような割合で報酬を受けてもよく、また、依頼者の一方のみから報酬限度額まで受領することもできます。

解答17 ○   3 貸借の媒介・代理における報酬限度額

- 貸借の媒介・代理の報酬限度額（貸主・借主から受け取れる合計額）➡**借賃の１カ月分および消費税相当額**です。
- 居住用建物の貸借についての特例➡媒介の依頼を受けるに当たって依頼者の承諾を得ている場合を除き、依頼者の一方から受け取れる報酬額は借賃の$\frac{1}{2}$カ月分が上限となります。
- 居住用建物の貸借は**非課税取引**です。
  - ❶８万円×$\frac{1}{2}$（居住用建物賃貸借）＝４万円
  - ❷４万円×1.1＝４万4,000円（報酬限度額）

問題18 □□□

宅建業者Ａ（消費税課税事業者）が単独で行う居住用建物の貸借の媒介に関して、Ａが依頼者の一方から受けることができる報酬の上限額は、当該媒介の依頼者から報酬請求時までに承諾を得ている場合には、借賃の1.1か月分である。

問題19 □□□

宅建業者Ａ（消費税課税事業者）が貸主Ｂから建物の貸借の代理の依頼を受け、宅建業者Ｃ（消費税課税事業者）が借主Ｄから媒介の依頼を受け、ＢとＤとの間で１か月分の借賃を８万円（消費税等相当額を含まない。）とする賃貸借契約を成立させた。建物を店舗として貸借する場合、200万円（消費税相当額を含まない。）の権利金の授受があるときは、ＡおよびＣが受領できる報酬の額の合計は、11万円を超えてはならない。

問題20 □□□

宅建業者Ａ（消費税課税事業者）が居住の用に供する建物（１か月の借賃20万円。消費税等相当額を含まない。）の貸借であって100万円の権利金の授受があるものの媒介をする場合、依頼者双方から受領する報酬の合計額は11万円を超えてはならない。

解答18 ✗ 　　　　　3 貸借の媒介・代理における報酬限度額

- 居住用建物の特例➡報酬額について、**媒介の依頼を受けるとき**に依頼者の承諾を得ていない場合、依頼者の一方から受け取れる報酬額は借賃の$\frac{1}{2}$カ月分（プラス消費税相当額）が上限となります。

「報酬請求時までに承諾」では遅いよ！

解答19 ✗ 　　　　　3 貸借の媒介・代理における報酬限度額

- **居住用以外の建物**の貸借で**権利金**の授受（返還されないものに限る）がある場合➡権利金の額を売買代金の額とみなして報酬限度額を計算し、貸借の報酬限度額と比較して、どちらか多いほうが報酬限度額となります。

【通常の貸借として計算した場合の報酬限度額】
報酬限度額：8万円×1.1＝8万8,000円

【権利金を売買代金とみなして計算した場合の報酬限度額（本問）】
報酬限度額：200万円×5％×1.1×2（2人分）＝22万円

解答20 ✗ 　　　　　3 貸借の媒介・代理における報酬限度額

居住用建物の貸借については、権利金の額を売買代金とみなして報酬限度額を計算することはできません。

20万円×1.1＝22万円（報酬限度額）

CHAPTER 01 | 宅建業法

SECTION
10 監督・罰則

問題1 □□□

宅建業者A（甲県知事免許）は、マンション管理業に関し、不正または著しく不当な行為をしたとして、マンションの管理の適正化の推進に関する法律にもとづき、国土交通大臣から業務の停止を命じられた。この場合、Aは、甲県知事から宅建業法にもとづく指示処分を受けることがある。

問題2 □□□

宅建士が都道府県知事から指示処分を受けた場合において、宅建業者（国土交通大臣免許）の責めに帰すべき理由があるときは、国土交通大臣は、当該宅建業者に対して指示処分をすることができる。

問題3 □□□

宅建業者A（甲県知事免許）は、宅建業法第50条第2項の届出をし、乙県内にマンション分譲の案内所を設置して業務を行っていたが、当該案内所について宅建業法第31条の3第3項に違反している事実が判明した。この場合、乙県知事から指示処分を受けることがある。

解答 1 　　　　　　　　　　1 宅建業者に対する監督処分

- 業務に関し、宅建業法以外の法令に違反し、宅建業者として不適当であると認められるとき➡指示処分の対象となります。
- 業務➡宅建業に関する業務をいうので、マンション管理業に関するものについては指示処分の対象となりません。

解答 2 　　　　　　　　　　1 宅建業者に対する監督処分

- 宅建士が処分を受けた場合において、宅建業者の責めに帰すべき事由があるとき➡指示処分の対象となります。

解答 3 ○ 　　　　　　　　　　1 宅建業者に対する監督処分

- 指示処分➡免許権者のほか、宅建業者が**処分の対象となる行為を行った都道府県の知事**も行うことができます。

 法第31条の3第3項というのは、宅建士の設置義務のことだよ！

問題4 □□□

宅建業者A（甲県知事免許）は、甲県知事から指示処分を受けたが、その指示処分に従わなかった。この場合、甲県知事は、Aに対し、1年を超える期間を定めて、業務停止を命ずることができる。

問題5 □□□

宅建業者Aは、顧客を集めるために売る意思のない条件の良い物件を広告し、実際は他の物件を販売しようとしたが注文がなく、売買が成立しなかった場合であっても、監督処分の対象となる。

問題6 □□□

宅建業者A（甲県知事免許）は、自ら所有している物件について、直接賃借人B（宅建業者ではない。）と賃貸借契約を締結するに当たり、宅建業法第35条に規定する重要事項の説明を行わなかった。この場合、Aは、甲県知事から業務停止を命じられることがある。

問題7 □□□

宅建業者A（甲県知事免許）が乙県内において宅建業法第32条違反となる広告を行った。この場合、乙県知事から業務停止の処分を受けることがある。

解答4 ✗   　　　　　　　　　　　1 宅建業者に対する監督処分

- 業務停止処分➡国土交通大臣または都道府県知事が宅建業者に対して**1年以内の期間**を定めて、その業務の全部または一部の停止を命ずる処分のことです。

> 指示処分に違反したときは1年以内の業務停止命令の対象となるよ！

解答5 ◯　　　　　　　　　　　　1 宅建業者に対する監督処分

- 誇大広告等の禁止規定に違反したとき（おとり広告）➡1年以内の業務停止命令の対象になります。

> 注文がなく売買が成立しなくても、おとり広告をした時点で違反！

解答6 ✗　　　　　　　　　　　　1 宅建業者に対する監督処分

- 自ら所有している物件の賃貸は宅建業に該当しない➡本問の場合は重要事項を説明しなくても業務停止処分の対象になりません。

> 重要事項の説明をしなかったとき、書面を交付・提供しなかったときは1年以内の業務停止命令の対象！

解答7 ◯　　　　　　　　　　　　1 宅建業者に対する監督処分

- 業務停止処分➡免許権者のほか、**宅建業者が処分の対象となる行為を行った都道府県の知事**も行うことができます。

問題8 □□□

甲県に本店、乙県に支店を設置する宅建業者A（国土交通大臣免許）は、自ら売主となる乙県内におけるマンションの売買の業務に関し、乙県の支店において当該売買の契約を締結するに際して、代金の30％の手付金を受領した。この場合、Aは、甲県知事から著しく不当な行為をしたとして、業務停止の処分を受けることがある。

問題9 □□□

宅建業者A（甲県知事免許）が、不正の手段により甲県知事から免許を受けたとき、甲県知事はAに対して当該免許を取り消さなければならない。

問題10 □□□

宅建業者A（甲県知事免許）は、乙県内に所在する土地の売買の媒介業務に関し、契約の相手方の自宅において相手を威迫し、契約締結を強要していたことが判明した。この場合、甲県知事は、情状が特に重いと判断したときは、Aの宅建業の免許を取り消さなければならない。

問題11 □□□

宅建業者A（国土交通大臣免許）は、甲県知事から業務停止の処分を受けた。この場合、Aが当該処分に違反したとしても、国土交通大臣から免許を取り消されることはない。

解答8 ✕

1 宅建業者に対する監督処分

・本問の甲県知事➡免許権者でも処分の対象となる行為を行った都道府県の知事でもないので、業務停止処分を行うことはできません。

解答9 ○

1 宅建業者に対する監督処分

・不正の手段で免許を受けたとき➡免許の**必要的取消事由**に該当します。

解答10 ○

1 宅建業者に対する監督処分

・業務停止処分に該当する行為をし、情状が特に重いとき➡免許の**必要的取消事由**に該当します。

解答11 ✕

1 宅建業者に対する監督処分

・業務停止処分に違反したとき➡免許の**必要的取消事由**に該当します。

問題12 □□□

甲県知事は、宅建業者Ａ（甲県知事免許）が免許を受けてから１年以内に事業を開始しないときは、免許を取り消さなければならない。

問題13 □□□

宅建業者Ａ（甲県知事免許）が引き続いて１年以上事業を休止したときは、甲県知事は免許を取り消さなければならない。

問題14 □□□

国土交通大臣は、宅建業者Ａ（甲県知事免許）の事務所の所在地を確知できない場合、その旨を官報および甲県の公報で公告し、その公告の日から30日を経過してもＡから申出がないときは、Ａの免許を取り消すことができる。

問題15 □□□

宅建業者Ａ（国土交通大臣免許）は、甲県内に所在する事務所について、業務に関する帳簿を備えていないことが判明した。この場合、Ａは、甲県知事から必要な報告を求められ、かつ、指導を受けることがある。

解答12 ○
　　　　　　　　　　　　　　1 宅建業者に対する監督処分

- **免許を受けてから1年以内に事業を開始しないとき➡免許の必要的取消事由**に該当します。

解答13 ○
　　　　　　　　　　　　　　1 宅建業者に対する監督処分

- **引き続いて1年以上事業を休止したとき➡免許の必要的取消事由**に該当します。

解答14 ×
　　　　　　　　　　　　　　1 宅建業者に対する監督処分

- 宅建業者の所在地が不明となったとき➡免許権者がその事実を公告し、その公告から**30日**を経過しても当該宅建業者から申出がないときに免許を取り消すことができます。
- 宅建業者Aは甲県知事免許なので、国土交通大臣がAの免許を取り消すことはできません。

本問の場合は免許の任意的取消事由に該当するよ！

解答15 ○
　　　　　　　　　　　　　　1 宅建業者に対する監督処分

- 都道府県知事➡当該都道府県内において宅建業を営む宅建業者に対して、必要な指導、助言、勧告を行うことができます。
- 国土交通大臣➡すべての宅建業者に対して、必要な指導、助言、勧告を行うことができます。

問題16 □□□

宅建業者Ａ（国土交通大臣免許）が甲県内における業務に関し、宅建業法第37条に規定する書面を交付していなかったことを理由に、甲県知事がＡに対して業務停止処分をしようとするときは、あらかじめ、内閣総理大臣に協議しなければならない。

問題17 □□□

国土交通大臣は、宅建業者Ａ（国土交通大臣免許）に対し、宅建業法第35条の規定にもとづく重要事項の説明を行わなかったことを理由に業務停止を命じた場合は、遅滞なく、その旨を内閣総理大臣に通知しなければならない。

問題18 □□□

甲県知事の宅建士資格登録を受けている宅建士Ａは、乙県内の業務に関し、甲県知事または乙県知事から報告を求められることはあるが、乙県知事から必要な指示を受けることはない。

問題19 □□□

甲県知事の宅建士資格登録を受けている宅建士Ａは、乙県内の業務に関し、他人に自己の名義の使用を許し、当該他人がその名義を使用して宅建士である旨の表示をした場合、乙県知事から必要な指示を受けることはあるが、宅建士として行う事務の禁止の処分を受けることはない。

解答16 ✕   1 宅建業者に対する監督処分

- 37条書面の交付・提供を怠った宅建業者➡**1年以内の業務停止処分**の対象となります。

- 内閣総理大臣との協議➡国土交通大臣が宅建業者に対して一定の監督処分をしようとするときに必要となります(本問では不要)。

解答17 ✕   1 宅建業者に対する監督処分

- 監督処分を命じた場合に、その旨を内閣総理大臣に通知する義務はありません。

解答18 ✕   2 宅建士に対する監督処分

- 指示処分➡登録をしている都道府県知事のほか、宅建士が**処分の対象となる行為を行った都道府県の知事**も行うことができます。

解答19 ✕   2 宅建士に対する監督処分

- 他人に名義を貸し、その他人がその名義を用いて宅建士である旨の表示をしたとき➡指示処分、事務禁止処分の対象になります。

- 指示処分、事務禁止処分➡登録をしている都道府県知事のほか、宅建士が**処分の対象となる行為を行った都道府県の知事**も行うことができます。

問題20 □□□

宅建士が不正の手段により宅建士の登録を受けた場合、その登録をした都道府県知事は、宅建士資格試験の合格の決定を取り消さなければならない。

問題21 □□□

甲県知事の宅建士資格登録を受けている宅建士Ａは、乙県内の業務に関し、乙県知事から宅建士として行う事務の禁止の処分を受け、当該処分に違反したとしても、甲県知事から登録を消除されることはない。

問題22 □□□

甲県知事の登録を受けているが宅建士証の交付を受けていないＡが、宅建士としてすべき事務を行った場合、情状のいかんを問わず、甲県知事はＡの登録を消除しなければならない。

問題23 □□□

甲県知事の宅建士資格登録を受けている宅建士Ａは、乙県内において業務を行う際に提示した宅建士証が、不正の手段により交付を受けたものであるとしても、乙県知事から登録を消除されることはない。

解答20 ×

2 宅建士に対する監督処分

- 不正の手段により登録を受けたとき➡登録消除処分の対象となります。

> 本問の場合は合格決定を取り消さなければならないわけではないけど、不正受験者は合格を取り消されることがあるよ！

解答21 ×

2 宅建士に対する監督処分

- 事務禁止処分に違反したとき➡登録消除処分の対象となります。

解答22 ×

2 宅建士に対する監督処分

- 宅建士証の交付を受けていないものが宅建士としてすべき事務を行い、情状が特に重いとき➡登録消除処分の対象となります。

解答23 ○

2 宅建士に対する監督処分

- 登録消除処分➡登録をした都道府県知事のみ行うことができます。

> 不正の手段により宅建士証の交付を受けたときは、登録消除処分の対象となるよ！

問題24 □□□

甲県知事は、宅建業者A（甲県知事免許）に対して指示処分をしようとするときは、聴聞を行わなければならず、聴聞の期日における審理は、公開により行わなければならない。

問題25 □□□

甲県知事は、宅建業者A社（国土交通大臣免許）の甲県の区域内における業務に関し、A社に対して指示処分をした場合、遅滞なく、その旨を国土交通大臣に報告するとともに、甲県の公報により公告しなければならない。

問題26 □□□

宅建業者（甲県知事免許）は、乙県知事から指示処分を受けたときは、その旨を甲県知事に届け出なければならない。

問題27 □□□

宅建業者A（甲県知事免許）が、事務所の公衆の見やすい場所に国土交通大臣が定めた報酬の額を掲示しなかった場合、Aは甲県知事から指示処分を受けることはあるが、罰則の適用を受けることはない。

解答24 ○ 　　　　　　　　　　　　　　　3 監督処分の手続

- 国土交通大臣または都道府県知事が宅建業者に対して監督処分を行おうとするとき➡公開の聴聞をしなければなりません。

解答25 ×　　　　　　　　　　　　　　　3 監督処分の手続

- 監督処分をしたときにその旨を公告する必要がある場合➡業務停止処分または免許取消処分をしたときで、指示処分の場合は不要です。

> 公告は、官報(国土交通大臣の処分の場合)や公報またはウェブサイトへの掲載その他の適切な方法(都道府県知事の処分の場合)で行うよ！

解答26 ×　　　　　　　　　　　　　　　3 監督処分の手続

- 宅建業者に本問のような届出義務はありません。
- 指示処分、業務停止処分をした都道府県知事➡遅滞なくその旨を免許権者である都道府県知事に通知(免許権者が国土交通大臣である場合は国土交通大臣へ報告)しなければなりません。

解答27 ×　　　　　　　　　　　　　　　4 罰則

- 事務所の公衆の見やすい場所に報酬額を掲示しなかった場合➡指示処分の対象であり、50万円以下の罰金に処せられます。

問題28 □□□

宅建業者Ａ（甲県知事免許）は、宅建業法第72条第１項にもとづく甲県職員による事務所への立入検査を拒んだ。この場合、Ａは、50万円以下の罰金に処せられることがある。

問題29 □□□

宅建士（甲県知事登録）が事務禁止処分を受けた場合、宅建士証を甲県知事に速やかに提出しなければならず、速やかに提出しなかったときは10万円以下の過料に処せられることがある。

解答28 ⭕ 4 罰則

・国土交通大臣または都道府県知事の立ち入り検査を拒んだり、妨げたり、忌避した者➡50万円以下の罰金に処せられます。

解答29 ⭕ 4 罰則

・宅建士証の提出義務に違反した者➡10万円以下の過料に処せられます。

CHAPTER 01 | 宅建業法

SECTION
11 住宅瑕疵担保履行法

問題1 □□□

宅建業者Aが自ら売主として、宅建業者ではない買主Bに新築住宅を販売する際に、Aは、住宅販売瑕疵担保責任保険契約の締結をした場合、当該住宅を引き渡した時から10年間、当該住宅の構造耐力上主要な部分、雨水の浸入を防止する部分、給水設備またはガス設備の隠れた瑕疵によって生じた損害について保険金の支払を受けることができる。

問題2 □□□

宅建業者Aが、自ら売主として建設業者であるB（宅建業者ではない。）に新築住宅を販売する場合、Aは、Bに引き渡した新築住宅について、住宅販売瑕疵担保保証金の供託または住宅販売瑕疵担保責任保険契約の締結を行う義務を負わない。

問題3 □□□

宅建業者は、自ら売主として新築住宅を販売する場合および新築住宅の売買の媒介をする場合において、住宅販売瑕疵担保保証金の供託または住宅販売瑕疵担保責任保険契約の締結を行う義務を負う。

解答1 ×
> 1 住宅瑕疵担保履行法とは

- 特定住宅瑕疵担保責任の内容➡**住宅の構造耐力上主要な部分**または**雨水の侵入を防止する部分の瑕疵**について、**引渡しの日から10年間、新築住宅の売主**が負う瑕疵担保責任です。

> 新築住宅の売主には、品確法によって瑕疵担保責任が課され、この瑕疵担保責任の履行を確保するために、住宅瑕疵担保履行法によって宅建業者に資力確保義務が課されるよ!

解答2 ×
> 2 資力確保措置が義務付けられる者

- 資力確保措置の義務➡**宅建業者が売主**となり、**宅建業者以外の者**(買主)に**新築住宅**を引き渡す場合に負います。
- 資力確保措置の方法➡**住宅販売瑕疵担保保証金の供託**または**住宅販売瑕疵担保責任保険契約の締結**の2つがあります。

解答3 ×
> 2 資力確保措置が義務付けられる者

- 資力確保措置の義務➡売買の媒介をする場合には負いません。

問題4 □□□

宅建業者Aが、住宅販売瑕疵担保保証金を供託する場合、新築住宅の合計戸数の算定に当たって、住宅の床面積が100㎡以下であるときは、2戸をもって1戸と数えることになる。

問題5 □□□

宅建業者が住宅販売瑕疵担保保証金の供託をし、その額が、基準日において、販売新築住宅の合計戸数を基礎として算定する基準額を超えることとなった場合、宅建業法の免許を受けた国土交通大臣または都道府県知事の承認がなくても、その超過額を取り戻すことができる。

問題6 □□□

宅建業者A(甲県知事免許)が、自ら売主として宅建業者ではない買主Bに新築住宅を販売する場合、Aが媒介を依頼した宅建業者またはBが住宅販売瑕疵担保責任保険契約の締結をしていれば、Aは住宅販売瑕疵担保保証金の供託または住宅販売瑕疵担保責任保険契約の締結を行う必要はない。

問題7 □□□

宅建業者Aが、自ら売主として宅建業者ではない買主Bに新築住宅を販売するにあたり、Aが住宅販売瑕疵担保責任保険契約を締結した場合、住宅の構造耐力上主要な部分または雨水の浸入を防止する部分の瑕疵があり、Aが相当の期間を経過してもなお特定住宅販売瑕疵担保責任を履行しないときは、Bは住宅販売瑕疵担保責任保険契約の有効期間内であれば、その瑕疵によって生じた損害について保険金を請求することができる。

解答4 ✕ 　　　　　　　　　　　3 資力確保措置の方法

・新築住宅の合計戸数➡新築住宅の床面積が**55㎡以下**のときは、**2戸をもって1戸**と数えます。

解答5 ✕ 　　　　　　　　　　　3 資力確保措置の方法

・保証金の超過額の取戻し➡免許権者の承認を受けなければ取り戻すことができません。

解答6 ✕ 　　　　　　　　　　　3 資力確保措置の方法

・住宅販売瑕疵担保責任保険契約➡売主である**宅建業者**が締結しなければなりません（保険料は宅建業者が支払うものでなければなりません）。

解答7 〇 　　　　　　　　　　　3 資力確保措置の方法

・住宅販売瑕疵担保責任保険契約➡宅建業者が相当の期間を経過しても瑕疵担保責任を履行しない場合には、買主（宅建業者以外の者）の請求により損害を填補するものでなければなりません。

問題8 □□□

宅建業者Aが、自ら売主として宅建業者ではない買主Bに新築住宅を販売するにあたり、Aが住宅販売瑕疵担保責任保険契約を締結する場合、保険金額は2,000万円以上でなければならないが、Bの承諾を得た場合には、保険金額を500万円以上の任意の額とすることができる。

問題9 □□□

宅建業者Aが、自ら売主として宅建業者ではないBに新築住宅を販売するにあたり、Aが住宅販売瑕疵担保責任保険契約を締結する場合、当該契約は、BがAから当該新築住宅の引渡しを受けた時から2年以上の期間にわたって有効なものでなければならない。

問題10 □□□

宅建業者Aが、自ら売主として宅建業者ではないBに新築住宅を販売する場合、新築住宅をBに引き渡したAは、基準日ごとに基準日から50日以内に、当該基準日に係る住宅販売瑕疵担保保証金の供託および住宅販売瑕疵担保責任保険契約の締結の状況について、免許権者に届け出なければならない。

解答8 ✗

3 資力確保措置の方法

- 住宅販売瑕疵担保責任保険契約➡（承諾があったとしても）損害を填補するための保険金額が**2,000万円以上**でなければなりません。

解答9 ✗

3 資力確保措置の方法

- 住宅販売瑕疵担保責任保険契約➡有効期間が**10年以上**（買主が新築住宅の引渡しを受けたときから10年以上）でなければなりません。

解答10 ✗

4 資力確保措置の状況に関する届出等

- 資力確保措置の状況に関する届出➡新築住宅を引き渡した宅建業者は、基準日ごと（毎年**3月31日**）に、保証金の供託および保険契約の締結の状況について免許権者に届け出なければなりません。
- 届出の期限➡基準日（毎年**3月31日**）から**3週間以内**です。

問題11 □□□

　宅建業者Ａが、自ら売主として宅建業者ではない買主Ｂに新築住宅を販売するにあたり、Ａは、基準日に係る住宅販売瑕疵担保保証金の供託および住宅販売瑕疵担保責任保険契約の締結の状況について届出をしなければ、当該基準日の翌日から起算して１月を経過した日以後においては、新たに自ら売主となる新築住宅の売買契約を締結することができない。

問題12 □□□

　宅建業者Ａが自ら売主として、宅建業者ではない買主Ｂに新築住宅を販売する際に、Ａは、住宅販売瑕疵担保保証金の供託をする場合、Ｂに対し、当該住宅を引き渡すまでに、供託所の所在地等について記載した書面を交付して(買主の承諾を得て電磁的方法により提供する場合を含む)説明しなければならない。

解答11 ✕   4 資力確保措置の状況に関する届出等

・資力確保措置の状況について届出を怠った場合➡**基準日の翌日から起算して50日を経過した日以降**、新規の売買契約を締結することができなくなります。

解答12 ✕   5 供託所の所在地等の説明

・供託所の所在地等の説明➡新築住宅の売主である宅建業者が、保証金（住宅販売瑕疵担保保証金）の供託をしている場合には、**売買契約を締結するまで**に、買主（宅建業者を除く）に対して、供託所の名称や所在地等について記載した**書面を交付**して（または**電磁的方法により提供して**）**説明**しなければなりません。

CHAPTER 02
権利関係

SECTION 01	制限行為能力者（15問）	178
SECTION 02	意思表示（14問）	186
SECTION 03	代理（18問）	194
SECTION 04	時効（16問）	206
SECTION 05	債務不履行、解除（15問）	214
SECTION 06	危険負担（4問）	222
SECTION 07	弁済、相殺、債権譲渡（17問）	224
SECTION 08	売買（17問）	234
SECTION 09	物権変動（11問）	244
SECTION 10	抵当権（19問）	250
SECTION 11	連帯債務、保証、連帯債権（20問）	262
SECTION 12	賃貸借（18問）	274
SECTION 13	借地借家法（借地）（20問）	284
SECTION 14	借地借家法（借家）（17問）	296
SECTION 15	請負（9問）	306
SECTION 16	不法行為（13問）	312
SECTION 17	相続（18問）	320
SECTION 18	共有（9問）	330
SECTION 19	区分所有法（15問）	336
SECTION 20	不動産登記法（14問）	344

CHAPTER 02 | 権利関係

SECTION
01 制限行為能力者

問題1 □□□

自己所有の土地を売却するAの売買契約の相手方が、法律の規定にもとづかずに成立した権利能力を有しない任意の団体である団体Bだった場合、BがAとの間で売買契約を締結しても、当該土地の所有権はBに帰属しない。

問題2 □□□

意思能力を有しないときに行った不動産の売買契約は、後見開始の審判を受けているか否かにかかわらず効力を有しない。

問題3 □□□

18歳の者は、携帯電話サービスの契約や不動産の賃貸借契約を1人で締結することはできない。

問題4 □□□

土地を売却すると、土地の管理義務を免れることになるので、未成年者が土地を売却するに当たっては、その法定代理人の同意は必要ない。

解答1 ◯

1 制限行為能力者の種類

・ そのとおりです。

・ 権利能力➡権利・義務の主体となることのできる資格をいいます。

解答2 ◯

1 制限行為能力者の種類

・ 意思能力がない状態で行った法律行為➡無効です。

解答3 ✕

2 制限行為能力者の保護

・ 未成年者➡18歳未満の者をいいます。18歳の者は成人なので、単独で有効な法律行為を行うことができます。

解答4 ✕

2 制限行為能力者の保護

・ 単に権利を得る、または義務を免れる法律行為➡法定代理人の同意は不要です。

・ 不動産の売却➡財産の喪失を伴う行為で、義務を免れる法律行為には該当しません(法定代理人の同意が必要となります)。

問題5 □□□

古着の仕入販売に関する営業を許された未成年者は、成年者と同一の行為能力を有するので、法定代理人の同意を得ないで、自己が居住するために建物を第三者から購入したとしても、その法定代理人は当該売買契約を取り消すことができない。

問題6 □□□

成年被後見人が行った法律行為は、事理を弁識する能力がある状態で行われたものであっても、取り消すことができる。ただし、日用品の購入その他日常生活に関する行為については、この限りではない。

問題7 □□□

成年被後見人が第三者との間で建物の贈与を受ける契約をした場合には、成年後見人は、当該法律行為を取り消すことができない。

問題8 □□□

成年被後見人が成年後見人の事前の同意を得て土地を売却する意思表示を行った場合、成年後見人は、当該意思表示を取り消すことができない。

解答5 ✕   2 制限行為能力者の保護

- 法定代理人から営業を許された特定の行為➡その営業に関しては、成年者と同一の行為能力を有し、**法定代理人の同意は不要**です(当該営業に関しない行為については、法定代理人の同意が必要です)。

- 法定代理人の同意を得ないでした法律行為➡**取り消すことができます。**

法定代理人から処分を許された財産(小遣いなど)を処分する行為も法定代理人の同意は不要だよ！

解答6 ◯   2 制限行為能力者の保護

- そのとおりです。

解答7 ✕   2 制限行為能力者の保護

- 成年被後見人が、成年後見人の代理によらずに行った行為➡**取り消すことができます。**

解答8 ✕   2 制限行為能力者の保護

- 成年後見人の同意を得て行った行為➡**取り消すことができます。**

成年被後見人は、日用品の購入その他日常生活に関する行為を除き、単独で法律行為はできないよ(同意を得て行うこともできない)。未成年者と混同しないように！

問題9 □□□

成年後見人が、成年被後見人を代理して、成年被後見人が所有するオフィスビルへの第三者の抵当権を設定するには家庭裁判所の許可を得なければならない。

問題10 □□□

被保佐人が、不動産を売却する場合には、保佐人の同意が必要であるが、不動産の改築をする場合には、保佐人の同意は不要である。

問題11 □□□

被保佐人については、不動産を売却する場合だけではなく、日用品を購入する場合も、保佐人の同意が必要である。

問題12 □□□

被補助人が法律行為を行うためには、常に補助人の同意が必要である。

解答9 ✕   2 制限行為能力者の保護

- 成年被後見人の居住用不動産の処分➡成年後見人が代理して行うには、**家庭裁判所の許可が必要**です。
- オフィスビル➡居住用不動産に該当しません（本問では家庭裁判所の許可は不要です）。

> 成年被後見人の居住用不動産の処分とは、成年被後見人の居住の用に供する建物・その敷地の売却、賃貸、賃貸借の解除または抵当権の設定等をすることだよ！

解答10 ✕   2 制限行為能力者の保護

- **重要な財産上の行為**（不動産、その他重要な財産の売買、新築・改築・増築など）➡**保佐人の同意が必要**であり、保佐人の同意（またはこれに代わる家庭裁判所の許可）なしに行った場合には**取り消すことができます**。

解答11 ✕   2 制限行為能力者の保護

- 重要な財産上の行為以外の行為➡被保佐人は、保佐人の同意がなくても、単独で有効な法律行為を行うことができます。

解答12 ✕   2 制限行為能力者の保護

- 重要な財産上の行為のうち、家庭裁判所の審判によって補助人の同意を得なければならないとされた**特定の行為**を行う場合のみ、**補助人の同意が必要**となります。

> 特定の行為を補助人の同意（またはこれに代わる家庭裁判所の許可）なしに行った場合には、取り消すことができるよ！

問題13 □□□

未成年者が、法定代理人の同意を得なければならない行為について、同意を得ていないにもかかわらず、詐術を用いて相手方に法定代理人の同意を得たと信じさせたときは、未成年者は当該行為を取り消すことができない。

問題14 □□□

未成年者と法律行為をした相手方は、その未成年者の法定代理人に対して、1カ月以上の期間を定めてその行為を追認するかどうかを催告することができる。この場合、その期間内に確答がなければ、その行為を取り消したものとみなされる。

問題15 □□□

未成年者と法律行為をした相手方は、その未成年者が成年となった後に、その者に対して、1カ月以上の期間を定めてその行為を追認するかどうかを催告することができる。この場合、その期間内に確答がなければ、その行為を追認したものとみなされる。

解答13 ○ 　3 制限行為能力者の相手方の保護

- 制限行為能力者が**詐術**を用いた場合➡制限行為能力を理由に**取り消すことはできません**。

> 行為能力の制限によって取り消すことができる行為については、制限行為能力者本人も取り消すことができるよ！

解答14 × 　3 制限行為能力者の相手方の保護

- 制限行為能力者の相手方➡法定代理人等に対して**催告**を行うことができ、期間内に確答がない場合は**追認**したものとみなされます。

解答15 ○ 　3 制限行為能力者の相手方の保護

- 制限行為能力者が行為能力者となった場合➡**催告**はその者に対して行うことができ、期間内に確答がない場合は**追認**したものとみなされます。

> 被保佐人と（特定の行為につき補助人の同意を要する）被補助人の場合、本人へ催告することができ、確答がない場合は取り消したものとみなされるよ！

CHAPTER 02 ｜ 権利関係

SECTION
02　意思表示

問題1　□□□

　AはBに対して、Aが所有する甲土地を1,000万円で売却したい旨の申込みを郵便で発信したが、その申込みがBに到達する前にAが死亡した。本件申込みが効力を失わない場合、Bが承諾の意思表示を発信した時点で甲土地の売買契約が成立する。

問題2　□□□

　AがA所有の甲土地をBに売却した。AがBの詐欺を理由に甲土地の売却の意思表示を取り消しても、取消しより前にBが甲土地をCに売却し、Cが所有権移転登記を備えた場合には、CがBの詐欺の事実を知っていたか否かにかかわらず、AはCに対して甲土地の所有権を主張することができない。

問題3　□□□

　Aが第三者の詐欺によってBに甲土地を売却した場合、Bが第三者の詐欺の事実を過失なく知らなかったとしても、Aは詐欺を理由にAB間の売買契約を取り消すことができる。

解答1　✕

> 1 意思表示とは

- 意思表示の効力発生時期➡その通知が**相手方に到達した時**に効力を生じます。
- 本問ではAの死亡によっても申込みの効力が失われないため、Bの承諾の意思表示がAの相続人に到達した時点で成立します。

> 意思表示は、表意者が通知を発した後に死亡等をしても、原則としてその効力は失われないよ！

解答2　✕

> 2 詐欺

- **詐欺**による意思表示の取消し➡**善意無過失の第三者**に対しては**対抗できません。**
- 第三者Cが詐欺の事実について悪意または善意有過失であれば、Aは甲土地の所有権をCに対抗することができます。

解答3　✕

> 2 詐欺

- **第三者による詐欺**➡**相手方が善意無過失**の場合には**取り消すことができません。**

問題 4 □□□

A所有の甲土地につき、AとBとの間で売買契約が締結された。BがCに甲土地を転売した後に、AがBの強迫を理由にAB間の売買契約を取り消した場合には、CがBによる強迫の事実を過失なく知らなかったときであっても、AはCから甲土地を取り戻すことができる。

問題 5 □□□

Aが第三者の強迫によってBに甲土地を売却した場合、Bが第三者の強迫の事実を過失なく知らなかった場合に限り、Aは第三者の強迫を理由にAB間の売買契約を取り消すことができる。

問題 6 □□□

AがBに甲土地を売却した。AB間の売買契約が仮装譲渡であり、その後BがCに甲土地を転売した場合、Cが仮装譲渡の事実を知らなければ、Aは、Cに虚偽表示による無効を対抗することができない。

問題 7 □□□

Aは、その所有する甲土地を譲渡する意思がないのに、Bと通謀して、Aを売主、Bを買主とする甲土地の仮装の売買契約を締結した。Bの債権者であるCが、甲土地を差し押さえた場合、Cが仮装譲渡の事実について善意であれば、AはAB間の売買契約の無効をCに主張することができない。

解答4 ○ 　　　　　　　　　　　　　　　　　　　3 強迫

- 強迫による意思表示の取消し➡善意無過失の第三者に対しても対抗することができます。

解答5 　　　　　　　　　　　　　　　　3 強迫

- 第三者による強迫➡相手方の善意・悪意にかかわらず取り消すことができます。

解答6 ○ 　　　　　　　　　　　　　　4 虚偽表示（通謀虚偽表示）

- 虚偽表示による意思表示➡（当事者間は）無効です。ただし、善意の第三者に対しては、その無効を対抗できません。

> 虚偽表示の場合、第三者が保護されるためには、無過失までは要求されないよ！

解答7 　　　　　　　　　　　　　4 虚偽表示（通謀虚偽表示）

- そのとおりです。
- 仮装譲渡された甲土地を善意で差し押さえたC➡虚偽表示による意思表示の無効を主張できない善意の第三者に該当します。

問題8 ☐☐☐

Aは、その所有する甲土地を譲渡する意思がないのに、Bと通謀して、Aを売主、Bを買主とする甲土地の仮装の売買契約を締結した。甲土地がBから善意のCへ、Cから悪意のDへと譲渡された場合、AはAB間の売買契約の無効をDに主張することができない。

問題9 ☐☐☐

AがBに甲土地を売却し、Bが所有権移転登記を備えた。Aの売却の意思表示に対応する意思を欠く錯誤で、その錯誤が売買契約の目的および取引上の社会通念に照らして重要なものである場合、Aに重大な過失がなければ、Aは、錯誤による当該意思表示の取消しをする前に、Bから甲土地を買い受けた悪意のCに対して、錯誤による当該意思表示の取消しを主張して、甲土地の返還を請求することができる。

問題10 ☐☐☐

AがBに甲土地を売却し、Bが所有権移転登記を備えた。Aの売却の意思表示に対応する意思を欠く錯誤で、その錯誤が売買契約の目的および取引上の社会通念に照らして重要なものである場合、BがAに錯誤があることを知っていたとしても、Aに重大な過失があったときは、AはBに対して、錯誤による当該意思表示の取消しを主張して、甲土地の返還を請求することができない。

解答 8 ○

> 4 虚偽表示(通謀虚偽表示)

- いったん善意の第三者が現れて所有権を有効に取得した以上、それ以降に悪意の転得者が現れても、もはや無効を主張できません。

解答 9 ○

> 5 錯誤

- 要素の錯誤(錯誤が法律行為の目的および取引上の社会通念に照らして重要なもの)があった場合➡表意者に重過失がなければ、取り消すことができます。
- 錯誤による取消し➡善意無過失の第三者に対しては対抗できません。
- 本問のCは悪意なので、錯誤による取消しを主張して、甲土地の返還を請求することができます。

解答 10 ✗

> 5 錯誤

- 要素の錯誤があった場合➡表意者に重過失があれば、原則として取り消すことができません。
- 表意者に重過失があった場合➡❶相手方が表意者に錯誤があることを知り、または重大な過失によって知らなかったとき、❷相手方が表意者と同一の錯誤に陥っていたときには、例外的に取り消すことができます。
- 本問は❶に該当するので、取消しを主張して、甲土地の返還を請求することができます。

問題11 □□□

　AがA所有の甲土地をBに売却した。AB間の売買契約が、Bの意思表示に要素の錯誤があって締結されたものである場合、Bが所有権移転登記を備えていても、AはBの錯誤を理由にAB間の売買契約を取り消すことができる。

問題12 □□□

　A所有の甲土地につき、AとBとの間で売買契約が締結された。Bは、甲土地は将来地価が高騰すると勝手に思い込んで売買契約を締結したところ、実際には高騰しなかった場合、動機の錯誤を理由に本件売買契約を取り消すことができる。

問題13 □□□

　AがA所有の甲土地をBに売却した。Aの売却の意思表示が真意でない場合は、BがAの真意を知っていたかどうかにかかわらず、AB間の甲土地の売買契約は無効である。

問題14 □□□

　Aは真意でないにもかかわらず、所有する甲土地をBに売却し、さらにBは甲土地をCに転売した。AB間の売買契約の当時、BはAの売却の意思表示が真意でないことを知っていた場合、Aはそのことを知らないCに対し、AB間の売買契約の無効を主張することができる。

解答11 ✗   5 錯誤

- 瑕疵ある意思表示の取消し➡表意者、その代理人等が取り消すことができ、相手方Aから錯誤を理由に取り消すことはできません。

解答12 ✗   5 錯誤

- **動機の錯誤**➡動機となった事情が**相手方に表示されていなければ、取り消すことはできません。**

> 相手方への動機の表示は明示的なもの(口で言う)だけでなく、黙示的なもの(しぐさなど)も含まれるよ！

解答13 ✗   6 心裡留保

- **心裡留保**による意思表示➡原則として**有効**です。

解答14 ✗   6 心裡留保

- **心裡留保**による意思表示➡**相手方が悪意**または**善意有過失**の場合は**無効**となります。ただし、**善意の第三者**に対しては、この無効を**対抗できません。**

CHAPTER 02 ｜ 権利関係

SECTION
03 代理

問題1 □□□

AがA所有の土地の売却に関する代理権をBに与えた。Bが自らを「売主Aの代理人B」ではなく、「売主B」と表示して、買主Cとの間で売買契約を締結した場合には、Bは売主Aの代理人として契約しているとCが知っていても、売買契約はBC間に成立する。

問題2 □□□

代理人が相手方に対してした意思表示の効力が意思の不存在、錯誤、詐欺、強迫またはある事情を知っていたこともしくは知らなかったことにつき過失があったことによって影響を受けるべき場合には、その事実の有無は、本人の選択に従い、本人または代理人のいずれかについて決する。

問題3 □□□

AがA所有の甲土地の売却に関する代理権をBに与えた。未成年者であるBがAの代理人として甲土地をCに売却した後で、Bが未成年者であることをCが知った場合には、CはBが未成年者であることを理由に売買契約を取り消すことができる。

解答1 ×
　　　　　　　　　　　　　　　　　　　　　1 代理の基本

- 【原則】代理人が顕名をせずに契約をした場合➡代理人自身が契約したものとみなされます。
- 【例外】(代理人が本人の代理人として代理行為を行うことについて)相手方が悪意または善意有過失である場合➡有効な代理行為となり、本人に効果が生じます(AC間で成立)。

本問で買主Cは、Bが売主Aの代理人と知っているので有効な代理行為となり、AC間で売買契約が成立するよ！

解答2 ×
　　　　　　　　　　　　　　　　　　　　　1 代理の基本

- 代理行為に瑕疵があった場合➡代理人を基準に事実の有無を判定します。

解答3 ×
　　　　　　　　　　　　　　　　　　　　　1 代理の基本

- 代理人は行為能力者であることを要しないので、未成年者等の制限行為能力者であっても代理人となることができます。
- 相手方は、代理人が未成年者であることを理由に売買契約を取り消すことはできません。

問題4 □□□

代理人は、行為能力者であることを要しないが、代理人が後見開始の審判を受けたときは、代理権が消滅する。

問題5 □□□

AがA所有の甲土地の売却に関する代理権をBに与えた。Aが死亡した後であっても、BがAの死亡の事実を知らず、かつ、知らないことにつき過失がない場合には、BはAの代理人として有効に甲土地を売却することができる。

問題6 □□□

AがBの代理人として第三者の利益を図る目的で代理権の範囲内の行為をした場合、相手方Cがその目的を知っていたとしても、AC間の法律行為の効果はBに帰属する。

問題7 □□□

AがBに対して、A所有の甲土地を売却する代理権を授与した。BがCの代理人も引き受け、AC双方の代理人として甲土地に係るAC間の売買契約を締結した場合、Aに損害が発生しなければ、Bの代理行為は無権代理とはみなされない。

解答4 ○

1 代理の基本

- そのとおりです。

本人が後見開始の審判を受けても代理人の代理権は消滅しないよ！

解答5 ×

1 代理の基本

- 死亡、破産手続開始の決定 ➡ 本人・(任意)代理人のいずれに生じた場合でも、代理権は消滅します（甲土地の売却は無権代理人がした行為となります）。

解答6 ×

2 代理権の濫用、自己契約・双方代理等

- 【原則】代理権濫用の効果 ➡ **本人に帰属**します。
- 【例外】（代理人が自己または第三者の利益を図る目的であることについて）相手方が**悪意または善意有過失**である場合 ➡ **無権代理人がした行為**とみなされます。

本問では、相手方Cが悪意なので、本人BがAの無権代理行為を追認しなければ、AC間の法律行為の効果はBに帰属しないよ！

解答7 ×

2 代理権の濫用、自己契約・双方代理等

- 双方代理の効果 ➡ 原則として**無権代理行為**とみなされます。

本人の損害発生の有無は無関係だよ！

問題8 □□□

Aが、所有する甲土地の売却に関する代理権をBに授与し、BがCとの間で、Aを売主、Cを買主とする甲土地の売買契約を締結した。BがCの代理人にもなって本件契約を成立させた場合、Aの許諾の有無にかかわらず、本件契約は無効となる。

問題9 □□□

委任による代理人は、本人の許諾を得たときのほか、やむを得ない事由があるときにも、復代理人を選任することができる。

問題10 □□□

法定代理人は、やむを得ない事由があるときに限り、復代理人を選任することができる。

問題11 □□□

AがBから何ら代理権を与えられていないにもかかわらずBの代理人と詐称してCとの間で法律行為をし、CがAにBの代理権があると信じた場合であっても、原則としてその法律行為の効果はBに帰属しない。

解答8 ✕   2 代理権の濫用、自己契約・双方代理等

- 自己契約・双方代理が有効な代理行為となる場合➡❶**本人の許諾がある場合**、❷**債務の履行をする場合**(❶、❷以外は無権代理行為となります)。

解答9 ◯   3 復代理

- そのとおりです。

解答10 ✕   3 復代理

- 法定代理人➡自己の責任において、(自由に)復代理人を選任できます。

> 法定代理人がやむを得ない事由によって復代理人を選任したときは、選任・監督についてだけ責任を負うよ！

解答11 ◯   4 無権代理

- そのとおりです。
- **無権代理行為**の効果➡原則として**本人に帰属しません**。

問題12 □□□

　AがBに対して、A所有の甲土地を売却する代理権を授与した。Bが、Aから代理権を授与されていないA所有の乙土地の売却につき、Aの代理人としてCと売買契約を締結した場合、AがCに対して追認の意思表示をすれば、Bの代理行為は追認の時からAに対して効力を生ずる。

問題13 □□□

　AがBから何ら代理権を与えられていないにもかかわらずBの代理人と詐称してCとの間で法律行為をした。CはAに代理権がないことを知っていた場合であっても、Bに対し相当の期間を定めて、その期間内にAの代理行為を追認するか否かを催告することができ、Bが期間内に確答をしない場合には追認したものとみなされ、本件法律行為は有効となる。

問題14 □□□

　AがBから何ら代理権を与えられていないにもかかわらずBの代理人と詐称してCとの間で法律行為をした。CはAに代理権がないことを知らなかった場合、Bが本件法律行為を追認しない間、Cは本件法律行為を取り消すことができる。

解答12 ×　　　　　　　　　　　　　　4 無権代理

- 本人が無権代理行為を追認した場合➡**契約の時にさかのぼって有効**な代理行為があったことになります。

> 追認は無権代理人、または相手方に対して行うことができるよ！

解答13 ×　　　　　　　　　　　　　　4 無権代理

- 無権代理の相手方の催告権➡無権代理行為について**善意・悪意にかかわらず**、本人に対して催告することができます。
- 本人が相当期間内に確答をしない場合➡**追認を拒絶したものとみなされます**。

> 制限行為能力者の相手方の催告権と比較しておこう！

解答14 〇　　　　　　　　　　　　　　4 無権代理

- そのとおりです。
- 無権代理の相手方の取消権➡無権代理行為について**善意**であれば（過失は不問）、**本人が追認しない間は取り消す**ことができます。

問題15 □□□

　AがBから何ら代理権を与えられていないにもかかわらずBの代理人と詐称してCとの間で法律行為をした。Aは自己に代理権がないことを知っていたが、Aに代理権がないことをCが過失により知らなかった場合、CはAに対して損害賠償の請求をすることはできない。

問題16 □□□

　A所有の甲土地につき、Aから売却に関する代理権を与えられていないBが、Aの代理人として、Cとの間で売買契約を締結した。Aの死亡により、BがAの唯一の相続人として相続した場合、BがAから相続した追認拒絶権を行使しない場合に限り、Cは甲土地の所有権を取得することができる。

問題17 □□□

　A所有の甲土地につき、Aから売却に関する代理権を与えられていないBが、Aの代理人として、Cとの間で売買契約を締結した。Bの死亡により、AがBの唯一の相続人として相続した場合、AがBの無権代理行為の追認を拒絶することは信義則に反し認められない。

解答15 ×

> 4 無権代理

- 無権代理人に対する責任追及権の内容➡無権代理人に対して、契約の履行または損害賠償の請求をすることができます。
- 無権代理人に対する責任追及権行使の要件➡❶相手方が無権代理について善意無過失であること、または、❷相手方が無権代理について善意有過失だが、無権代理人自身が悪意であることのいずれかを満たす必要があります（本問は❷に該当し、損害賠償の請求をすることができます）。

無権代理人が制限行為能力者である場合は、相手方は無権代理人の責任を追及できないよ！

解答16 ×

> 4 無権代理

- 本人が死亡し、無権代理人が本人を単独で相続した場合➡無権代理行為は有効となります（Bは追認を拒絶することはできず、Cは当然に甲土地の所有権を取得します）。

解答17 ×

> 4 無権代理

- 無権代理人が死亡し、本人が無権代理人を単独で相続した場合➡本人は追認を拒絶することができます。

ただし、無権代理人を相続したので、無権代理人の責任が生じることもあるよ！

問題18 □□□

　AがBに対して、A所有の甲土地を売却する代理権を授与した。AがBに授与した代理権が消滅した後、BがAの代理人と称して、甲土地をCに売却した場合、AがCに対して甲土地を引き渡す責任を負うことはない。

解答18 ×

5 表見代理

- 表見代理➡**相手方が善意無過失**であれば、**有効な代理行為**となります（Cが善意無過失である場合には表見代理が成立し、有効な代理行為となります）。

本問は、代理権消滅後の表見代理に該当するよ！

CH 02 権利関係

SEC 03 代理

CHAPTER 02 ｜ 権利関係

SECTION
04　時効

問題 1 □□□

土地の賃借権は、物権ではなく、契約にもとづく債権であるので、土地の継続的な用益という外形的かつ客観的事実が存在したとしても、時効によって取得することはできない。

問題 2 □□□

A所有の甲土地をBが占有している。Bが父から甲土地についての賃借権を相続により承継して賃料を払い続けている場合であっても、相続から20年間甲土地を占有したときは、Bは、時効によって甲土地の所有権を取得することができる。

問題 3 □□□

Aが甲土地を所有している。Bが、所有者と称するCから、Cが無権利者であることについて善意無過失で甲土地を買い受け、所有の意思をもって平穏かつ公然に3年間占有した後、甲土地がAの所有であることに気付いた場合、そのままさらに7年間甲土地の占有を継続したとしても、Bは、甲土地の所有権を時効取得することはできない。

解答1 ×

2 取得時効

- 時効によって取得できる権利➡所有権のほか、地上権、永小作権、地役権、賃借権などがあります。

解答2 ×

2 取得時効

- 賃借人の占有➡所有の意思のない占有(他主占有)なので、所有権を時効によって取得することはできません。所有権の取得時効の要件である占有は自主占有です。

解答3 ×

2 取得時効

- 「善意・悪意」、「有過失・無過失」は、占有の開始時で判定します。
- Bは善意無過失で占有を開始しているので、10年間の占有継続により甲土地を時効取得することができます。

占有の開始時に「善意無過失」なら、途中で「悪意」に変わっても10年間で取得時効が完成するよ！

問題 4 □□□

A所有の甲土地をBが占有している。Bの父が11年間所有の意思をもって平穏かつ公然に甲土地を占有した後、Bが相続によりその占有を承継し、引き続き9年間所有の意思をもって平穏かつ公然に占有していても、Bは、時効によって甲土地の所有権を取得することはできない。

問題 5 □□□

債権の消滅時効は、債権者が権利を行使することができるときから進行し、債権成立の時から5年で消滅時効にかかる。

問題 6 □□□

Aが甲土地を所有している。Aが甲土地を使用しないで20年以上放置していたとしても、Aの有する甲土地の所有権が消滅時効にかかることはない。

問題 7 □□□

不確定期限付債権の消滅時効は、債務者が期限到来後に履行の請求を受けた時、または期限到来を知った時のいずれか早い時から進行する。

解答4　✕

2 取得時効

- 占有期間中に売買や相続があった場合➡占有は承継され、**前の占有者の占有期間を合計**することができます（この場合は、前占有者の善意・悪意も承継します）。

- 父が11年間、Bが9年間（合計20年間）、所有の意思をもって平穏かつ公然に占有しているので、Bは時効によって甲土地の所有権を取得することができます。

> 本問のBの父が占有開始時に善意無過失だったら、Bの父は所有権を時効取得していることになるね！

解答5　✕

3 消滅時効

- 通常の債権の消滅時効の期間➡❶債権者が権利を行使することができることを知った時から**5年**（主観的起算点）、❷権利を行使することができる時から**10年**（客観的起算点）です。

解答6　◯

3 消滅時効

- **所有権は消滅時効にかかりません**（つまり、所有権が時効によって消滅することはありません）。

解答7　✕

3 消滅時効

- 不確定期限付債権の消滅時効（客観的起算点）➡**期限が到来した時**から消滅時効が進行します。

問題8 □□□

裁判上の請求をした場合、裁判が終了するまでの間は時効が完成しないが、当該請求を途中で取り下げて権利が確定することなく当該請求が終了した場合には、その終了した時から新たに時効の進行が始まる。

問題9 □□□

AがBに対して金銭の支払を求めて訴えを提起した。訴えの提起後に裁判上の和解が成立した場合には、時効の更新の効力は生じない。

問題10 □□□

Aは、Bに対し建物を賃貸し、月額10万円の賃料債権を有している。Aが、Bに対する賃料債権につき支払を請求した場合、その時から6カ月を経過するまでに改めて内容証明郵便により支払を請求すれば、内容証明郵便による請求の時から6カ月を経過するまでの間は時効は完成しない。

問題11 □□□

権利についての協議を行う旨の合意が書面でされたときは、一定期間、時効の完成が猶予されるが、当該合意によって時効の完成が猶予されている間に再度合意をした場合、時効の完成が猶予されなかったとすれば時効が完成すべき時から通じて5年を超えないとしても、時効の完成猶予の効力を有することはない。

解答8 ✕ 　　　　　　　　　　　　4 時効の完成猶予・更新

・裁判上の請求、支払督促など➡**その事由が終了するまでの間、時効は完成しません**（時効の完成猶予）。

・確定判決または確定判決と同一の効力を有するものにより、権利が確定することなくその事由が終了した場合➡**その終了の時から6カ月を経過するまで時効は完成しません**（時効の完成猶予）。

解答9 ✕ 　　　　　　　　　　　　4 時効の完成猶予・更新

・裁判上の請求、支払督促など➡確定判決または確定判決と同一の効力を有するもの（和解）によって権利が確定したときは、その事由が終了した時から**新たに進行を始めます**（時効の更新）。

解答10 ✕ 　　　　　　　　　　　4 時効の完成猶予・更新

・催告によって時効の完成が猶予されている間にされた再度の催告➡**時効の完成猶予の効力を有しません。**

解答11 ✕ 　　　　　　　　　　　4 時効の完成猶予・更新

・協議の合意によって時効の完成が猶予されている間にされた再度の合意➡**時効の完成猶予の効力を有します。** ただし、本来の消滅時効の満了時から起算して**5年を超えることができません。**

CH 02 権利関係

SEC 04 時効

問題12 □□□

Aは、Bに対し建物を賃貸し、月額10万円の賃料債権を有している。Bが、賃料債権の消滅時効が完成した後にその賃料債権を承認したときは、消滅時効の完成を知らなかったときでも、その完成した消滅時効の援用をすることは許されない。

問題13 □□□

Aの所有する甲土地をBが時効取得した場合、Bが甲土地の所有権を取得するのは、取得時効の完成時である。

問題14 □□□

債権の消滅時効であれば、時効期間の経過によって債権が確定的に消滅するという効果が生じる。

問題15 □□□

後順位抵当権者は、先順位抵当権の被担保債権の消滅時効を援用することができる。

問題16 □□□

Aは、Bに対し建物を賃貸し、月額10万円の賃料債権を有している。Bが、Aとの建物賃貸借契約締結時に、賃料債権につき消滅時効の利益はあらかじめ放棄する旨約定したとしても、その約定に法的効力は認められない。

解答12 ○　　　　　　　　　　　　　4 時効の完成猶予・更新

- そのとおりです。
- 債務の承認があった場合➡（消滅時効の完成を知らなかったとしても）時効は**権利の承認があった時**から**新たに進行を始めます**（時効の更新）。

解答13 ×　　　　　　　　　　　　　5 時効の効力・援用・利益の放棄

- 時効の効力➡**起算日にさかのぼります**。したがって、Bが甲土地の所有権を取得するのは、占有開始時となります。

解答14 ×　　　　　　　　　　　　　5 時効の効力・援用・利益の放棄

- 時効が完成しても、**当事者が援用**しなければ、時効の効果は生じません。

解答15 ×　　　　　　　　　　　　　5 時効の効力・援用・利益の放棄

- 後順位抵当権者➡**権利の消滅について正当な利益を有する者**に該当しないため、消滅時効を援用できません。

> 消滅時効の援用権者である「当事者」とは、権利の消滅について正当な利益を有する者であり、債務者のほか、保証人、物上保証人、第三取得者も含まれるよ！

解答16 ○　　　　　　　　　　　　　5 時効の効力・援用・利益の放棄

- そのとおりです。
- 時効の利益➡**あらかじめ放棄することはできません**が、時効の完成後であれば、放棄することができます。

CHAPTER 02 | 権利関係

SECTION
05 債務不履行、解除

問題1 □□□

債務の履行について不確定期限があるときは、債務者は、その期限が到来したことを知らなくても、期限到来後に履行の請求を受けた時から遅滞の責任を負う。

問題2 □□□

Aを売主、Bを買主として甲建物の売買契約が締結された。Bは、本件代金債務の履行期が過ぎた場合であっても、特段の事情がない限り、甲建物の引渡しに係る履行の提供を受けていないことを理由として、Aに対して代金の支払を拒むことができる。

問題3 □□□

債務の履行が不能かどうかは、もっぱら債務の履行が物理的に可能かどうかで判断される。

問題4 □□□

契約にもとづく債務の履行が契約の成立時に不能であったとしても、その不能が債務者の責めに帰することができない事由によるものでない限り、債権者は、履行不能によって生じた損害について、債務不履行による損害の賠償を請求することができる。

解答1 ○
> 2 履行遅滞

- 不確定期限付債務の履行期➡債務者が期限到来後に履行の請求を受けた時、または期限到来を知った時の**いずれか早い時**が履行期となり、その時から遅滞の責任を負うことになります。

解答2 ○
> 2 履行遅滞

- 売買契約の相手方が債務の履行をしない間には、原則として自分の債務の履行を拒むことができます（同時履行の抗弁権）。

解答3 ×
> 3 履行不能

- 履行不能についての判断➡**契約その他の債務の発生原因**および**取引上の社会通念**に照らして、債務の履行が可能かどうか判断されます。

> 不動産の二重譲渡があった場合、買主の一方が所有権移転登記を完了したときに履行不能になるよ！

解答4 ○
> 3 履行不能

- 契約にもとづく債務の履行が契約成立時に不能であった場合（原始的不能）➡契約が無効（不成立）となるのではなく、履行不能に含まれるので、要件を満たせば**損害賠償請求**ができます。

問題 5 □□□

両当事者が損害の賠償につき特段の合意をしていない場合において、債権者は、債務の不履行によって通常生ずべき損害のうち、契約締結当時、両当事者がその損害発生を予見していたものに限り、賠償請求できる。

問題 6 □□□

両当事者が損害の賠償につき特段の合意をしていない場合において、債権者は、特別の事情によって生じた損害のうち、契約締結当時、両当事者がその事情を予見していたものに限り、賠償請求できる。

問題 7 □□□

両当事者が損害の賠償につき特段の合意をしていない場合において、債務の不履行に関して債権者に過失があったときでも、債務者から過失相殺する旨の主張がなければ、裁判所は、損害賠償の責任およびその額を定めるに当たり、債権者の過失を考慮することはできない。

問題 8 □□□

債務の不履行について損害賠償の額の予定があっても、債権者が損害の発生およびその額を立証しなければ、予定した損害賠償の額を請求することはできない。

解答5 × 　　　　　　　　　　　　　　4 損害賠償の請求

- 債権者は、債務不履行によって**通常生ずべき損害**の賠償を請求できます。

> 通常生ずべき損害については、当事者が予見していたものに限られないよ！

解答6 × 　　　　　　　　　　　　　　4 損害賠償の請求

- **特別の事情によって生じた損害**であっても、**当事者**(債務者)が**その事情を予見すべきであったとき**は、その損害の賠償を請求できます。

解答7 × 　　　　　　　　　　　　　　4 損害賠償の請求

- 債務不履行による損害の発生・拡大に関して債権者に過失があった場合 ➡ 債務者の主張がなくても、裁判所は**過失相殺**を行います。

解答8 × 　　　　　　　　　　　　　　4 損害賠償の請求

- 損害賠償額の予定 ➡ 実際の損害額がいくらであれ、**予定した金額**が損害賠償額となります。

> 債権者は債務不履行の事実のみを証明すればOK！

問題9 □□□

AB間の金銭消費貸借契約において、借主Bは当該契約にもとづく金銭の返済をCからBに支払われる売掛代金で予定していたが、その入金がなかった(Bの責めに帰すべき事由はない。)ため、返済期限が経過してしまった場合、Bは債務不履行には陥らず、Aに対して遅延損害金の支払義務を負わない。

問題10 □□□

Aを売主、Bを買主として、甲土地の売買契約が締結された。Bが売買契約で定めた売買代金の支払期日までに代金を支払わなかった場合、売買契約に特段の定めがない限り、AはBに対して、年5％の割合による遅延損害金を請求することができる。

問題11 □□□

当事者の一方が数人ある場合には、契約の解除は、その全員からまたはその全員に対してのみすることができるが、共有物に設定された賃貸借契約については、各共有者の持分価格の過半数の決定で、賃貸借契約を解除することができる。

問題12 □□□

債務不履行に対して債権者が相当の期間を定めて履行を催告してその期間内に履行がなされない場合であっても、催告期間が経過した時における債務不履行がその契約および取引上の社会通念に照らして軽微であるときは、債権者は契約の解除をすることができない。

解答9 ×　　　　　　　　　　　　　　4 損害賠償の請求

- 金銭債務の不履行➡**不可抗力を理由にできず**、債務不履行の責任を負います。

> 自己の責めに帰すべき事由にもとづかないことを主張しても、責任を免れることはできないよ！

解答10 ×　　　　　　　　　　　　　　4 損害賠償の請求

- 法定利率➡**年3％**です。

解答11 ○　　　　　　　　　　　　　　5 契約の解除

- そのとおりです。

解答12 ○　　　　　　　　　　　　　　5 契約の解除

- そのとおりです。

問題13 □□□

債務者が債務を履行しない場合であって、債務者がその債務の全部の履行を拒絶する意思を明確に表示したときであっても、債権者は、相当の期間を定めてその履行を催告しなければ、契約の解除をすることはできない。

問題14 □□□

債務者が債務の一部を履行せず、その債務の一部の履行を拒絶する意思を明確に表示した場合で、残存する部分のみでは契約の目的を達することができないときであっても、債権者は、契約の全部を解除することはできない。

問題15 □□□

AがBに甲土地を売却した。甲土地につき売買代金の支払と登記の移転がなされた後、第三者の詐欺を理由に売買契約が取り消された場合、原状回復のため、BはAに登記を移転する義務を、AはBに代金を返還する義務を負い、各義務は同時履行の関係となる。

解答13 ✗   5 契約の解除

- 確定的履行拒絶➡**催告をすることなく、直ちに契約の解除**をすることができます。

解答14 ✗   5 契約の解除

- 債務の一部の履行が不能である場合または債務者がその債務の一部の履行を拒絶する意思を明確に表示した場合で、残存する部分のみでは契約目的を達成できないとき➡**催告をすることなく、直ちに契約の全部を解除**することができます。

解答15 ◯   5 契約の解除

- そのとおりです。

この場合、Aは金銭を受領した時からの利息をつけて、Bは使用利益（不動産の使用料など）も返す必要があるよ！

CHAPTER 02 | 権利関係

SECTION
06　危険負担

問題1　□□□

　AがBに対してA所有の甲建物を売却した。当該契約締結後、甲建物の引渡し前に、甲建物がCの放火で全焼したときは、甲建物の引渡債務は履行不能となり、AはBに対して債務不履行による損害賠償の責任を負う。

問題2　□□□

　AがBに対してA所有の甲建物を売却した。当該契約締結後、甲建物の引渡し前に、甲建物がCの放火で全焼したときは、BのAに対する売買代金の支払債務は消滅する。

問題3　□□□

　AがBに対してA所有の甲建物を売却した。当該契約締結後、甲建物の引渡し前に、甲建物がBの責めに帰すべき事由により滅失したため、その引渡しが不能となったときは、BはAに対する売買代金の支払を拒むことができる。

問題4　□□□

　AがBに対してA所有の甲建物を売却した。Bの責めに帰すべき事由によって甲建物の引渡債務の履行が不能となった場合、Aは、引渡債務を免れるとともに、Bに売買代金全額を請求できるが、自己の債務を免れたことによって得た利益をBに償還しなければならない。

解答1 ✕　　　　　　　　　　　　2 不動産取引の危険負担

- 甲建物の滅失はＡに帰責事由がない➡Ａは債務不履行による損害賠償の責任を負いません。

解答2 ✕　　　　　　　　　　　　2 不動産取引の危険負担

- 代金支払債務は消滅しません。
- 代金支払債務は存続しますが、Ｂは代金支払債務の**履行を拒絶**できます（**履行拒絶権**）。

解答3 ✕　　　　　　　　　　　　2 不動産取引の危険負担

- 買主の責めに帰すべき事由によって売主が引渡債務を履行することができなくなったとき➡買主は自己の代金支払債務の履行を拒絶することができないので、代金を支払わなければなりません。

解答4 ◯　　　　　　　　　　　　2 不動産取引の危険負担

- そのとおりです。売主は、自己の債務を免れたことによって**利益**を得たときは、買主に**償還**しなければなりません。

CH
02
権利関係

SEC
06
危険負担

223

CHAPTER 02 ｜ 権利関係

SECTION
07
弁済、相殺、債権譲渡

問題1 □□□

　借地人が地代の支払を怠っている場合、借地上の建物の賃借人は、借地人の意思に反しても、地代を弁済することができる。

問題2 □□□

　弁済をするについて正当な利益を有する第三者は、その債務の性質が第三者の弁済を許さないときであっても、弁済をすることができる。

問題3 □□□

　Aを売主、Bを買主として甲建物の売買契約が締結された。Bが過失によって、本件代金債務につき何ら受領権限のないCに対して弁済した場合でも、Bの弁済は有効である。

問題4 □□□

　Aを売主、Bを買主として甲建物の売買契約が締結された。Bが、Aの相続人と称するCに対して本件代金債務を弁済した場合、Cに受領権限がないことにつきBが善意かつ無過失であれば、Bの弁済は有効となる。

解答1 ○

1 弁済

- 借地上の建物の賃借人➡地代の弁済について、**正当な利益を有する第三者**なので、借地人(債務者)の意思に反していても**地代を弁済することができます**。

> 単に兄弟や友人であるというだけでは、弁済について正当な利益を有するとはいえないよ！

解答2 ×

1 弁済

- ❶債務の性質が第三者による弁済を許さないとき、または、❷当事者が第三者の弁済を禁止し、もしくは制限する旨の意思表示をしたとき➡第三者は弁済をすることができません。

解答3 ×

1 弁済

- 受領権者以外の者に行われた弁済➡原則として**無効**です。

解答4 ○

1 弁済

- 受領権者以外の者に行われた弁済➡**取引上の社会通念に照らして受領権者としての外観を有する者**(代理人、破産管財人や表見相続人)に**善意無過失**で行った弁済については**有効**です。

問題5 □□□

　Aが、Bに対して不動産を売却し、所有権移転登記および引渡しをした。Bの友人Cが、代金債務を連帯保証していたためAに全額弁済した場合、Cは、Aの承諾がないときでも、Aに代位する。

問題6 □□□

　Aは、令和×年10月1日、A所有の甲土地につき、Bとの間で、代金1,000万円、支払期日を同年12月1日とする売買契約を締結した。BがAに対し同年9月30日に消滅時効の期限が到来する貸金債権を有していた場合には、Aが当該消滅時効を援用したとしても、Bは売買代金債務と当該貸金債権を対当額で相殺することができる。

問題7 □□□

　Aは、令和×年10月1日、A所有の甲土地につき、Bとの間で、代金1,000万円、支払期日を同年12月1日とする売買契約を締結した。BがAに対して同年12月31日を支払期日とする貸金債権を有している場合には、Bは同年12月1日に売買代金債務と当該貸金債権を対当額で相殺することができる。

解答5 ○ 　　　　　　　　　　　　　　　　　　　1 弁済

- 債務者のために弁済をした者➡債権者に代位し（弁済による代位・代位弁済）、代位にあたり**債権者の承諾は不要**です。

解答6 × 　　　　　　　　　　　　　　　　　　　2 相殺

- 自働債権（Bの債権）の消滅時効が完成した後にAが受働債権を取得➡**相殺することはできません。**
- Bの貸金債権は9月30日に時効消滅しており、それ以前にAの債権は成立していないため（10月1日に債権成立）、時効完成以前に相殺適状にはありません。

> 時効によって消滅した債権（自働債権）がその消滅以前に相殺適状になっていた場合は相殺することができるよ！

解答7 × 　　　　　　　　　　　　　　　　　　　2 相殺

- 自働債権が弁済期にない➡**相殺することはできません。**
- 自働債権であるBの貸金債権の弁済期は12月31日なので、12月1日時点で弁済期は未到来です。

> Bの貸金債権の債務者であるAの期限の利益を一方的に奪うことになるから相殺できないよ！

問題8 □□□ 基本

　Aは、令和×年10月1日、A所有の甲土地につき、Bとの間で、代金1,000万円、支払期日を同年12月1日とする売買契約を締結した。同年10月10日、BがAの自動車事故によって重傷を負い、Aに対して不法行為にもとづく損害賠償債権を取得した場合には、Bは売買代金債務と当該損害賠償債権を対当額で相殺することができる。

問題9 □□□

　Aは、令和×年10月1日、A所有の甲土地につき、Bとの間で、代金1,000万円、支払期日を同年12月1日とする売買契約を締結した。同年10月10日、BがCから、CのAに対する不法行為にもとづく損害賠償債権（Aの自動車事故を原因とする被害者Cへの治療費等を含む損害賠償）を取得した場合には、Aは売買代金債権と当該損害賠償債権を対当額で相殺することができない。

問題10 □□□

　Aは、令和×年10月1日、A所有の甲土地につき、Bとの間で、代金1,000万円、支払期日を同年12月1日とする売買契約を締結した。同年11月1日にAの売買代金債権がAの債権者Cにより差し押さえられても、Bは、同年11月2日から12月1日までの間にAに対する別の債権を取得した場合には、同年12月1日に売買代金債務と当該債権を対当額で相殺することができる。

解答8 ○

2 相殺

- 不法行為等により生じた債権を自働債権とする相殺➡**相殺することができます**(被害者からは相殺の主張ができます)。

❶悪意による不法行為にもとづく損害賠償の債務、または、❷❶以外で人の生命または身体の侵害による損害賠償の債務について、これらの債務の債務者は、相殺をもって債権者に対抗することができないよ(つまり、❶、❷を受働債権として相殺することはできない)！

解答9 ×

2 相殺

- 不法行為等により生じた債権を他人から譲り受けた場合に、当該債権を受働債権とする相殺➡**相殺することができます**。

(受働債権の)債権者≠被害者となるため、現実の給付である必要はないよ！

解答10 ×

2 相殺

- 受働債権の差押え後に取得した債権を自働債権とする相殺➡**原則として相殺することはできません**。

例外的に、差押え前の原因にもとづいて生じた債権(第三者から取得したものを除く)であれば、差押え後に取得しても当該債権を自働債権として相殺することができるよ！

問題11 □□□

　Aの債権者Cが、AのBに対する賃料債権を差し押さえた場合、Bは、その差し押さえ前に取得していたAに対する債権と、差し押さえにかかる賃料債務とを、その弁済期の先後にかかわらず、相殺適状になった段階で相殺し、Cに対抗することができる。

問題12 □□□

　債権が譲渡された場合、その意思表示の時に債権が現に発生していないときは、譲受人は、その後に発生した債権を取得できない。

問題13 □□□

　譲渡制限特約のある債権の譲渡を受けた第三者が、その特約の存在を知らなかったことにつき重大な過失があったときは、当該債権を取得することができない。

問題14 □□□

　譲渡制限の意思表示がされた債権の譲受人が、その意思表示がされていたことを知っていたときは、債務者は、その債務の履行を拒むことができ、かつ、譲渡人に対する弁済その他の債務を消滅させる事由をもって譲受人に対抗することができる。

解答11 ○　　　　　　　　　　　　　　　　　　2 相殺

- 受働債権の差押え前に取得した債権を自働債権とする相殺➡弁済期の先後にかかわらず、**相殺することができます**（相殺を差押債権者Cに対抗することができます）。

解答12 ×　　　　　　　　　　　　　　　　　　3 債権譲渡

- 譲渡する債権➡現に発生していることを要しません。

解答13 ×　　　　　　　　　　　　　　　　　　3 債権譲渡

- 譲渡を禁止・制限する特約（譲渡制限の意思表示）がある場合➡債権譲渡は原則として**有効**です。

解答14 ○　　　　　　　　　　　　　　　　　　3 債権譲渡

- そのとおりです。

　譲受人が善意であっても重過失があった場合は、悪意の場合と同じだよ！

問題15 □□□

債権の譲渡は、譲渡人が債務者に通知し、または債務者が承諾をしなければ、債務者その他の第三者に対抗することができず、その譲渡の通知または承諾は、確定日付のある証書によってしなければ、債務者以外の第三者に対抗することができない。

問題16 □□□

Aは、Bに対して貸付金債権を有しており、Aはこの貸付金債権をCに対して譲渡した。Aが貸付金債権をDに対しても譲渡し、Cへは確定日付のない証書、Dへは確定日付のある証書によってBに通知した場合で、いずれの通知もBによる弁済前に到達したとき、Bへの通知の到達の先後にかかわらず、DがCに優先して権利を行使することができる。

問題17 □□□

Aが、Bに対する債権をCに譲渡した。Aに対し弁済期が到来した貸金債権を有していたBは、当該債権取得後にAから債権譲渡の通知を受けるまでに、承諾をせず、相殺の意思表示もしていなかった。その後、Bは、Cから支払請求を受けた際に、Aに対する貸金債権との相殺の意思表示をしたとしても、Cに対抗することはできない。

解答15 ○ 　　　　　　　　　　　　　3 債権譲渡

・そのとおりです。

解答16 ○ 　　　　　　　　　　　　　3 債権譲渡

・債権譲渡を債務者以外の第三者に対抗するための要件➡**確定日付のある証書**による、**譲渡人から債務者への通知**または**債務者の承諾**です。

解答17 ✕ 　　　　　　　　　　　　　3 債権譲渡

・債権譲渡の**対抗要件具備の時まで**に譲渡人に対して生じた事由➡**譲受人に対抗することができます**（譲受人Cに対して相殺をもって対抗することができます）。

CHAPTER 02 ｜ 権利関係

SECTION
08　売買

問題1　□□□

　Aを売主、Bを買主として甲建物の売買契約が締結された。Aは、Bに対し、甲建物に関するAからBへの所有権移転の登記を備えさせる義務を負う。

問題2　□□□

　Aを売主、Bを買主として甲建物の売買契約が締結された。甲建物は第三者Cを所有権登記名義人として登記がされている場合、Bは甲建物の所有権移転登記を受けることができず、売買契約は無効である。

問題3　□□□

　Aを売主、Bを買主として、A所有の甲自動車を50万円で売却する契約が締結され、Bが甲自動車の引渡しを受けたが、甲自動車のエンジンに契約の内容に適合しない欠陥があることが判明した場合、BはAに対して、甲自動車の修理を請求することができる。

解答1 ○　　　　　　　　　　　　　　　　1 売主の義務

- 売買契約における売主➡買主に対し、**登記等の対抗要件を備えさせる義務**を負います。

解答2 ×　　　　　　　　　　　　　　　　1 売主の義務

- 他人の権利の売買（他人物売買）➡**有効**です。
- 売主は、**他人の権利を取得して買主に移転する義務**を負います。

解答3 ○　　　　　　　　　　　　2 買主の救済（売主の担保責任）

- 売主が契約不適合責任を負う場合➡買主は**追完請求**（目的物の修補による履行の追完を請求）ができます。

問題4 □□□　基本

Aを売主、Bを買主として、A所有の甲自動車を50万円で売却する契約が締結され、Bが甲自動車の引渡しを受けたが、甲自動車に契約の内容に適合しない損傷があることが判明した。BがAに対して、甲自動車の修理を請求した場合、Bに不相当な負担を課すことがなくても、Aは甲自動車の修理以外の方法によって履行を追完することができない。

問題5 □□□　基本

Aを売主、Bを買主として、A所有の甲自動車を50万円で売却する契約が締結され、Bが甲自動車の引渡しを受けたが、甲自動車に契約の内容に適合しない損傷（修理は可能であるものとする。）があることが判明した場合、BはAに対して、直ちに売買代金の減額を請求することができる。

問題6 □□□

Aを売主、Bを買主として、A所有の甲自動車を50万円で売却する契約が締結され、Bが引渡しを受けた甲自動車が売買契約の内容に適合しない損傷によって故障を起こしたときは、修理が可能か否かにかかわらず、BはAに対して、修理を請求することなく、本件契約の解除をすることができる。

解答4 ✗　　　　　　　　　　2 買主の救済（売主の担保責任）

- 売主が契約不適合責任を負う場合➡売主は、買主に不相当な負担を課するものでないときは、買主が請求した方法と異なる方法による履行の追完をすることができます。

解答5 ✗　　　　　　　　　　2 買主の救済（売主の担保責任）

- 売主が契約不適合責任を負う場合➡原則として、買主が相当の期間を定めて履行の追完の催告をして、その期間内に履行がなかった場合に、不適合の程度に応じて代金減額の請求ができます。

催告をすることなく直ちに代金減額請求できる場合もおさえておこう！

解答6 ✗　　　　　　　　　　2 買主の救済（売主の担保責任）

- 売主が契約不適合責任を負う場合➡原則として、買主が相当の期間を定めて履行の催告をして、その期間内に履行がなかった場合に、債務不履行の一般規定にしたがって解除ができます。

修理が可能か否かによって、催告の要否が異なるよ！

問題7 □□□

　Aを売主、Bを買主として、売買契約が締結された。AがBに契約の内容に適合する目的物を引き渡すことができなかった場合、その不履行がAの責めに帰することができない事由によるものであるときを除き、BはAに対して、損害賠償の請求をすることができる。

問題8 □□□

　いずれも宅建業者ではない売主Aと買主Bとの間で売買契約を締結したときに、目的物の引渡しの後に、目的物が品質に関して契約の内容に適合しないことをBが知った場合には、Bは当該不適合を知った時から1年以内に、訴訟等を提起してAの担保責任を追及しなければならない。

問題9 □□□

　いずれも宅建業者ではない売主Aと買主Bとの間で売買契約を締結したときに、目的物の引渡しの時点で目的物が品質に関して契約の内容に適合しないことをAが知っていた場合には、当該不適合に関する請求権が消滅時効にかかっていない限り、BはAの担保責任を追及することができる。

解答7 ○   　　2 買主の救済（売主の担保責任）

- 売主が契約不適合責任を負う場合➡債務不履行の一般規定にしたがって損害賠償請求ができます。

> 契約その他の債務の発生原因および取引上の社会通念に照らして債務者の責めに帰することができない事由によるものであれば、損害賠償請求はできないよ！

解答8 ✕   　　2 買主の救済（売主の担保責任）

- 担保責任の期間の制限➡種類または品質に関する契約不適合責任については、買主がその不適合を知った時から1年以内に、その旨を売主に通知しなければなりません（訴訟等を提起して責任を追及する必要はありません）。

解答9 ○   　　2 買主の救済（売主の担保責任）

- 担保責任の期間の制限➡売主が引渡し時に契約不適合について悪意または重過失により知らなかったときは、期間制限はなくなります。ただし、担保責任の期間の制限とは別に消滅時効にかかります。

問題10 □□□

Aを売主、Bを買主として、甲土地の売買契約が締結された。甲土地の実際の面積が本件契約の売買代金の基礎とした面積より少なかった場合、Bはそのことを知った時から1年以内にその旨をAに通知しなければ、代金の減額を請求することができない。

問題11 □□□

いずれも宅建業者ではない売主Aと買主Bとの間で売買契約を締結したときに、当該売買契約において、Aは担保責任を負わない旨の特約をしたときであっても、当該特約は買主の利益を一方的に害することとなるため、無効である。

問題12 □□□

いずれも宅建業者ではない売主Aと買主Bとの間で売買契約を締結したときに、当該売買契約において、Aが担保責任を負わない旨の特約をしていれば、Aが売買契約締結時に、売買契約の目的物の品質が当該契約の内容に適合しないことを知っていたとしても、担保責任を負わない。

問題13 □□□

Aを売主、Bを買主として、A所有の甲自動車を50万円で売却する契約が締結され、先にBが甲自動車の引渡しを受けた。その後、A・B双方の責めに帰することができない事由によって、甲自動車のエンジンに修理不能な欠陥が発生した場合、Bは代金の支払いを拒否することができる。

解答10　✗
> 2 買主の救済（売主の担保責任）

- 担保責任の期間の制限➡**数量**に関する契約の不適合や移転した**権利**の契約の不適合は**対象外**です。

> この場合は、権利を行使できることを知った時（不適合を知った時）から5年（または契約成立の時から10年）だね。

解答11　✗
> 2 買主の救済（売主の担保責任）

- 売主が担保責任を負わない旨の特約➡（民法上は）**有効**です。

解答12　✗
> 2 買主の救済（売主の担保責任）

- 売主が担保責任を負わない旨の特約➡売主が**知りながら告げなかった事実**などがある場合は、担保責任を免れることができません。

解答13　✗
> 2 買主の救済（売主の担保責任）

- 危険の移転➡売買の目的として特定したものを売主が買主に**引き渡した時以後**に、**当事者双方の責めに帰することができない事由**によって目的物が滅失・損傷しても、買主は、履行の追完請求、代金減額請求、損害賠償請求、契約の解除をすることができず、**代金の支払を拒むことができません**。

問題14 □□□

いずれも宅建業者ではない売主Aと買主Bとの間で売買契約を締結したときに、BがAに対して手付を交付した場合には、当事者間で別段の定めをした場合でも、当該手付は解約手付とみなされる。

問題15 □□□

いずれも宅建業者ではない売主Aと買主Bとの間で売買契約を締結したときに、BがAに対して手付を交付した場合、Aは、目的物を引き渡すまではいつでも、手付の倍額を現実に提供して売買契約を解除することができる。

問題16 □□□

いずれも宅建業者ではない売主Aと買主Bとの間で売買契約を締結したときに、BがAに対して手付を交付した場合には、Bが契約の履行に着手していない間であれば、Aは手付を現実に返還して売買契約を解除することができる。

問題17 □□□

いずれも宅建業者ではない売主Aと買主Bとの間で売買契約を締結したときに、BがAに対して手付を交付した。Bが契約の履行に着手していない間であれば、Aは手付の倍額を現実に提供して売買契約を解除することができるが、Bはこれによって損害が生じた場合、Aに対して損害の賠償を請求することができる。

解答14 ✕ 　　　　　　　　　　　　　3 手付

・民法上の手付➡**解約手付と推定されます**が、当事者間で別段の
定めをすることができます。

解答15 ✕ 　　　　　　　　　　　　　3 手付

・手付による契約の解除➡**相手方が履行に着手するまで**に行う必
要があります。

解答16 ✕ 　　　　　　　　　　　　　3 手付

・手付による契約の解除➡**相手方が履行に着手するまで**に、**買主
は手付を放棄**して、**売主は手付の倍額を現実に提供**して解除し
ます（Aは手付の倍額を現実に提供しなければ売買契約を解除することができ
ません）。

解答17 ✕ 　　　　　　　　　　　　　3 手付

・手付による契約の解除➡損害賠償請求はできません。

CHAPTER 02 ｜ 権利関係

SECTION
09 物権変動

問題1 □□□

AがA所有の甲土地をBとCとに対して二重に譲渡してBが所有権移転登記を備えた場合に、AC間の売買契約の方がAB間の売買契約よりも先になされたことをCが立証できれば、Cは、登記がなくても、Bに対して自らが所有者であることを主張することができる。

問題2 □□□

不動産の所有権がAからB、BからC、CからDと転々譲渡された場合、Aは、Dと対抗関係にある第三者に該当する。

問題3 □□□

AがA所有の甲土地をBに売却したが、Bは所有権移転登記を備えていなかった。Cはこの事情を知っていながら、Aから甲土地を購入し所有権移転登記を備えた場合、CはBに対して甲土地の所有権を主張することができない。

問題4 □□□

AがA所有の甲土地をBに売却した。Aから甲土地を購入したBは、所有権移転登記を備えていなかった。Cがこれに乗じてBに高値で売りつけて利益を得る目的でAから甲土地を購入し所有権移転登記を備えた場合、CはBに対して甲土地の所有権を主張することができない。

解答1 ✕
2 物権変動と登記

- 不動産の二重譲渡があった場合➡原則として、**先に登記を備えたほう**が所有権を主張できます。

> 不動産に関する物権の変動は、登記がなければ第三者に対抗できないよ！

解答2 ✕
2 物権変動と登記

- AとDは、前主・後主の関係であって対抗関係にあるわけではありません（DはAに対して、登記なくして所有権を対抗することができます）。

解答3 ✕
2 物権変動と登記

- 単なる悪意者➡登記がないと所有権を対抗することができません。
- 先に登記を備えたCが所有権を主張することができます。

解答4 〇
2 物権変動と登記

- 背信的悪意者➡**登記がなくても所有権を対抗することができます。**
- Cは所有権を主張することができず、BはCに対して、登記なくして所有権を対抗することができます。

問題 5 □□□

AがBに対してA所有の甲建物を①売却した場合と②賃貸した場合において、甲建物をCが不法占拠しているときは、①ではBは甲建物の所有権移転登記を備えていなければ所有権をCに対抗できず、②ではBは甲建物につき賃借権の登記を備えていれば賃借権をCに対抗することができる。

問題 6 □□□

A所有の甲土地につき、時効により所有権を取得したBは、時効完成前にAから甲土地を購入して所有権移転登記を備えたCに対して、時効による所有権の取得を主張することができない。

問題 7 □□□

AがBに甲土地を売却し、Bが所有権移転登記を備えた。AがBとの売買契約をBの強迫を理由に取り消す前に、Bの強迫について善意無過失のCが、Bから甲土地を買い受けて所有権移転登記を備えていた場合、AはCに対して、甲土地の返還を請求することができない。

問題 8 □□□

AがBに甲土地を売却し、Bが所有権移転登記を備えた。AがBとの売買契約をBの詐欺を理由に取り消す前に、Bの詐欺について善意無過失のCが、Bから甲土地を買い受けて所有権移転登記を備えていた場合、AはCに対して、甲土地の返還を請求することができない。

解答5 × 　　　　　　　　　　　　2 物権変動と登記

- 不法占有者➡登記がなくても所有権・賃借権を対抗することができます。

解答6 × 　　　　　　　　　　　　3 取得時効と登記

- 時効完成前の第三者➡登記がなくても所有権を対抗することができます。

> 時効完成後の第三者とは対抗関係になり、先に登記をした方が所有権を対抗できるよ！

解答7 × 　　　　　　　　　　　　4 取消しと登記

- 取消前の第三者➡登記がなくても所有権を対抗することができます。
- 強迫による意思表示の取消し➡善意の第三者に対しても対抗することができます（AはCに対して甲土地の返還を請求することができます）。

解答8 〇 　　　　　　　　　　　　4 取消しと登記

- 取消前の第三者➡登記がなくても所有権を対抗することができます。
- 詐欺による意思表示の取消し➡善意無過失の第三者に対しては対抗することができません（AはCに対して甲土地の返還を請求することができません）。

問題9 □□□

AがBに甲土地を売却し、Bが所有権移転登記を備えた。AがBとの売買契約をBの詐欺を理由に取り消した後、CがBから甲土地を買い受けて所有権移転登記を備えた場合、AC間の関係は対抗問題となり、Aは、いわゆる背信的悪意者ではないCに対して、登記なくして甲土地の返還を請求することができない。

問題10 □□□

売主Aは、買主Bとの間で甲土地の売買契約を締結し、代金の3分の2の支払と引換えに所有権移転登記手続と引渡しを行った。その後、Bが残代金を支払わないので、Aは適法に甲土地の売買契約を解除した。Aの解除前に、BがCに甲土地を売却し、BからCに対する所有権移転登記がなされているときは、BのAに対する代金債務につき不履行があることをCが知っていた場合においても、Aは解除にもとづく甲土地の所有権をCに対して主張できない。

問題11 □□□

A所有の甲土地の賃借人であるBが、甲土地上に登記ある建物を有する場合に、Aから甲土地を購入したCは、所有権移転登記を備えていないときであっても、Bに対して、自らが賃貸人であることを主張することができる。

解答9 ○　　　　　　　　　　　　　　4 取消しと登記

- 取消後の第三者➡登記がないと所有権を対抗することができません。
- 先に登記を備えたCが所有権を主張することができます。

解答10 ○　　　　　　　　　　　　　　5 解除と登記

- 解除前の第三者➡登記がないと所有権を対抗することができません。
- 先に登記を備えたCが所有権を主張することができます。

解除前の第三者と解除権者とは、対抗関係にあるわけではないけど、第三者が保護されるためには登記が必要！

解答11 ✕　　　　　　　　　　　　　　6 賃貸不動産の譲渡と登記

- 不動産の賃貸人たる地位の移転➡所有権移転の登記をしなければ、賃借人に対抗することができません。

SECTION 10 抵当権

問題1 □□□

民法上、抵当権の目的となる権利として挙げられているのは、不動産の所有権のほか、地上権、賃借権および永小作権である。

問題2 □□□

AとBは金銭消費貸借および抵当権設定契約を締結し、AからBへの貸付金債権を担保するためにB所有の甲土地に抵当権の設定を受け、その登記を完了した。その後、当該貸付金債権が時効にかかり、消滅した場合であっても、抵当権自体が消滅することはない。

問題3 □□□

AとBは金銭消費貸借および抵当権設定契約を締結し、AからBへの貸付金債権を担保するためにB所有の甲土地に抵当権の設定を受け、その登記を完了した。その後、Bが借入金の半分を返済した場合、甲土地の2分の1に相当する部分につき、Aの抵当権の抹消を請求することができる。

問題4 □□□

Aは、A所有の甲土地にBから借り入れた3,000万円の担保として抵当権を設定した。甲土地上の建物が火災によって焼失してしまったが、当該建物に火災保険が付されていた場合、Bは、甲土地の抵当権にもとづき、この火災保険契約にもとづく損害保険金を請求することができる。

解答 1 ✕

1 抵当権の基本

- 抵当権➡不動産(所有権)のほか、地上権や永小作権にも設定することができますが、賃借権には設定することはできません。

解答 2 ✕

1 抵当権の基本

- 抵当権の**付従性**➡被担保債権が消滅すれば、それにしたがって抵当権も消滅します(抵当権の登記が自動的に抹消されるわけではないので、第三者に対抗するためには抵当権抹消の登記が必要になります)。

解答 3 ✕

1 抵当権の基本

- 抵当権の**不可分性**➡被担保債権の全部が消滅するまで、抵当不動産の全部について効力を及ぼします。

解答 4 ✕

2 抵当権の効力

- 土地に設定した抵当権の効力は建物には及びません。

問題5 □□□

賃借地上の建物が抵当権の目的となっているときは、一定の場合を除き、敷地の賃借権にも抵当権の効力が及ぶ。

問題6 □□□

債権者が抵当権の実行として担保不動産の競売手続をする場合には、被担保債権の弁済期が到来している必要があるが、対象不動産に関して発生した賃料債権に対して物上代位をしようとする場合には、被担保債権の弁済期が到来している必要はない。

問題7 □□□

AはBから2,000万円を借り入れて土地とその上の建物を購入し、Bを抵当権者として当該土地および建物に2,000万円を被担保債権とする抵当権を設定し、登記した。AがBとは別に事業資金としてCから500万円を借り入れる場合、当該土地および建物の購入代金が2,000万円であったときには、Bに対して500万円以上の返済をした後でなければ、当該土地および建物にCのために2番抵当権を設定することはできない。

解答5 ○ 　2 抵当権の効力

- (抵当権設定当時からある)従たる権利には抵当権の効力が及びます。

 借地上の建物は主物で、借地権が従物(従たる権利)だね！

解答6 ✕ 　2 抵当権の効力

- 抵当不動産の**果実**➡担保不動産の競売手続と同様に、被担保債権の弁済期が到来し、不履行があることを要します(被担保債権に不履行があった場合には、不履行後に生じたものにつき、抵当権の効力が及びます)。

解答7 ✕ 　3 抵当権の順位

- 一つの不動産に対して、複数の抵当権を設定することができます。
- 被担保債権の額が、抵当権の目的である不動産の価値を超えても設定することができます。

問題8 □□□

　AはBから2,000万円を借り入れて土地とその上の建物を購入し、Bを抵当権者として当該土地および建物に2,000万円を被担保債権とする抵当権を設定し、登記した。AがBとは別にCから500万円を借り入れていた場合、Bとの抵当権設定契約がCとの抵当権設定契約より先であっても、Cを抵当権者とする抵当権設定登記の方がBを抵当権者とする抵当権設定登記より先であるときには、Cを抵当権者とする抵当権が第1順位となる。

問題9 □□□

　Aは、A所有の甲土地にBから借り入れた3,000万円の担保として抵当権を設定した。AがCから500万円を借り入れ、これを担保するために甲土地にCを抵当権者とする第2順位の抵当権を設定した場合、BとCが抵当権の順位を変更することに合意すれば、Aの同意がなくても、甲土地の抵当権の順位を変更することができる。

問題10 □□□

　抵当権では、設定行為に別段の定めがない限り、被担保債権の利息は担保されない。

解答8 ○　　　3 抵当権の順位

- そのとおりです。
- 抵当権の順位➡登記の前後によって決まります。

解答9 ○　　　3 抵当権の順位

- 抵当権の順位の変更➡各抵当権者の合意によって順位を変更することができます。なお、利害関係者がいるときは利害関係人の承諾が必要です（順位の変更の登記をすることで効力が生じます）。

抵当権設定者（債務者）の同意や承諾は不要だよ！

解答10 ×　　　4 優先弁済を受けられる額

- 抵当権者が優先弁済を受けられる額➡元本のほか利息についても優先弁済を受けられます。

ただし、後順位の抵当権者がいる場合には、利息については最後の2年分だけが抵当権で担保されるよ。

問題11 □□□

抵当不動産を買い受けた第三者が、抵当権者の請求に応じてその代価を抵当権者に弁済したときは、抵当権はその第三者のために消滅する。

問題12 □□□

抵当不動産の第三取得者から抵当権消滅請求にかかる民法第383条所定の書面の送付を受けた抵当権者が、同書面の送付を受けた後2か月以内に、承諾できない旨を確定日付のある書面にて第三取得者に通知すれば、同請求にもとづく抵当権消滅の効果は生じない。

問題13 □□□

Aが所有する甲土地上にBが乙建物を建築して所有権を登記していたところ、AがBから乙建物を買い取った。後日、Aが乙建物を取り壊して更地にしてから甲土地に抵当権を設定登記し、その後にAが甲土地上に丙建物を建築していた場合、甲土地の抵当権が実行されたとしても、丙建物のために法定地上権は成立しない。

問題14 □□□

Aが所有する甲土地上にBが乙建物を建築して所有権を登記していたところ、AがBから乙建物を買い取り、その後、Aが甲土地にCのために抵当権を設定し登記した。Aが乙建物の登記をA名義に移転する前に甲土地に抵当権を設定登記していた場合、甲土地の抵当権が実行されたとしても、乙建物のために法定地上権は成立しない。

解答11 ○ 　5 抵当不動産の第三取得者がいる場合

- そのとおりです。これを代価弁済といいます。

解答12 × 　5 抵当不動産の第三取得者がいる場合

- 抵当権消滅請求を受けた抵当権者➡請求を受けたあと**2カ月以内**に、抵当権を実行して、競売の申立てをすれば、抵当権消滅請求の効果は生じません。

解答13 ○ 　6 法定地上権

- 抵当権設定当時、土地の上に建物が存在しない➡法定地上権は成立しません。

> 法定地上権の成立要件は4つで、すべてを満たしたときに法定地上権が成立するよ！

解答14 × 　6 法定地上権

- 抵当権設定当時、土地の所有者と建物の所有者が同一であった➡登記の有無ではなく、実質で判断されます。
- 他の要件も満たしており、法定地上権が成立します。

問題15 □□□

Aが所有する甲土地上にBが乙建物を建築して所有権を登記していたところ、AがBから乙建物を買い取り、その後、Aが甲土地にCのために抵当権を設定し登記した。Aが甲土地に抵当権を設定登記した後、乙建物をDに譲渡した場合、甲土地の抵当権が実行されると、乙建物のために法定地上権が成立する。

問題16 □□□

土地に抵当権が設定された後に抵当地に建物が築造されたときは、一定の場合を除き、抵当権者は土地とともに建物を競売することができるが、その優先権は土地の代価についてのみ行使することができる。

問題17 □□□

Aは、Bからの借入金の担保として、A所有の甲建物に第1順位の抵当権（本件抵当権）を設定し、その登記を行った。AC間にCを賃借人とする甲建物の一時使用目的ではない賃貸借契約がある場合、Cが本件抵当権設定登記より前に賃貸借契約にもとづき甲建物の引渡しを受けていたとしても、Cは、甲建物の競売による買受人に対し、買受人の買受けの時から1年を経過した時点で甲建物を買受人に引き渡さなければならない。

解答15 ○

6 法定地上権

- 抵当権設定当時、土地の所有者と建物の所有者が同一であった
 ➡抵当権設定当時に同一であれば、その後は土地と建物で異なっても要件を満たします。

- 他の要件も満たしており、法定地上権が成立します。

解答16 ○

7 一括競売

- そのとおりです。これを一括競売といいます。

解答17 ✕

8 賃借権との関係

- 抵当権設定登記前の賃借権➡対抗要件を備えていれば、賃借人は賃借権を抵当権者等に対抗することができます。

- 本問のCは抵当権設定登記前に賃借権の対抗要件を備えているため、買受人に賃借権を対抗でき、引き渡す必要はありません。

CH
02
権利関係

SEC
10
抵当権

問題18 □□□

　Aは、Bからの借入金の担保として、A所有の甲建物に第1順位の抵当権（本件抵当権）を設定し、その登記を行った。AC間にCを賃借人とする甲建物の一時使用目的ではない賃貸借契約があり、本件抵当権設定登記後にAC間で賃貸借契約を締結し、その後抵当権にもとづく競売手続による買受けがなされた場合、買受けから賃貸借契約の期間満了までの期間が1年であったときは、Cは甲建物の競売における買受人に対し、期間満了までは甲建物を引き渡す必要はない。

問題19 □□□

　AはBから2,000万円を借り入れて土地とその上の建物を購入し、Bを抵当権者として当該土地および建物に2,000万円を被担保債権とする抵当権を設定し、登記した。Bの抵当権設定登記後にAがCに対して当該建物を賃貸し、当該建物をCが使用している状態で抵当権が実行され当該建物が競売された場合、Cは競落人に対して直ちに当該建物を明け渡す必要はない。

解答18 ✕

8 賃借権との関係

- 抵当権設定登記後の賃借権➡原則として、賃借人は賃借権を抵当権者等に**対抗することができません。**

- 賃貸借契約の期間内であっても、6カ月の猶予期間経過後は買受人に甲建物を引き渡さなければなりません。

解答19 ◯

8 賃借権との関係

- そのとおりです。

- 抵当権設定登記後の建物賃借人の保護➡（競売手続開始前から使用をしている場合）買受人の**買受けの時から6カ月**を経過するまで建物の**引渡しが猶予**されます。

CHAPTER 02 | 権利関係

SECTION
11

連帯債務、保証、連帯債権

問題1 □□□

債務者A、B、Cの3名が、内部的な負担部分の割合は等しいものとして合意した上で、債権者Dに対して300万円の連帯債務を負った場合、Dは連帯債務者間に負担部分の割合の定めがあることについて悪意であれば、連帯債務者の1人に対し、その負担部分を超えて請求することはできない。

問題2 □□□

A、B、Cの3人がDに対して900万円の連帯債務を負っており、A、B、Cの負担部分は等しく、他に特段の合意はない場合、CがDに対して100万円を弁済したときは、Cの負担部分の範囲内であるから、Cは、AおよびBに対して求償することはできない。

問題3 □□□

債務者A、B2名が、内部的な負担部分の割合は等しいものとして合意した上で、債権者に対して400万円の連帯債務を負った場合、Aが債権者に対して300万円を弁済したときは、AはBに対して、自己の負担部分を超える100万円に限り求償することができる。

解答 1 ✕

`1 連帯債務`

・連帯債務の債権者の請求➡連帯債務者の誰に対しても、同時または順次に、債務の全部または一部について支払いの請求をすることができます(負担部分の割合とは無関係です)。

解答 2 ✕

`1 連帯債務`

・免責を得た額が**自己の負担部分を超えるかどうかにかかわらず求償できます**。

解答 3 ✕

`1 連帯債務`

・求償の額➡原則として免責を得るために支出した財産の額のうち、**各自の負担部分に応じます**。

・AはBに対して、弁済した300万円のうち、150万円をBに求償することができます。

問題4 □□□

債務者A、B、Cの3名が、内部的な負担部分の割合は等しいものとして合意した上で、債権者Dに対して300万円の連帯債務を負った場合、DがAに対して裁判上の請求を行ったとしても、特段の合意がなければ、BとCがDに対して負う債務の消滅時効の完成には影響しない。

問題5 □□□

A、B、Cの3人がDに対して900万円の連帯債務を負っている。Bのために時効が完成した場合、AおよびCのDに対する連帯債務も時効によって全部消滅する。なお、A、B、Cの負担部分は等しく、他に特段の合意はないものとする。

問題6 □□□

債務者A、B、Cの3名が、内部的な負担部分の割合は等しいものとして合意した上で、債権者Dに対して300万円の連帯債務を負った場合、DがCに対して債務を免除した場合でも、特段の合意がなければ、DはAに対してもBに対しても、弁済期が到来した300万円全額の支払を請求することができる。

問題7 □□□

A、B、Cの3人がDに対して900万円の連帯債務を負っており、A、B、Cの負担部分は等しく、他に特段の合意はない場合、CがDに対して100万円を弁済したときは、Cの負担部分の範囲内であるから、AおよびBには影響を及ぼさず、引き続き900万円の連帯債務をDに対して負う。

解答4 ○

1 連帯債務

- 請求 ➡ **相対効**です。
- 原則として他の連帯債務者に効力を及ぼしません。

> 絶対効以外の事由は相対効だけど、債権者と他の連帯債務者の1人が別段の意思表示をしたときは、その連帯債務者については相対効を絶対効とすることができるよ！

解答5 ×

1 連帯債務

- 時効の完成 ➡ **相対効**です。
- 原則として他の連帯債務者に効力を及ぼしません。

解答6 ○

1 連帯債務

- 債務の免除 ➡ **相対効**です。
- AとBは引き続き300万円の連帯債務を負い、Aが300万円を弁済した場合は、BとCに100万円ずつ求償することができます。

解答7 ×

1 連帯債務

- 弁済 ➡ **絶対効**です。
- Cは、AとBに負担部分に応じて求償することができ、A、B、Cは800万円の連帯債務（負担部分は等しい）をDに対して負います。

問題8 □□□

A、B、Cの3人がDに対して900万円の連帯債務を負っている。Aが、Dに対する債務と、Dに対して有する200万円の債権を対当額で相殺する旨の意思表示をDにした場合、BおよびCのDに対する連帯債務も200万円が消滅する。なお、A、B、Cの負担部分は等しく、他に特段の合意はないものとする。

問題9 □□□

債務者A、B、Cの3名が、内部的な負担部分の割合は等しいものとして合意した上で、債権者Dに対して300万円の連帯債務を負った場合、BがDに対して300万円の債権を有しているときに、Bが相殺を援用しない間に300万円の支払の請求を受けたCは、BのDに対する債権で相殺する旨の意思表示をすることができる。

問題10 □□□

債務者A、B、Cの3名が、内部的な負担部分の割合は等しいものとして合意した上で、債権者Dに対して300万円の連帯債務を負った場合、AとDとの間に更改があったときは、300万円の債権は、全ての連帯債務者の利益のために消滅する。

解答 8 ○

> 1 連帯債務

- 相殺➡絶対効です。
- 相殺された範囲で他の連帯債務者も債務を免れます。

解答 9 ×

> 1 連帯債務

- 請求を受けた連帯債務者➡他の連帯債務者の債権で相殺はできません。
- 債権を有する連帯債務者Bが相殺を援用しない場合、請求を受けた連帯債務者Cは、連帯債務者Bの負担部分の限度で債務の履行を拒むことができるにとどまります。

解答 10 ○

> 1 連帯債務

- 更改➡絶対効です。
- 全ての連帯債務者の利益のために消滅します。

連帯債務者の1人について生じた弁済、相殺、更改、混同の効力は、他の連帯債務者にも影響を及ぼすよ（絶対効）！

問題11 □□□

保証契約は、書面でしなければ、その効力を生じないため、電磁的記録によって保証契約を締結しても無効となる。

問題12 □□□

AからBが1,000万円を借り入れ、Cがその借入金返済債務についてAと保証契約（Bと連帯して債務を負担するものではない）を締結した。Aが、Bに対して債務を免除した場合にはCが、Cに対して債務を免除した場合にはBが、それぞれ全額の債務を免れる。

問題13 □□□

主たる債務の目的が保証契約の締結後に加重されたときは、保証人の負担も加重される。

問題14 □□□

連帯保証ではない場合の保証人は、債権者から債務の履行を請求されても、主たる債務者が破産手続開始の決定を受けたとき、または行方不明であるときを除き、まず主たる債務者に催告すべき旨を債権者に請求できる。

解答11 ✕ 　　　　　　　　　　　　2 保証債務

- 保証契約➡**書面**や**電磁的記録**で行わなければ効力が生じません。
- 電磁的記録によってされた保証契約は、書面によってされたものとみなされます。

解答12 ✕　　　　　　　　　　　　　2 保証債務

- 主たる債務者に生じた事由➡保証人にも及びます。
- 保証人に生じた事由➡原則として主たる債務者には及びません。
- 主たる債務を免除した場合は保証債務も消滅しますが、保証債務を免除しても主たる債務者に効力は及びません。

解答13 ✕　　　　　　　　　　　　　2 保証債務

- 保証債務の付従性➡主たる債務の目的・態様が保証契約の締結後に加重されたときであっても、保証人の負担は加重されません。

解答14 　　　　　　　　　　　　2 保証債務

- そのとおりです。これを**催告の抗弁権**といいます。

問題15 □□□

主たる債務者に履行の請求をした債権者から、連帯保証ではない場合の保証人が債務の履行を請求されても、主たる債務者に弁済をする資力があることを証明したときは、債権者は、まず主たる債務者の財産について執行をしなければならない。

問題16 □□□

特定物売買における売主の保証人は、特に反対の意思表示がない限り、売主の債務不履行により契約が解除された場合には、原状回復義務である既払代金の返還義務についても保証する責任がある。

問題17 □□□

債権者は、主たる債務者が期限の利益を喪失したことを知った時から2カ月以内に、保証人が主たる債務者の委託を受けないで保証をした場合を除き、その旨を保証人に通知しなければならない。

問題18 □□□

AからBが1,000万円を借り入れ、Cがその借入金返済債務についてAと連帯保証契約を締結した。Aが、Bに対して請求をした場合にはCに対して効力を生じるが、Cに対して請求をした場合にはBに対して効力を生じない。

解答15 ×

2 保証債務

- 検索の抗弁権➡**主たる債務者に弁済の資力があり**、かつ、**執行が容易であることを保証人が証明した場合**に主張できます。

連帯保証人には催告の抗弁権と検索の抗弁権がないので注意！

解答16 ○

2 保証債務

- 保証債務の範囲➡契約解除による原状回復義務にも及びます。

解答17 ×

2 保証債務

- 主たる債務者が期限の利益を喪失した旨の通知➡**法人を除く保証人**に対して、**債権者が主たる債務者の期限の利益喪失を知った時から2カ月以内**に通知しなければなりません（保証人が委託を受けたかどうかに関係はありません）。

解答18 ○

3 連帯保証

- 主たる債務者に生じた事由➡**連帯保証人にも及びます**。
- 連帯保証人に生じた事由➡（主たる債務を消滅させる行為を除き）原則として**主たる債務者には及びません**。

主たる債務を消滅させる行為とは、弁済、更改、相殺、混同を指すよ！

問題19 □□□

連帯保証人が2人いる場合、連帯保証人間に連帯の特約がなくとも、連帯保証人は各自全額につき保証責任を負う。

問題20 □□□

連帯債権者の1人が債務者に免除をした場合、他の連帯債権者に対しては、その効力を生じない。

解答19 〇 　　　　　　　　　　　　　　　　3 連帯保証

- そのとおりです。連帯保証人には分別の利益がありません。

解答20 ✕ 　　　　　　　　　　　　　　　　4 連帯債権

- 連帯債権の免除➡絶対効です。
- 他の連帯債権者は、免除された部分については履行を請求することができません。

CHAPTER 02 | 権利関係

SECTION
12 賃貸借

問題 1 □□□

甲土地につき、建物を所有する目的ではなく資材置場とする目的で、①期間を60年と定めて賃貸借契約を締結しようとする場合と、②期間を15年と定めて賃貸借契約を締結しようとする場合において、①は期間の定めのない契約になり、②では期間は15年となる。

問題 2 □□□

建物の賃貸人が賃貸物の保存に必要な修繕をする場合、賃借人は修繕工事のため使用収益に支障が生じても、これを拒むことはできない。

問題 3 □□□

賃貸人Aと賃借人Bとの間で居住用建物の賃貸借契約を締結した。当該建物の修繕が必要である場合において、BがAに修繕が必要である旨を通知したにもかかわらずAが相当の期間内に必要な修繕をしないときは、Bは自ら修繕をすることができる。

解答1 ✕ 　　　　　　　　　　　　　2 賃貸借の存続期間

- 民法上の賃貸借契約➡存続期間は**50年を超えることができません**。

> ①は期間を50年とする賃貸借契約で、②は期間を15年とする賃貸借契約となるよ！

解答2 ○ 　　　　　　　　　　　　　5 賃貸人・賃借人の権利義務

- そのとおりです。

> 賃借人の責めに帰すべき事由で修繕が必要となったときは、賃貸人は修繕義務を負わないよ！

解答3 ○ 　　　　　　　　　　　　　5 賃貸人・賃借人の権利義務

- そのとおりです。
- 急迫の事情があるときにも、賃借人による修繕が認められます。

問題4 □□□

AB間で、Aを貸主、Bを借主として、A所有の甲建物につき、賃貸借契約を締結した。Bが甲建物のAの負担に属する必要費と甲建物について有益費を支出したときは、いずれの場合も、Aに対し、直ちにその償還を請求することができる。

問題5 □□□

建物の賃貸借契約が期間満了により終了したときに、賃借人は、賃借物を受け取った後にこれに生じた損傷がある場合、通常の使用および収益によって生じた損耗も含めてその損傷を原状に復する義務を負う。

問題6 □□□

建物の賃貸借契約が期間満了により終了したときに、賃借人は、賃借物を受け取った後にこれに生じた損傷がある場合、賃借人の帰責事由の有無にかかわらず、その損傷を原状に復する義務を負う。

問題7 □□□

AがBから賃借する甲建物に、運送会社Cに雇用されているDが居眠り運転するトラックが突っ込んで甲建物の一部が損壊した場合、AがBに対して支払う賃料は、甲建物の滅失した部分の割合に応じて減額される。

解答4　✗　　　5 賃貸人・賃借人の権利義務

- 必要費 ➡ 賃借人は**直ちに**その費用の償還を請求することができます（**費用償還請求権**）。
- 有益費 ➡ **賃貸借契約の終了時**に、「支出した金額」・「残存する価値の増加額」のいずれかが**賃貸人の選択により償還**されます。

解答5　✗　　　5 賃貸人・賃借人の権利義務

- 原状回復義務 ➡ **通常の使用によるもの**および**経年劣化**は**除かれ**ます。

解答6　✗　　　5 賃貸人・賃借人の権利義務

- 原状回復義務 ➡ **賃借人の責めに帰することができない事由**によるものは**除かれ**ます。

解答7　　　　5 賃貸人・賃借人の権利義務

- そのとおりです。この場合、当然に減額されるので、賃借人からの請求は不要です。

賃借物の一部の滅失により使用・収益ができなくなった原因が、賃借人の責めに帰することができない事由によって生じた場合じゃないと減額されないよ！

問題8 □□□

AがBから賃借する甲建物に、運送会社Cに雇用されているDが居眠り運転するトラックが突っ込んで甲建物の一部が損壊した場合、Aは、甲建物の残りの部分だけでは賃借した目的を達することができない場合、Bとの賃貸借契約を解除することができる。

問題9 □□□

賃貸人Aから賃借人Bが借りたA所有の甲土地の上に、Bが乙建物を所有している。Cが甲土地を不法占拠してBの土地利用を妨害している場合、Bは、Aの有する甲土地の所有権にもとづく妨害排除請求権を代位行使してCの妨害の排除を求めることができるほか、自己の有する甲土地の賃借権にもとづいてCの妨害の排除を求めることができる。なお、Bは、不動産賃借権の対抗要件を備えているものとする。

問題10 □□□

賃貸人Aから賃借人Bが借りたA所有の甲土地の上に、Bが乙建物を所有している。BがAに無断で乙建物をCに月額10万円の賃料で貸した場合、Aは、借地の無断転貸を理由に、甲土地の賃貸借契約を解除することができる。

解答 8 ○　　　　　　　　　5 賃貸人・賃借人の権利義務

- そのとおりです。なお、賃料の減額の場合と異なり、賃借人に帰責事由がないことは要件とされていません。

解答 9 ○　　　　　　　　　5 賃貸人・賃借人の権利義務

- そのとおりです。**対抗要件を備えた賃借人は、賃借権にもとづいて、妨害の停止の請求**をすることができます。

解答 10 ✕　　　　　　　　6 賃借権の譲渡・賃借物の転貸

- 借地上の自己所有の建物の賃貸➡借地の転貸に該当しないので、賃貸人Ａは甲土地の賃貸借契約を解除することはできません。

問題11 □□□

　AがBに甲建物を月額10万円で賃貸し、BがAの承諾を得て甲建物をCに適法に月額15万円で転貸している。BがAに対して甲建物の賃料を支払期日になっても支払わない場合、AはCに対して、賃料10万円をAに直接支払うよう請求することができる。

問題12 □□□

　AがBに甲建物を月額10万円で賃貸し、BがAの承諾を得て甲建物をCに適法に月額15万円で転貸している。AがBとの間で甲建物の賃貸借契約を合意解除した場合、AはCに対して、Bとの合意解除にもとづいて、当然に甲建物の明渡しを求めることができる。

問題13 □□□

　AはBにA所有の甲建物を賃貸し、BはAの承諾を得てCに適法に甲建物を転貸し、Cが甲建物に居住している。Aは、Bとの間の賃貸借契約を合意解除した場合、解除の当時Bの債務不履行による解除権を有していたとしても、合意解除したことをもってCに対抗することはできない。

問題14 □□□

　AがBに甲建物を月額10万円で賃貸し、BがAの承諾を得て甲建物をCに適法に月額15万円で転貸している。Aは、Bの賃料の不払いを理由に甲建物の賃貸借契約を解除するには、Cに対して、賃料支払の催告をして甲建物の賃料を支払う機会を与えなければならない。

解答11 ○ 　　　　　　　　　6 賃借権の譲渡・賃借物の転貸

- そのとおりです。
- 賃貸人が直接転借人に賃料を請求する場合➡「賃借料」と「転借料」のうち**いずれか低い金額**が限度となります。

解答12 ✕ 　　　　　　　　　6 賃借権の譲渡・賃借物の転貸

- 適法に転貸がされていた場合➡原則として、**賃貸借契約の合意解除**をもって**転借人に対抗できません**（Aは当然に甲建物の明渡しを求めることはできません）。

解答13 ✕ 　　　　　　　　　6 賃借権の譲渡・賃借物の転貸

- 適法に転貸がされていた場合➡原則として、賃貸借契約の合意解除をもって転借人に対抗できませんが、合意解除時に債務不履行による解除権を有していたときは、合意解除をもって転借人に対抗することができます（AはCに対し甲建物の明渡しを請求することができます）。

解答14 ✕ 　　　　　　　　　6 賃借権の譲渡・賃借物の転貸

- 適法に転貸がされており、賃貸借契約を債務不履行により解除する場合➡転借人に対して通知等をして、賃料を支払う機会を与える必要はありません。

問題15 □□□

建物の賃貸借契約が期間満了により終了したときに、賃借人は、未払賃料債務がある場合、賃貸人に対し、敷金をその債務の弁済に充てるよう請求することができる。

問題16 □□□

建物の賃貸借契約が期間満了により終了したときに、賃借人から敷金の返還請求を受けた賃貸人は、賃貸物の返還を受けるまでは、これを拒むことができる。

問題17 □□□

AはBにA所有の甲建物を賃貸し、BはAの承諾を得てCに適法に甲建物を転貸し、Cが甲建物に居住している。AがDに甲建物を売却した場合、AD間で特段の合意をしない限り、賃貸人の地位はDに移転する。

問題18 □□□

Aを賃貸人、Bを賃借人とする甲建物の賃貸借契約(本件契約)が締結されたときに、甲建物がBに引き渡された後、甲建物の所有権がAからCに移転した場合、本件契約の敷金は、他に特段の合意がない限り、BのAに対する未払賃料債務に充当され、残額がCに承継される。

解答15 ✗

- 賃借人から敷金を未払い賃料の弁済に充てるように請求することはできません。

解答16 ○

- そのとおりです。
- 敷金の返還時期➡賃借人が賃借物を返還したあと、または賃借人が適法に賃借権を譲り渡したときです(同時履行の関係にありません)。

解答17 ○

- そのとおりです。

解答18 ○

- そのとおりです。なお、賃借権の譲渡(賃借人の変更)の場合は、敷金についての権利義務は、原則として新賃借人に承継されません。

CHAPTER 02 | 権利関係

SECTION
13 借地借家法（借地）

問題 1 □□□

A所有の甲土地につき、Bとの間で居住の用に供する建物の所有を目的として存続期間30年の約定で賃貸借契約が締結された。本件契約で「一定期間は借賃の額の増減を行わない」旨を定めた場合には、甲土地の借賃が近傍類似の土地の借賃と比較して不相当となったときであっても、当該期間中は、AもBも借賃の増減を請求することができない。

問題 2 □□□

ゴルフ場経営を目的とする土地賃貸借契約については、対象となる全ての土地について地代等の増減額請求に関する借地借家法第11条の規定が適用される。

問題 3 □□□

AがB所有の甲土地を建物所有目的でなく利用するための権原が、①地上権である場合と②賃借権である場合に、CがBに無断でAから当該権原を譲り受け、甲土地を使用しているときは、①でも②でも、BはCに対して、甲土地の明渡しを請求することができる。

284

解答1 ✕　　　　　　　　　　　　　　　　1 借地借家法とは

- 一定期間、地代を減額しない旨の定め➡借地権者に不利な定めであり、無効となります。
- 一定期間、地代を増額しない旨の定めは有効です。

解答2 ✕　　　　　　　　　　　2 借地借家法の適用範囲（借地）

- 借地権➡建物の所有を目的とする地上権または土地賃借権をいいます。
- ゴルフ場経営を目的とする土地賃貸借➡借地権ではない土地については、借地借家法の適用はありません（民法が適用されます）。

解答3 ✕　　　　　　　　　　　2 借地借家法の適用範囲（借地）

- 地上権（①の場合）➡自由に譲渡できます（地上権設定者の承諾は不要なので、Bは明渡しを請求できません）。
- 賃借権（②の場合）➡自由に譲渡できません（賃貸人の承諾が必要なので、背信的行為と認めるに足りない特段の事情がある場合を除き、BはAB間の賃貸借契約を解除して明渡しを請求できます）。

問題4 □□□

AとBとの間で、A所有の甲土地につき建物所有目的で賃貸借契約を締結した。本件契約が居住用の建物の所有を目的とする場合には、借地権の存続期間を20年とし、かつ、契約の更新請求をしない旨を定めても、これらの規定は無効となる。

問題5 □□□

AとBとの間で、A所有の甲土地につき建物所有目的で賃貸借契約を締結した。本件契約において借地権の存続期間を60年と定めても、公正証書によらなければ、その期間は30年となる。

問題6 □□□

借地権の存続期間を契約で30年と定めた場合には、当事者が借地契約を更新する際、その期間を更新の日から30年以下に定めることはできない。

問題7 □□□

借地権の存続期間が満了する場合、借地権者が契約の更新を請求したとき、その土地上に建物が存在する限り、借地権設定者は異議を述べることができない。

解答4 ○

3 借地権の存続期間

- 借地借家法における借地権の存続期間➡(普通借地権の場合)**30年**。これより短い期間を定めた場合も**30年**となります。
- 契約の更新請求をしない旨の定め➡(普通借地権の場合)**無効**です。

解答5 ×

3 借地権の存続期間

- 30年より長い期間を定めた場合➡**契約で定めた期間**が存続期間となります。

民法の賃貸借契約の存続期間は、「最長50年」だったよね!

解答6 ×

3 借地権の存続期間

- 更新後の借地権の期間➡**最初の更新は20年以上、2回目以降の更新は10年以上**であることが必要です(更新後の期間が法定の期間を超えていれば30年以下に定めることができます)。

解答7 ×

3 借地権の存続期間

- 土地の上に建物が存在すること➡**請求更新**と**法定更新**の場合の要件です(建物の存否は更新拒絶とは無関係です)。

合意更新による場合は、土地の上に建物が存在しなくてもOK!

問題8 □□□

借地権の存続期間が満了する際に、その土地上に建物が存在し、存続期間満了後も借地権者が土地の使用を継続している。この場合、借地契約を終了させる正当な事由があれば、借地権設定者が遅滞なく異議を述べないとしても、契約は更新されない。

問題9 □□□

A所有の甲土地につき、Bとの間で居住の用に供する建物の所有を目的として存続期間30年の約定で賃貸借契約が締結された。本件契約で「Bの債務不履行により賃貸借契約が解除された場合には、BはAに対して建物買取請求権を行使することができない」旨を定めても、この合意は無効となる。

問題10 □□□

借地権の存続期間が満了する前に建物が滅失し、借地権者が残存期間を超えて存続すべき建物を建築した場合、借地権設定者が異議を述べない限り、借地権は建物が築造された日から当然に20年間存続する。

問題11 □□□

AとBとの間で、A所有の甲土地につき建物所有目的で賃貸借契約を締結した。Bは、甲土地につき借地権登記を備えなくても、Bと同姓でかつ同居している未成年の長男名義で保存登記をした建物を甲土地上に所有していれば、甲土地の所有者が替わっても、甲土地の新所有者に対し借地権を対抗することができる。

解答8 ×   3 借地権の存続期間

- 借地権設定者が更新を拒絶する場合 ➡ **正当事由**をもって、**遅滞なく異議を述べなければなりません。**

解答9 ×   4 建物買取請求権

- 建物買取請求権 ➡ 借地権の**存続期間が満了したとき**に認められます。
- 債務不履行によって解除された場合は、建物買取請求権を行使できないので、本問の定めは有効です。

解答10 ×   5 建物の滅失と再築

築造された日から当然に20年ではなく、**借地権設定者の承諾**があった場合に、**承諾日と建物の再築日のうち、いずれか早い日から20年間**存続します。

解答11 ×   6 借地権の対抗力

- 借地権の対抗要件である自己名義の建物登記 ➡ **自己を所有者として登記している建物**でなければなりません。

> たとえ同姓で同居している親族名義であっても、自己の名義ではないので要件を満たさないよ！

問題12 □□□

借地権者が登記ある建物を火災で滅失したとしても、建物が滅失した日から2年以内に新たな建物を築造すれば、2年を経過した後においても、これをもって借地権を第三者に対抗することができる。

問題13 □□□

第三者が賃借権の目的である土地の上の建物を競売により取得した場合において、その第三者が賃借権を取得しても借地権設定者に不利となるおそれがないにもかかわらず、借地権設定者がその賃借権の譲渡を承諾しないときは、裁判所は、その第三者の申立てにより、借地権設定者の承諾に代わる許可を与えることができる。

問題14 □□□

居住の用に供する建物を所有することを目的とする場合には、公正証書によって借地契約を締結するときであっても、期間を20年とし契約の更新や建物の築造による存続期間の延長がない旨を借地契約に定めることはできない。

解答12 ✗　　　　　　　　　　　　　6 借地権の対抗力

- 借地上の借地権者名義の建物が滅失した場合➡一定の内容を、その土地の見やすい場所に掲示すれば、滅失日から**2年**を経過するまでは、借地権の対抗力を維持できます。
- この掲示後に建物を築造して借地権者の名義で登記をすれば、滅失日から2年経過後も借地権の対抗力を維持できます。

解答13 〇　　　　　　　　　7 借地上の建物を譲渡等する場合

- そのとおりです。なお、借地権設定者の承諾も裁判所の許可もない場合は、**借地権設定者**に対して**建物買取請求権**を行使することができます。

> 本問は、第三者が「競売」で建物を取得した場合だから、裁判所に承諾に代わる許可を求めることができるよ。

解答14 〇　　　　　　　　　　　　　8 定期借地権等

- そのとおりです。
- 一般定期借地権で定めることができる特約➡❶契約の更新がないこと、❷建物滅失時における建物の再築による存続期間の延長がないこと、❸建物買取請求権がないこと。
- 一般定期借地権の存続期間➡**50年以上**とする必要があります。

問題15 □□□

事業の用に供する建物を所有する目的とし、期間を60年と定める場合には、契約の更新や建物の築造による存続期間の延長がない旨を書面で合意すれば、公正証書で合意しなくても、その旨を借地契約に定めることができる。

問題16 □□□

甲土地につき、①期間を60年と定めて賃貸借契約を締結しようとするときと、②期間を15年と定めて賃貸借契約を締結しようとするときで、賃貸借契約がもっぱら工場の用に供する建物の所有を目的とする場合、①では契約の更新がないことを公正証書で定めた場合に限りその特約は有効であるが、②では契約の更新がないことを公正証書で定めても無効である。

問題17 □□□

Aが賃貸マンション事業を営むB社との間で、A所有の甲土地につき、B社が新たに建設する居住用賃貸マンションを所有する目的で賃貸借契約を締結した。この場合、公正証書で定めれば、存続期間を20年とする事業用定期借地権を設定することができる。

解答15 ○　　　　　　　　　　　　　　　8 定期借地権等

- そのとおりです。
- 一般定期借地権を設定する場合➡書面または電磁的記録で行う必要があります。

一般定期借地権の存続期間は50年以上で、利用目的(建物の種類)に制限はないよ！

解答16 ×　　　　　　　　　　　　　　　8 定期借地権等

- 事業用定期借地権➡もっぱら事業の用に供する建物の所有を目的とし、存続期間を10年以上50年未満とする借地権で、公正証書で行う必要があります。
- ①は一般定期借地権によることとなるので、公正証書で行う必要がなく(書面等で行う必要があります)、②は公正証書で定めれば、事業用定期借地権を設定できます。

解答17 ×　　　　　　　　　　　　　　　8 定期借地権等

- 事業用定期借地権➡居住用建物の所有を目的として設定できません。

問題18 □□□

　AとBとの間で、A所有の甲土地につき建物所有目的で賃貸借契約を締結した。本件契約がもっぱら事業の用に供する建物の所有を目的とする場合には、公正証書によらなければ無効となる。

問題19 □□□

　居住の用に供する建物を所有することを目的とする場合には、借地契約を書面で行えば、借地権を消滅させるため、借地権の設定から20年が経過した日に土地上の建物の所有権を相当の対価で借地権者から借地権設定者に移転する旨の特約を有効に定めることができる。

問題20 □□□

　建物の所有を目的とする借地契約がAの臨時設備の設置その他一時使用のためになされることが明らかである場合には、期間を5年と定め、契約の更新や建物の築造による存続期間の延長がない旨を借地契約に定めることができる。

解答18 ×　　　8 定期借地権等

- 事業用定期借地権を設定する場合は公正証書で行う必要がありますが、単に事業の用に供する建物の所有を目的とするだけで事業用定期借地権を設定しないのであれば、公正証書で行う必要はありません。

解答19 ×　　　8 定期借地権等

- 建物譲渡特約付借地権➡契約期間を**30年以上**とする必要があります。なお、この特約は書面等でする必要はありません（口頭でも可）。

解答20 ○　　　8 定期借地権等

- そのとおりです。
- 一時使用のために借地権を設定したことが明らかな場合➡普通借地権に関する規定（存続期間、更新等）や定期借地権等の規定は適用されません。

CHAPTER 02 ｜ 権利関係

SECTION
14 借地借家法（借家）

問題1　□□□

賃貸人Ａと賃借人Ｂとの間で締結した一時使用目的ではない建物賃貸借契約（定期建物賃貸借ではない）に期間を10カ月とする旨の定めがある場合、当該賃貸借契約は無効となる。

問題2　□□□

Ａが所有する甲建物をＢに対して３年間賃貸する旨の契約をした。ＡがＢに対し、甲建物の賃貸借契約の期間満了の１年前に更新をしない旨の通知をしていれば、ＡＢ間の賃貸借契約は期間満了によって当然に終了し、更新されない。

問題3　□□□

賃貸人Ａと賃借人Ｂとの間で締結した一時使用目的ではない建物賃貸借契約に期間を２年とする旨の定めがあり、ＡもＢも更新拒絶の通知をしなかったために本件契約が借地借家法にもとづき更新される場合、更新後の期間について特段の合意がなければ、更新後の契約期間は２年となる。

解答1 ✗ 　　　　　　　　　　　　2 借家契約の存続期間

- 期間を1年未満とする建物の賃貸借➡**期間の定めのない賃貸借**とみなされます。

> 借家契約の存続期間に最長期間の制限はないよ！

解答2 ✗ 　　　　　　　　　　　　3 契約の更新と解約

- 期間の定めがある建物の賃貸借の更新➡**期間満了の1年前から6カ月前**までの間に、**更新しない旨の通知**をしなかったときには、従前の契約と同一の条件で契約を更新したものとみなされます。
- 賃貸人から上記の通知をする場合➡**正当事由が必要**です。

解答3 ✗ 　　　　　　　　　　　　3 契約の更新と解約

- 期間の定めがある建物の賃貸借が従前の契約と同一の条件で契約を更新したものとみなされる場合➡**期間については定めがない賃貸借**とされます。

問題4 □□□

Aを賃貸人、Bを賃借人とする甲建物の賃貸借契約が締結されたときに、本件契約について期間の定めをしなかった場合、BはAに対して、いつでも解約の申入れをすることができ、本件契約は、解約の申入れの日から6月を経過することによって終了する。

問題5 □□□

賃貸人Aと賃借人Bとの間で締結した一時使用目的ではない建物賃貸借契約において期間の定めがない場合、借地借家法第28条に定める正当事由を備えてAが解約の申入れをしたときには、解約の申入れをした日から6月を経過した日に、本件契約は終了する。

問題6 □□□

AはBと、B所有の甲建物につき、居住を目的として、期間3年、賃料月額20万円と定めて賃貸借契約を締結した。BがAに対し、本件契約の解約を申し入れる場合、甲建物の明渡しの条件として、一定額以上の財産上の給付を申し出たときは、Bの解約の申入れに正当事由があるとみなされる。

問題7 □□□

賃貸人Aと賃借人Bとの間で締結した一時使用目的ではない建物賃貸借契約においてBがAの同意を得て建物に付加した造作がある場合であっても、Bの債務不履行により賃貸借契約が解除された場合は、本件契約終了時にAに対して借地借家法第33条の規定にもとづく造作買取請求権を行使することはできない。

解答4 ✕   3 契約の更新と解約

- 期間の定めのない賃貸借において**賃借人から解約**を申し入れる場合➡**正当事由は不要**で、**解約の申入日から３カ月経過後**に賃貸借が終了します。

解答5 ◯   3 契約の更新と解約

- そのとおりです。
- 期間の定めのない賃貸借において**賃貸人から解約**を申し入れる場合➡**正当事由が必要**で、**解約の申入日から６カ月経過後**に賃貸借が終了します。

解答6 ✕   3 契約の更新と解約

- 正当事由➡一定額以上の財産上の給付の申出があっただけでは、正当事由があると直ちに判断されません。
- 他の事由も総合的に考慮して、「正当事由があるかないか」を判断します。

解答7 ◯   4 造作買取請求権

- そのとおりです。
- 造作買取請求権➡**建物賃貸借が期間満了**または**解約の申入れによって終了するとき**に認められます。

問題8 □□□

AがBとの間で、A所有の甲建物について、期間3年、賃料月額10万円と定めた賃貸借契約を締結した。Cが、AB間の賃貸借契約締結前に、Aと甲建物の賃貸借契約を締結していた場合、AがBに甲建物を引き渡しても、Cは、甲建物の賃借権をBに対抗することができる。

問題9 □□□

Aを賃貸人、Bを賃借人とする甲建物の賃貸借契約が締結され、甲建物が適法にBからCに転貸されている場合、AがCに対して本件契約が期間満了によって終了する旨の通知をしたときは、建物の転貸借は、その通知がされた日から3月を経過することによって終了する。

問題10 □□□

賃貸人Aと賃借人Bとの間で締結した一時使用目的ではない建物賃貸借契約（本件契約）において、建物の転貸借がされている場合、本件契約がB（転貸人）の債務不履行によって解除されて終了するときは、Aが転借人に本件契約の終了を通知した日から6月を経過することによって、転貸借契約は終了する。

解答8 ✕　　　　　　　　　　5 建物賃借権(借家権)の対抗力

・建物賃借権➡**建物の引渡し**があったときは、賃借権を第三者に対抗できます。

・本問では、先に建物の引渡しを受けたBが、甲建物の賃借権を対抗できます。

解答9 ✕　　　　　　　　　　7 建物賃借権の譲渡・借家の転貸

・転貸されている建物の賃貸借が期間満了によって終了した場合➡賃貸人は**転借人にその旨を通知**しなければ、その終了を転借人に対抗できず、**通知がされた日から6カ月経過後**に転貸借が終了します。

解答10 ✕　　　　　　　　　　7 建物賃借権の譲渡・借家の転貸

・転貸されている建物の賃貸借が賃借人の債務不履行によって解除された場合➡賃貸人が転借人に明渡しを請求したときに転貸借が終了します。

問題11 □□□

事業用定期借地権の存続期間の満了によって、その借地上の建物の賃借人が土地を明け渡さなければならないときでも、建物の賃借人がその満了をその1年前までに知らなかったときは、建物の賃借人は土地の明渡しにつき相当の期限を裁判所から許与される場合がある。

問題12 □□□

Aを賃貸人、Bを賃借人とする甲建物の賃貸借契約が締結されたときに、本件契約が借地借家法第38条の定期建物賃貸借契約で、期間を5年、契約の更新がない旨を定めた場合、Aは、期間満了の1年前から6月前までの間に、Bに対し賃貸借が終了する旨の通知をしなければ、従前の契約と同一条件で契約を更新したものとみなされる。

問題13 □□□

賃貸人Aと賃借人Bとの間で締結した居住用建物の賃貸借契約に期間を定め、当該賃貸借契約を書面または電磁的記録によって行った場合には、AがBに対しあらかじめ契約の更新がない旨を説明していれば、賃貸借契約は期間満了により終了する。

解答11 ◯ 　　　　　　　7 建物賃借権の譲渡・借家の転貸

- そのとおりです。この場合、裁判所は、建物の賃借人の請求により、存続期間が満了することを知った日から1年を超えない範囲内において、土地の明渡しにつき相当の期限を許与することができます。

解答12 ✕ 　　　　　　　8 定期建物賃貸借（定期借家権）等

- 定期建物賃貸借➡契約の更新はありません。
- 期間が1年以上の定期賃貸借契約➡期間満了の1年前から6カ月前までの間に賃借人に対して、期間満了による賃貸借の終了の通知が必要です。

通知期間経過後に、賃貸人が賃借人に通知をした場合、通知の日から6カ月経過後に賃貸借が終了するよ！

解答13 ✕ 　　　　　　　8 定期建物賃貸借（定期借家権）等

- 定期建物賃貸借➡契約自体を書面または電磁的記録で行い、別途、「契約の更新がなく、期間満了で終了する」旨を記載した書面を交付（または賃借人の承諾を得て当該書面に記載すべき事項を電磁的方法により提供）して説明しなければなりません。

問題14 □□□

賃貸人Aと賃借人Bとの間で締結した居住用建物の賃貸借契約が借地借家法第38条の定期建物賃貸借契約である場合、Aは、転勤、療養、親族の介護その他のやむを得ない事情があれば、Bに対し、解約を申し入れ、申入れの日から1月を経過することによって、本件契約を終了させることができる。

問題15 □□□

賃貸人と賃借人との間で、建物につき、期間5年として借地借家法第38条に定める定期借家契約を締結する場合と、期間5年として定期借家契約ではない借家契約を締結する場合において、期間満了により賃貸借契約が終了する際に賃借人は造作買取請求をすることができない旨の規定は、定期借家契約では有効であるが、普通借家契約では無効である。

問題16 □□□

賃貸人と賃借人との間で、建物につき、期間5年として借地借家法第38条に定める定期借家契約を締結する場合と、期間5年として定期借家契約ではない借家契約を締結する場合において、期間中に家賃の増減額請求をすることができない旨の規定は、定期借家契約では有効であるが、普通借家契約では無効である。

問題17 □□□

建物につき賃貸借契約を締結する場合、建物を取り壊すこととなるときに建物賃貸借契約が終了する旨を定めることができるが、その特約は公正証書によってしなければならない。

解答14 ✕   ■ 8 定期建物賃貸借（定期借家権）等

• 本問の解約の申入れ➡**賃借人からのみ**できます。なお、この解約の申入れは、床面積が**200㎡未満**の**居住用建物**の定期建物賃貸借に限られ、賃借人の**解約申入れ日から１カ月経過後**に賃貸借が終了します。

解答15 ✕   ■ 8 定期建物賃貸借（定期借家権）等

• 造作買取請求権を排除する旨の特約➡普通借家契約、定期建物賃貸借共に**有効**です。

解答16 ○   ■ 8 定期建物賃貸借（定期借家権）等

• 増減額請求を排除する旨の特約➡普通借家契約では減額しない旨は賃借人に不利な定めとなるので**無効**ですが、定期建物賃貸借では減額しない旨の定めは**有効**です（増額しない旨はどちらも有効です）。

解答17 ✕   ■ 8 定期建物賃貸借（定期借家権）等

• 取壊し予定建物の賃貸借➡特約は、建物を取り壊すべき事由を記載した**書面**または**電磁的記録**によって行う必要があり、公正証書による必要はありません。

CH
02
権利関係

SEC
14
借地借家法（借家）

305

CHAPTER 02 ｜ 権利関係

SECTION
15 請負

問題1 □□□

目的物の引渡しを要する請負契約における目的物引渡債務と報酬支払債務とは、同時履行の関係に立つ。

問題2 □□□

請負契約の目的物が種類または品質に関して契約の内容に適合せず、それが請負人の責めに帰すべき事由による場合、注文者は、請負人から損害の賠償を受けていなくとも、特別の事情がない限り、報酬全額を支払わなければならない。

問題3 □□□

請負契約が請負人の責めに帰すべき事由によって中途で終了し、請負人が施工済みの部分を給付することによって注文者が利益を受ける場合でも、請負人は、注文者に対して報酬を請求することができない。

解答1 ○ 　　　　　　　　　　　　　　1 請負とは

- そのとおりです。

解答2 ×　　　　　　　　　　　　　　1 請負とは

- 債務の履行に代わる損害賠償義務と報酬支払義務➡原則として**同時履行の関係**に立ちます（請負人が債務の履行に代わる損害賠償義務の履行を提供しない場合、注文者は報酬全額の支払いを拒むことができます）。

解答3 ×　　　　　　　　　　　　　　1 請負とは

- **注文者の責めに帰することができない事由**により仕事を完成することができなくなったとき、または請負が**仕事完成前に解除**されたとき➡請負人のすでにした仕事が可分であり、その給付によって**注文者が利益を受けるとき**は、その部分を仕事の完成とみなし、注文者が受ける**利益の割合に応じて報酬を請求**できます。

> 本問では請負人の責めに帰すべき事由（注文者の責めに帰することができない事由）により中途で終了しているため、報酬を請求できるよ！

問題4 □□□

Aを注文者、Bを請負人とする請負契約が締結された。本件契約の目的が建物の増築である場合、Aの失火により当該建物が焼失し増築できなくなったときは、Bは本件契約にもとづく未履行部分の仕事完成債務を免れる。

問題5 □□□

請負契約が注文者の責めに帰すべき事由によって中途で終了した場合、請負人は、残債務を免れるとともに、注文者に請負代金全額を請求できるが、自己の債務を免れたことによる利益を注文者に償還しなければならない。

問題6 □□□

Aを注文者、Bを請負人とする請負契約が締結された。本件契約の目的物たる建物にBの責めに帰すべき事由による契約の内容に適合しない重大な欠陥があるためこれを建て替えざるを得ない場合には、AはBに対して当該建物の建替えに要する費用相当額の損害賠償を請求することができる。

解答4 　　　　　　　　2 請負人の担保責任

・そのとおりです。不動産取引における危険負担と同じです。

解答5 　　　　　　　　2 請負人の担保責任

・そのとおりです。不動産取引における危険負担と同じです。

解答6 　　　　　　　　2 請負人の担保責任

・そのとおりです。売買契約における売主の担保責任と同じです。

問題7 □□□

Aは、Bに建物の建築を注文し、完成して引渡しを受けた建物をCに対して売却したが、本件建物の主要な構造部分に欠陥があった。本件建物に存在している欠陥が品質に関して請負契約の内容に適合しないものであり、かつ、その不適合がAの責めに帰すべき事由によるものではない場合、そのために請負契約を締結した目的を達成することができないときであっても、AはBとの契約を一方的に解除することはできない。

問題8 □□□

Aを注文者、Bを請負人とする請負契約が締結された。本件契約の目的物たる建物の品質に、Bの責めに帰すべき事由による契約の内容に適合しない不適合があったときは、Aは、当該建物の引渡しを受けた時から1年以内にその旨をBに通知しなければ、本件契約を解除することができない。

問題9 □□□

Aを注文者、Bを請負人とする建物新築請負契約が締結された。Bが仕事を完成しない間であっても、Aは本件契約を解除することができない。

解答7 ✗　　　　　　　　　　　　2 請負人の担保責任

・請負契約における請負人の負う担保責任➡注文者は解除の要件を満たせば、契約を解除することができます。売買契約における売主の担保責任と同じです。

請負契約の目的物が建物であっても、その要件を満たせば解除することができるよ！

解答8 ✗　　　　　　　　　　　　3 請負人の担保責任の制限

・引渡しを受けた時からではなく、注文者が**不適合を知った時から1年以内**にその旨を請負人に**通知**する必要があります。

解答9 ✗　　　　　　　　　　　　4 注文者と請負人の解除権

・請負人が仕事を完成させる前➡注文者はいつでも損害を賠償して契約の解除をすることができます。

CHAPTER 02 | 権利関係

SECTION
16 不法行為

問題1 □□□

Aが、その過失によってB所有の建物を取り壊し、Bに対して不法行為による損害賠償債務を負担した場合、Aの損害賠償債務は、BからAへ履行の請求があった時から履行遅滞となり、Bは、その時以後の遅延損害金を請求することができる。

問題2 □□□

Aが1人で居住する甲建物の保存に瑕疵があったため、甲建物の壁が崩れて通行人Bがケガをしたときに、AのBに対する不法行為責任が成立する場合、BのAに対する損害賠償請求権は、BまたはBの法定代理人が損害および加害者を知った時から5年間行使しないときには時効により消滅する。

問題3 □□□

Aが1人で居住する甲建物の保存に瑕疵があったため、甲建物の壁が崩れて通行人Bがケガをしたときに、AのBに対する不法行為責任が成立する場合、BのAに対する損害賠償請求権は、BまたはBの法定代理人が損害または加害者を知らないときでも、本件事故の時から20年間行使しないときには時効により消滅する。

解答1 ✕ 　　　　　　　　　　　　　　1 不法行為とは

- 不法行為による損害賠償債務➡**損害の発生時**から**履行遅滞**となります。

> 不法行為の時から遅延損害金を支払わなければならないよ！

解答2 〇 　　　　　　　　　　　　　　1 不法行為とは

- そのとおりです。
- 不法行為による損害賠償請求権の消滅時効➡被害者（またはその法定代理人）が**損害および加害者を知った時から3年、人の生命または身体を害する不法行為の場合は5年**です（本問は5年です）。

解答3 〇 　　　　　　　　　　　　　　1 不法行為とは

- そのとおりです。
- 不法行為による損害賠償請求権の消滅時効➡（損害または加害者を知らなかったとしても）**不法行為の時から20年**です。

問題4 □□□

　Aが、その過失によってB所有の建物を取り壊し、Bに対して不法行為による損害賠償債務を負担した場合、Aの不法行為に関し、Bにも過失があったときでも、Aから過失相殺の主張がなければ、裁判所は、賠償額の算定に当たって、賠償金額を減額することができない。

問題5 □□□

　Aに雇用されているBが、勤務中にA所有の乗用車を運転し、営業活動のため顧客Cを同乗させている途中で、Dが運転していたD所有の乗用車と正面衝突した（なお、事故についてはBとDに過失がある。）。事故によって損害を受けたDは、Aに対して損害賠償を請求することはできるが、Bに対して損害賠償を請求することはできない。

問題6 □□□

　Aの被用者Bが、Aの事業の執行につきCとの間の取引において不法行為をし、CからAに対し損害賠償の請求がされた場合、Bの行為が、Bの職務行為そのものには属しない場合でも、その行為の外形から判断して、Bの職務の範囲内に属するものと認められるとき、Aは、Cに対して使用者責任を負うことがある。

解答 4 ✕　　　　　　　　　　　　　　　1 不法行為とは

- **過失相殺**➡不法行為について、被害者にも過失があった場合は、裁判所は被害者の過失を考慮して、損害賠償額を**減額**することができます。

> 裁判所は職権で過失相殺ができ、加害者から過失相殺の主張があることは要しないよ！

解答 5 ✕　　　　　　　　　　　　　　　2 使用者責任

- 被用者が使用者の事業執行につき、他人に損害を与えた場合➡使用者は被用者とともに 損害賠償責任を負います（**使用者責任**）。
- 被害者Ｄは、使用者Ａ・被用者Ｂのいずれにも、損害賠償を請求することができます。

解答 6 ◯　　　　　　　　　　　　　　　2 使用者責任

- そのとおりです。
- 被用者の職務行為そのものには属しない場合でも、**行為の外見上**、事業執行しているように見える場合には、使用者責任が生じます。

問題7 □□□

　Aに雇用されているBが、勤務中にA所有の乗用車を運転し、営業活動のため顧客Cを同乗させている途中で、Dが運転していたD所有の乗用車と正面衝突した（なお、事故についてはBとDに過失がある。）。Aは、Dに対して事故によって受けたDの損害の全額を賠償した場合、被用者であるBに対して求償権を行使することはできない。

問題8 □□□

　Aに雇用されているBが、勤務中にA所有の乗用車を運転し、営業活動のため顧客Cを同乗させている途中で、Dが運転していたD所有の乗用車と正面衝突した（なお、事故についてはBとDに過失がある。）。事故によって損害を受けたCは、AとBに対して損害賠償を請求することはできるが、Dに対して損害賠償を請求することはできない。

問題9 □□□

　Aに雇用されているBが、勤務中にA所有の乗用車を運転し、営業活動のため顧客Cを同乗させている途中で、Dが運転していたD所有の乗用車と正面衝突した（なお、事故についてはBとDに過失がある。）。Aは、Cに対して事故によって受けたCの損害の全額を賠償した場合、Aは、BとDの過失割合に従って、Dに対して求償権を行使することができる。

解答7 ✗

> 2 使用者責任

- 損害賠償をした使用者 ➡ 信義則上、**相当と認められる限度**で被用者に**求償**することができます。

解答8 ✗

> 3 共同不法行為

- BとDは共同不法行為者となるため、CはDに対しても損害賠償を請求することができます。

BとDは共同不法行為責任、Aは使用者責任を負うよ。
そして、被害者Cはいずれに対しても、損害賠償の請求ができるよ！

解答9 ○

> 3 共同不法行為

- 共同不法行為者(BとD) ➡ 各自が**連帯**して損害を賠償する責任を負うので、全額を賠償した場合、過失の割合(負担部分)に応じて求償することができます。
- 本問ではAが使用者責任にもとづきCに損害の全額を賠償しているため、被用者Bとともに共同不法行為責任を負うDに対して、求償することができます。

問題10 □□□

Aが1人で居住する甲建物の保存に瑕疵があったため、甲建物の壁が崩れて通行人Bがケガをした。Aが甲建物をCから賃借している場合、Aは甲建物の保存の瑕疵による損害の発生の防止に必要な注意をしなかったとしても、Bに対して不法行為責任を負わない。

問題11 □□□

Aが1人で居住する甲建物の保存に瑕疵があったため、甲建物の壁が崩れて通行人Bがケガをした。Aが甲建物を所有している場合、Aは甲建物の保存の瑕疵による損害の発生の防止に必要な注意をしたとしても、Bに対して不法行為責任を負う。

問題12 □□□

Aが1人で居住する甲建物の保存に瑕疵があったため、甲建物の壁が崩れて通行人Bがケガをした。Aが所有している甲建物の瑕疵は、施工業者の施工不良が原因であった場合、AはBに対して不法行為責任を負わない。

問題13 □□□

Aを注文者、Bを請負人とする請負契約が締結された。本件契約の目的が建物の新築である場合、Bの過失（注文または指図についてAに過失はないものとする。）により当該建築中の建物が倒壊して第三者に損害を加えた場合、AとBは連帯して、第三者に損害を賠償しなければならない。

解答10 ×　　　　　　　　　　　　　　　4 工作物責任

- 土地の工作物(壁、塀など)の設置・保存に瑕疵があり、他人に損害を与えたとき➡工作物の占有者(賃借人など)が損害賠償責任を負います(工作物責任)。
- 占有者が損害防止のために必要な注意をしていたとき➡占有者は責任を負いません(過失責任)。

解答11 ○　　　　　　　　　　　　　　　4 工作物責任

- 所有者は過失の有無にかかわらず工作物責任を負います(無過失責任)。

> 工作物責任は、第一次的に占有者が負い、占有者が損害防止のために必要な注意をしていたときには、所有者が第二次的に負うよ(所有者の責任は免責されない!)。

解答12 ×　　　　　　　　　　　　　　　4 工作物責任

- 他に瑕疵を発生させた責任がある者がいる場合➡その者に対して所有者Aが求償することができます。
- 被害者に対して工作物責任を負うのは占有者・所有者なので、所有者Aは工作物責任を負います。

解答13 ×　　　　　　　　　　　　　　　5 注文者の責任

- 請負人がその仕事について第三者に損害を与えた場合➡原則として、請負人のみが損害賠償責任を負います(本問)。
- 注文または指図について注文者に過失があった場合➡請負人のほか、注文者も損害賠償責任を負います。

CHAPTER 02 | 権利関係

SECTION
17 相続

問題 1 □□□

被相続人の子が相続開始以前に死亡したときは、その者の子がこれを代襲して相続人となるが、さらに代襲者も死亡していたときは、代襲者の子が相続人となることはない。

問題 2 □□□

被相続人の兄弟姉妹が相続人となるべき場合であっても、相続開始以前に兄弟姉妹およびその子がいずれも死亡していたときは、その者の子（兄弟姉妹の孫）が相続人となることはない。

問題 3 □□□

1億2,000万円の財産を有するAが死亡した。Aの父方の祖父母BおよびC、Aの母方の祖母Dのみが相続人になる場合の法定相続分は、BおよびCがそれぞれ3,000万円、Dが6,000万円である。

問題 4 □□□

Aには、父のみを同じくする兄Bと、両親を同じくする弟Cおよび弟Dがいたが、Aの両親は既に死亡しており、Aには内縁の妻Eがいるが、子はいない。Aが遺言を残さずに死亡した場合の相続財産の法定相続分は、Eが2分の1、Bが6分の1、Cが6分の1、Dが6分の1である。

解答1 ✕

2 相続人

- 被相続人の子である相続人に代襲原因が発生した場合(直系卑属の場合)➡**代襲**、**再代襲**、…（続く）があります。

解答2 ◯

2 相続人

- 被相続人の兄弟姉妹である相続人に代襲原因が発生した場合(兄弟姉妹の場合)➡代襲は認められるが、**再代襲は認められません**。

解答3 ✕

3 相続分

- 同順位の相続人間の相続分➡同順位の相続人の数で割ります。
- 法定相続分はB・C・Dがそれぞれ4,000万円となります。

> 祖父母は、代襲相続人ではないよ！

解答4 ✕

3 相続分

- 半血兄弟姉妹の法定相続分➡全血兄弟姉妹の**2分の1**となります。
- 内縁の妻➡法定相続人ではありません。
- 法定相続分はBが5分の1、C・Dがそれぞれ5分の2となります。

問題 5 □□□

1億2,000万円の財産を有するAが死亡した。Aの長男の子BおよびC、Aの次男の子Dのみが相続人になる場合の法定相続分は、それぞれ4,000万円である。

問題 6 □□□

1億2,000万円の財産を有するAが死亡した。Aには、配偶者はなく、子B、C、Dがおり、Bには子Eが、Cには子Fがいる。Bは相続を放棄した。また、Cは生前のAを強迫して遺言作成を妨害したため、相続人となることができない。この場合における法定相続分は、Dが1億2,000万円となる。

問題 7 □□□

共同相続財産につき、遺産分割によって相続財産に属する不動産の所有権の全部を相続することとなった共同相続人は、他の共同相続人の一人から当該不動産の所有権の全部の譲渡を受けて移転登記を備えた第三者に対して、当該不動産の所有権の全部を登記なくして対抗することができる。

解答5 ✕
3 相続分

- 代襲相続人の相続分➡**被代襲者の相続分を代襲相続人の数で割ります。**

- 法定相続分は長男の子であるＢ・Ｃがそれぞれ3,000万円、次男の子であるＤが6,000万円となります。

解答6 ✕
3 相続分

- 相続の放棄➡**代襲原因ではありません**（放棄した者の子は代襲しません）。

- 相続の欠格事由に該当➡代襲原因となり、**欠格者の子が代襲**します。

- 法定相続分はＤ・Ｆがそれぞれ6,000万円となります。

解答7 ✕
3 相続分

- 自己の法定相続分➡登記などの**対抗要件なくして第三者に対抗**することができます。

- 自己の法定相続分を超える部分➡登記などの**対抗要件を備えなければ、第三者に対抗**することができません。

CH
02
権利関係

SEC
17
相続

323

問題8 □□□

　Aが死亡し、唯一の相続人であるBが相続の単純承認をすると、Bが、AのCに対する借入金債務の存在を知らなかったとしても、Bは当該借入金債務を相続する。

問題9 □□□

　Aが死亡し、相続人がBとCの2名であった。Bが自己のために相続の開始があったことを知った時から3か月以内に家庭裁判所に対して、相続によって得た財産の限度においてのみAの債務および遺贈を弁済すべきことを留保して相続を承認する限定承認をする旨を申述すれば、Cも限定承認をする旨を申述したとみなされる。

問題10 □□□

　相続の放棄をする場合、共同相続人の全員が共同してその旨を家庭裁判所に申述しなければならず、被相続人の子が、相続の開始後に相続放棄をした場合、その者の子がこれを代襲して相続人となる。

問題11 □□□

　未成年が遺言をするためには、法定代理人の同意を得なければならない。

解答8 ○
4 相続の承認と放棄

- 単純承認➡原則として、被相続人の財産(資産および負債)をすべて承継することをいいます。

> (自己のために)相続の開始があったことを知った日から3カ月以内に、相続放棄や限定承認を行わなかった場合等には、単純承認したものとみなされるよ!

解答9 ×
4 相続の承認と放棄

- 限定承認➡(自己のために)相続の開始があったことを知った日から3カ月以内に、相続人全員で家庭裁判所に申し出る必要があります。

解答10 ×
4 相続の承認と放棄

- 相続放棄➡(自己のために)相続の開始があったことを知った日から3カ月以内に、家庭裁判所に申し出なければなりませんが、各相続人が単独ですることができます。
- 相続放棄の効果➡初めから相続人とならなかったものとみなされ、代襲相続は発生しません。

解答11 ×
5 遺言

- 遺言➡15歳以上であれば、有効に遺言をすることができます。
- 法定代理人の同意は不要です。

問題12 □□□

自筆証書遺言書保管制度を利用する場合に作成する自筆証書遺言は、その内容をワープロ等で印字していても、日付と氏名を自署し、押印すれば、有効な遺言となる。

問題13 □□□

自筆証書によって遺言をする場合、遺言者は、その全文、日付および氏名を自書して押印しなければならないが、これに添付する相続財産の目録については、遺言者が毎葉に署名押印すれば、自書でないものも認められる。

問題14 □□□

公正証書遺言の作成には、証人2人以上の立会いが必要であるが、推定相続人は、未成年者でなくとも、証人となることができない。

問題15 □□□

自筆証書、公正証書、秘密証書による普通方式の遺言は、遺言書の保管者が、相続の発生を知った後、遅滞なく、遺言書を家庭裁判所に提出して、その検認を請求しなければならない。

解答12 　　　　　　　　　　　　　　　　　5 遺言

- 自筆証書遺言➡遺言者が遺言の全文、日付、氏名を自書し、押印します（自筆証書遺言書保管制度を利用するか否かは関係ありません）。

解答13 ◯ 　　　　　　　　　　　　　　　　　5 遺言

- そのとおりです。

解答14 ◯ 　　　　　　　　　　　　　　　　　5 遺言

- そのとおりです。❶未成年者、❷推定相続人や受遺者、❸❷の配偶者や直系血族などは証人となることはできません。

解答15 　　　　　　　　　　　　　　　　　5 遺言

- 遺言の検認➡**公正証書遺言**の場合は**不要**です（自筆証書遺言、秘密証書遺言は検認が必要です）。

自筆証書遺言でも、法務局（遺言書保管所）に保管した遺言については、検認が不要だよ！

問題16 □□□

　Aは未婚で子供がなく、父親Bが所有する甲建物にBと同居しており、Aの母親Cは既に死亡している。AにはBとCの実子である兄Dがいて、DはEと婚姻して実子Fがいたが、Dは母親Cの死後1年後に死亡している。Bが死亡した後、Aがすべての財産を第三者Gに遺贈する旨の遺言を残して死亡した場合、FはGに対して遺留分を主張することができない。

問題17 □□□

　Aには、相続人となる子BとCがいる。Aは、Cに老後の面倒をみてもらっているので、「甲土地を含む全資産をCに相続させる」旨の有効な遺言をした。Aが死亡し、その遺言にもとづきAからCに対する甲土地の所有権移転登記がなされた後は、Bは遺留分侵害額請求をすることができない。

問題18 □□□

　Aには、相続人となる子BとCがいる。Aは、Cに老後の面倒をみてもらっているので、「甲土地を含む全資産をCに相続させる」旨の有効な遺言をした。Bが、Aの死亡の前に、AおよびCに対して直接、書面で遺留分を放棄する意思表示をしたときは、その意思表示は有効である。

解答16 ○

6 遺留分

- 遺留分➡兄弟姉妹には遺留分はありません。
- 兄弟姉妹である兄Dを代襲相続したFにも遺留分はありません。

解答17 ✗

6 遺留分

- 遺留分侵害額請求権の行使期間➡❶相続の開始および遺留分の侵害を知った日から1年(消滅時効)、または、❷相続開始から10年(除斥期間)で時効によって消滅します。
- 行使期間内であれば、遺留分侵害額請求をすることができます。

解答18 ✗

6 遺留分

- 遺留分の放棄➡遺留分は相続開始前に放棄することができますが、家庭裁判所の許可が必要です。

> 遺留分を放棄しても相続を放棄したわけではないから、相続人になることはできる！

CHAPTER 02 | 権利関係

SECTION
18 | 共有

問題1 □□□

A、BおよびCが、建物を共有している場合（持分を各3分の1とする。）、Aは、BとCの同意を得なければ、この建物に関するAの共有持分権を売却することはできない。

問題2 □□□

A、BおよびCが、甲建物を共有している（持分を各3分の1とする。）が、Aは、BとCの同意を得ずに甲建物の全部を占有している。この場合、Aは、甲建物の使用の対価をBとCに償還する義務を負う。

問題3 □□□

他の共有者との協議にもとづかないで、自己の持分にもとづいて1人で現に共有物全部を占有する共有者に対し、他の共有者は単独で自己に対する共有物の明渡しを請求することができる。

問題4 □□□

各共有者は、他の共有者の全員の同意を得なければ、共有物に変更を加えることができない。

解答1 ✕   **1 共有と持分**

- 共有持分➡各共有者は**自己の持分を自由に処分すること**ができます。

解答2 ◯   **2 共有物の使用・管理等**

- 自己の持分を超えて共有物を使用する共有者➡別段の合意がある場合を除き、他の共有者に**使用の対価**を支払わなければなりません。

解答3 ✕   **2 共有物の使用・管理等**

- 共有物の使用➡各共有者は、共有物の全体を、持分に応じて使うことができます。したがって、他の共有者は、当然には明渡しを請求することができません。

解答4 ✕   **2 共有物の使用・管理等**

- 形状または効用の著しい変更をともなわない共有物の変更行為（軽微な変更）➡**各共有者の持分価格の過半数で決定**することができます。
- 形状または効用の著しい変更をともなう共有物の変更行為（重大な変更）➡**共有者全員の同意**がなければ行うことができません。

問題5 □□□

　A、BおよびCが、甲建物を共有し（持分を各3分の1とする。）、共有者間の合意にもとづきAが甲建物を店舗営業のために単独で使用している。BおよびCの賛成により甲建物の使用目的を住居専用とする場合には、Aの承諾を得なければならない。

問題6 □□□

　A、BおよびCが、甲建物を共有している（持分を各3分の1とする。）が、BとCは、Aの所在を知ることができない。この場合、所在不明の共有者であるAを含めた共有者全員の同意がなければ、老朽化した甲建物を建て替えることはできない。

問題7 □□□

　A、BおよびCが、甲建物を共有している（持分を各3分の1とする。）。この場合、持分価格の過半数であるAとBの合意によって、第三者であるDを共有物の管理者に選任することができる。

問題8 □□□

　A、BおよびCが、建物を共有している場合（持分を各3分の1とする。）、持分価格の過半数であるAとBの合意によって、5年間を限度とする共有物の不分割の特約を結ぶことができる。

解答 5 ○
> 2 共有物の使用・管理等

- 共有物の管理に関する事項➡共有物を使用する共有者があるときでも、**各共有者の持分価格の過半数で決定**することができます（AをのぞいたBとCで決定できます）。
- 共有物の管理に関する事項の決定が、共有者間の決定にもとづいて共有物を使用する共有者に特別の影響を及ぼすとき➡その共有者の**承諾**を得なければなりません（本問ではAの承諾が必要です）。

解答 6 ×
> 2 共有物の使用・管理等

- 変更行為（重大な変更）を行うにつき、所在不明の共有者がいる場合➡**その共有者以外の共有者の全員の同意**を得て、**裁判所の決定**をもって行うことができます。

解答 7 ○
> 2 共有物の使用・管理等

- 共有物の管理者➡各共有者の持分価格の過半数で選任・解任ができ、共有物の管理に関する行為（軽微な変更を含む）を行います。

解答 8 ×
> 3 共有物の分割

- 共有物の不分割特約➡**共有者全員**の意思によって、**5年間を限度**として**共有物を分割しない特約**を結ぶことができます。

問題9 □□□

　共有物である現物の分割請求が裁判所になされた場合において、分割によってその価格を著しく減少させるおそれがあるときは、裁判所は共有物の競売を命じることができる。

解答9

> 3 共有物の分割

- そのとおりです。
- 【原則】裁判による共有物の分割➡現物分割または賠償分割(価格賠償)によります。
- 【例外】現物分割・賠償分割によって分割できないとき、または分割によってその価格を著しく減少させるおそれがあるとき➡裁判所は、競売分割を命じることができます。

CHAPTER 02 | 権利関係

SECTION
19 区分所有法

問題1 □□□

マンションの構造上、当然に共用で使うこととされている部分である法定共用部分は、共用部分である旨の登記をしなければ、これを第三者に対抗することはできない。

問題2 □□□

区分所有建物の各共有者の共用部分の持分は、規約に別段の定めがある場合を除いて、その有する専有部分の床面積の割合によるが、この床面積は壁その他の区画の中心線で囲まれた部分の水平投影面積である。

問題3 □□□

共用部分は、区分所有者全員の共有に属するが、規約に特別の定めがあるときは、管理者を共用部分の所有者と定めることもできる。

問題4 □□□

共用部分の保存行為をするには、規約に別段の定めがない限り、集会の決議で決する必要があり、各共有者ですることはできない。

解答1 ×   　　　　　　　　　　　　2 専有部分と共用部分

- 法定共用部分 ➡ 共用部分である旨の登記がなくても当然に第三者に対抗することができます。
- 規約共用部分（本来は専有部分となる部分だが、規約により共用部分とされた部分や附属建物部分）➡ 共用部分である旨の登記をしなければ第三者に対抗することができません。

> 法定共用部分は、そもそも共用部分である旨の登記はできないよ！

解答2 ×   　　　　　　　　　　　　2 専有部分と共用部分

- 共用部分の持分＝専有部分の床面積の割合 ➡ 専有部分の床面積は、壁その他の区画の内側線で囲まれた部分の水平投影面積です。

解答3 ○   　　　　　　　　　　　　2 専有部分と共用部分

- そのとおりです。なお、区分所有者または管理者以外の者は共用部分を所有することはできません。

解答4 ×   　　　　　　　　　　　　2 専有部分と共用部分

共用部分の保存行為 ➡ 規約に別段の定めがない限り、各区分所有者が単独で行うことができます。

問題 5 □□□

形状または効用の著しい変更を伴う共用部分の変更については、区分所有者および議決権の各4分の3以上の多数による集会の決議で決するものであるが、規約でこの区分所有者の定数を過半数まで減ずることができる。

問題 6 □□□

敷地利用権が数人で有する所有権その他の権利である場合には、規約に別段の定めがあるときを除いて、区分所有者は、その有する専有部分とその専有部分に係る敷地利用権とを分離して処分することができない。

問題 7 □□□

管理者は、規約に別段の定めがない限り、区分所有者および議決権の各過半数による決議によって選任し、管理者となる者は、自然人であるか法人であるかを問わないが、区分所有者でなければならない。

問題 8 □□□

管理組合法人を設立する場合は、理事を置かなければならず、規約に特別の定めがあるときは、監事も置かなければならない。

解答5 ◯
2 専有部分と共用部分

- そのとおりです。重大な変更についての集会の決議要件のうち、区分所有者の定数は、規約で過半数まで減らすことができます。

議決権を減らすことはできないよ！

解答6 ◯
3 敷地利用権

- そのとおりです。

解答7 ✕
4 管理

- 管理者の選任・解任➡規約に別段の定めがない限り、区分所有者および議決権の各過半数による集会の決議により行います。
- 管理者➡区分所有者以外の者(個人も法人も可)を選任することができます。

解答8 ✕
4 管理

- 管理組合法人➡必ず理事と監事を置かなければなりません。

問題9 □□□

規約の設定、変更または廃止を行う場合は、区分所有者の過半数による集会の決議によってなされなければならない。

問題10 □□□

最初に区分所有建物の専有部分の全部を所有する者は、公正証書により、共用部分（数個の専有部分に通ずる廊下または階段室その他構造上区分所有者の全員またはその一部の共用に供されるべき建物の部分）の規約を設定することができる。

問題11 □□□

集会の招集の通知は、会日より少なくとも1週間前に、会議の目的たる事項を示して各区分所有者に発しなければならないが、この期間は規約で伸長することはできるが、短縮することはできない。

解答9 ✗　　　　　　　　　　　　　　　　　　5 規約

- 規約の設定・変更・廃止 ➡ 区分所有者および議決権の**各4分の3以上**の集会決議によって行います。

> 規約の設定・変更・廃止によって、特別の影響を受ける者がいる場合には、この者の承諾が必要になるよ！

解答10 ✗　　　　　　　　　　　　　　　　　　5 規約

- 本問の共用部分は法定共用部分であり、これに関して公正証書による規約の設定はできません。

> 最初に専有部分の全部を所有する者が公正証書による規約で定められる事項
> ❶規約共用部分の定め
> ❷規約敷地の定め
> ❸専有部分と敷地利用権の分離処分を可能にする定め
> ❹専有部分にかかる敷地利用権の割合の定め

解答11 ✗　　　　　　　　　　　　　　　　　　6 集会

- 集会の招集通知は会日より少なくとも1週間前に発する必要がありますが、この期間は規約で**伸縮**する(伸ばすことも、縮めることも)ことができます。

> 建替え決議が会議の目的である場合は、少なくとも会日の2カ月前に招集通知を発しなければならず、この期間は規約で伸ばすことのみできるよ！

問題12 □□□

専有部分が数人の共有に属するときは、共有者は、集会においてそれぞれ議決権を行使することができる。

問題13 □□□

区分所有者以外の者であって区分所有者の承諾を得て専有部分を占有する者は、会議の目的たる事項につき利害関係を有する場合には、集会に出席して議決権を行使することはできないが、意見を述べることはできる。

問題14 □□□

集会の議事録が書面で作成されているときは、議長および集会に出席した区分所有者の1人がこれに署名しなければならない。

問題15 □□□

規約および集会の決議は、区分所有者の特定承継人に対しては、その効力を生じない。

解答12 　　　　　　　　　　　　　　6 集会

- 専有部分を数人で共有している場合➡**議決権を行使すべき者**（1人）を定めなければなりません。

解答13 ○　　　　　　　　　　　　　　　　　　　6 集会

- そのとおりです。

解答14 　　　　　　　　　　　　　　6 集会

- 集会の議事録が書面で作成されているとき➡**議長**および集会に出席した**区分所有者の2人の署名**が必要です。

押印は不要だよ！

解答15 ×　　　　　　　　　　　　7 規約・集会決議の効力

- 規約および集会の決議➡区分所有者の包括承継人（相続人など）、特定承継人（中古マンションの購入者）に対しても効力を生じ、占有者（借主など）も従わなければなりません。

CHAPTER 02 | 権利関係

SECTION
20 不動産登記法

問題 1 □□□

新築した建物の所有権を取得した者がする表題登記は、権利部の甲区に記録される。

問題 2 □□□

表題登記がない土地の所有権を取得した者は、その所有権の取得の日から1月以内に、表題登記を申請しなければならない。

問題 3 □□□

新築した建物または区分建物以外の表題登記がない建物の所有権を取得した者は、その所有権の取得の日から1月以内に、所有権の保存の登記を申請しなければならない。

問題 4 □□□

所有権の登記名義人について相続の開始があったときは、当該相続により所有権を取得した者は、自己のために相続の開始があったことを知り、かつ、当該所有権を取得したことを知った日から3年以内に、所有権の移転の登記を申請しなければならない。

解答1 ✕

- 表示に関する登記➡表題部にされます。
- 表題登記は新たに不動産が生じたときにする登記で、これにより表題部が作成されます。

解答2 ◯

- そのとおりです。
- 建物を新築したり、地目や地積、建物の種類・構造等に変更があった場合または滅失した場合は、登記の申請義務があり、その期間は**1カ月以内**です。

解答3 ✕

- 所有権の保存の登記ではなく、表題登記を申請しなければなりません。

> 所有権の保存の登記は、権利に関する登記で、登記の申請義務はないよ！

解答4 ◯

- そのとおりです。
- 【原則】権利に関する登記➡申請義務はありません。
- 【例外】相続・遺贈による所有権の移転の登記➡相続・遺贈によって不動産を取得した相続人は申請義務があります。

問題5 □□□

登記は、法令に別段の定めがある場合を除き、当事者の申請または官庁もしくは公署の嘱託がなければすることができない。

問題6 □□□

登記権利者および登記義務者が共同して申請することを要する登記について、登記義務者が申請に協力しない場合には、登記権利者が登記義務者に対し登記手続すべきことを命ずる確定判決を得れば、その登記義務者の申請は要しない。

問題7 □□□

登記の申請は、登記権利者および登記義務者が共同してするのが原則であるが、相続による登記は、登記権利者が単独で申請することができる。

問題8 □□□

区分建物ではない建物の所有権の保存の登記は、表題部所有者から所有権を取得した者も、申請することができる。

解答5 〇 　2 登記の申請手続

- そのとおりです。
- この別段の定めとして、表示に関する登記は、登記官が職権ですることができます。

解答6 〇 　2 登記の申請手続

- そのとおりです。
- 登記手続きを命ずる確定判決を得た場合は、単独で登記を申請することができます。

解答7 〇 　2 登記の申請手続

- そのとおりです。

解答8 ✕ 　2 登記の申請手続

- 所有権の保存の登記➡表題部所有者やその相続人等、一定の者のみが申請することができます。
- 区分建物の所有権の保存の登記は、上記に加え表題部所有者から直接所有権を取得した者も申請することができます。

> 区分建物の所有権保存の登記は、表題部所有者（デベロッパーなど）から新築マンションを購入した人の名義で直接所有権保存登記ができるということだよ！

347

問題9 ☐☐☐ 基本

表示に関する登記を申請する場合には、申請人は、その申請情報と併せて登記原因を証する情報を提供しなければならない。

問題10 ☐☐☐ 基本

登記の申請をする者の委任による代理人の権限は、本人の死亡によって消滅する。

問題11 ☐☐☐ 基本

登記事項証明書の交付の請求は、利害関係を有することを明らかにすることなく、することができる。

問題12 ☐☐☐ 応用

仮登記は、登記権利者および登記義務者が共同して申請することを要する登記について、登記義務者の協力が得られない場合に、本登記の順位を保全するために申請することができる登記である。

解答9 ✗   2 登記の申請手続

- 登記原因を証する情報(登記原因証明情報)➡権利に関する登記を申請する場合に、原則として提供しなければなりません(表示に関する登記を申請する場合には不要です)。

解答10 ✗   2 登記の申請手続

- 登記申請の委任を受けた代理人の代理権➡**本人が死亡しても消滅しません。**

民法上の委任は、委任者(または受任者)の死亡が委任契約の終了原因だったね!

解答11 ○   3 登記事項証明書等の交付

- そのとおりです。
- 登記事項証明書は、誰でも手数料を納付すれば交付を請求することができます。

解答12 ✗   4 仮登記

- 本問は仮登記を申請できるケースに該当しません。
- 仮登記➡❶登記を申請するために必要な情報を、登記所に提供できないとき、または、❷権利の変動はまだ生じていないが、将来生じる予定があり、その請求権を保全しようとするときに申請することができます。

問題13 □□□

　Aは甲建物をBに売却したが、所有権移転登記申請に必要な登記識別情報を提供することができなかったので、仮登記を申請することとして、Bへの所有権移転仮登記を完了した。この後、Aが甲建物をCに売却した場合でも、Cは売買を原因とするAからCへの所有権移転の登記を申請することはできない。

問題14 □□□

　所有権に関する仮登記にもとづく本登記は、登記上の利害関係を有する第三者がある場合であっても、その承諾を得ることなく、申請することができる。

解答13 ✗　　　　　　　　　　　　　　　　　4 仮登記

- 仮登記➡本登記の順位を確保するために行う登記で、対抗力はありません。
- 本問の場合、例えば、順位2番でAからBへの所有権移転仮登記が登記され、順位3番でAからCへの所有権移転が登記されることになります。

解答14 ✗　　　　　　　　　　　　　　　　　4 仮登記

- 所有権に関する仮登記にもとづく本登記➡登記上の利害関係を有する第三者がある場合には、その承諾があるときに限り、申請することができます。

承諾をした利害関係を有する第三者の登記は、本登記がされることによって抹消されるからだよ！

CHAPTER 03 法令上の制限

SECTION 01	都市計画法（40問）	354
SECTION 02	建築基準法（41問）	376
SECTION 03	国土利用計画法（12問）	396
SECTION 04	農地法（10問）	402
SECTION 05	盛土規制法（12問）	408
SECTION 06	土地区画整理法（12問）	416
SECTION 07	その他の法令上の制限（4問）	422

CHAPTER 03 | 法令上の制限

SECTION
01 都市計画法

問題1 □□□

都市計画区域は、市町村が、市町村都市計画審議会の意見を聴くとともに、都道府県知事に協議し、その同意を得て指定する。

問題2 □□□

都市計画区域は、一体の都市として総合的に整備し、開発し、および保全される必要がある区域であり、2以上の都府県にまたがって指定されてもよい。

問題3 □□□

準都市計画区域は、都市計画区域外の区域のうち、相当数の建築物等の建築、建設、敷地の造成が現に行われる区域等で、そのまま土地利用を整序し、または環境を保全するための措置を講ずることなく放置すれば、将来における一体の都市としての整備、開発および保全に支障が生じるおそれがあると認められる一定の区域をいう。

解答1 ✕　　　　　　　　　　　　　　　2 都市計画区域

- 都市計画区域の指定 ➡ 原則として、都道府県が行います。

> 都市計画区域は、都道府県が、関係市町村および都道府県都市計画審議会の意見を聴くとともに、国土交通大臣に協議し、その同意を得て指定するよ!

解答2 〇　　　　　　　　　　　　　　　2 都市計画区域

- そのとおりです。
- 複数の都府県にまたがって都市計画区域を指定する場合は、国土交通大臣が、関係都府県の意見を聴いて指定します。

解答3 〇　　　　　　　　　　　　　　　3 準都市計画区域

- そのとおりです。
- 準都市計画区域は、都市計画区域外の区域に、関係市町村および都道府県都市計画審議会の意見を聴き、都道府県が指定します。

問題4 □□□ 基本

区域区分は、指定都市、中核市の区域の全部または一部を含む都市計画区域には必ず定めるものとされている。

問題5 □□□ 基本

準都市計画区域について無秩序な市街化を防止し、計画的な市街化を図るため必要があるときは、都市計画に、区域区分を定めることができる。

問題6 □□□

第二種住居地域は、中高層住宅に係る良好な住居の環境を保護するため定める地域とされている。

問題7 □□□

近隣商業地域は、主として商業その他の業務の利便の増進を図りつつ、これと調和した住居の環境を保護するため定める地域とする。

解答4 ×
4 区域区分

区域区分➡**必要があるとき**に、**都道府県**が定めることができます（いわゆる**大都市圏**については**必ず定めなければなりません**）。

> 市街化区域は、「すでに市街地を形成している区域・おおむね10年以内に優先的かつ計画的に市街化を図るべき区域」、市街化調整区域は、「市街化を抑制すべき区域」だよ！

解答5 ×
4 区域区分

準都市計画区域➡区域区分を定めることはできません。

解答6 ×
5 地域地区

第二種住居地域➡主として住居の環境を保護するため定める地域です。

> 中高層住宅に係る良好な住居の環境を保護するため定める地域は、第一種中高層住居専用地域！

解答7 ×
5 地域地区

近隣商業地域➡近隣の住宅地の住民に対する日用品の供給を行うことを主たる内容とする、商業その他の業務の利便を増進するため定める地域です。

> 主として商業その他の業務の利便を増進するため定める地域は、商業地域だよ！

問題8 □□□

準工業地域は、主として環境の悪化をもたらすおそれのない工業の利便の増進を図りつつ、これと調和した住居の環境を保護するため定める地域とする。

問題9 □□□

市街化区域については、少なくとも用途地域を定めるものとし、市街化調整区域については、原則として用途地域を定めないものとする。

問題10 □□□

用途地域に関する都市計画には、容積率(延べ面積の敷地面積に対する割合)を定めることとされている。

問題11 □□□

特別用途地区は、用途地域が定められていない土地の区域(市街化調整区域を除く。)内において、その良好な環境の形成または保持のため当該地域の特性に応じて合理的な土地利用が行われるよう、制限すべき特定の建築物等の用途の概要を定める地区とされている。

解答8 ×　　　　　　　　　　　　　　　5 地域地区

- 準工業地域➡主として環境の悪化をもたらすおそれのない工業の利便を増進するため定める地域です。

解答9 ○　　　　　　　　　　　　　　　5 地域地区

- 市街化区域➡**必ず用途地域を定めます**。
- 市街化調整区域➡原則として用途地域を**定めません**。
- 非線引き区域➡用途地域を**定めることができます**。

> 準都市計画区域には、用途地域を定めることができ、都市計画区域・準都市計画区域以外の区域には、用途地域を定めることはできないよ！

解答10 ○　　　　　　　　　　　　　　　5 地域地区

- そのとおりです。
- 用途地域に関する都市計画には、建築物の容積率と必要に応じて敷地面積の最低限度を定めるものとされています。

解答11 ×　　　　　　　　　　　　　　　5 地域地区

- 本問は、特定用途制限地域の説明です。
- 特別用途地区➡**用途地域内**の一定の地区における当該地区の特性にふさわしい土地利用の増進、環境の保護等の特別の目的の実現を図るため当該用途地域の指定を補完して定める地区です。

問題12　□□□　基本

準都市計画区域については、都市計画に、高度地区を定めることができないこととされている。

問題13　□□□　基本

準都市計画区域については、都市計画に準防火地域を定めることができる。

問題14　□□□　基本

高度利用地区は、用途地域内において市街地の環境を維持し、または土地利用の増進を図るため、建築物の高さの最高限度または最低限度を定める地区である。

問題15　□□□　基本

第一種中高層住居専用地域については、都市計画に高層住居誘導地区を定めることができる場合がある。

解答12 ×

5 地域地区

準都市計画区域の都市計画に定めることができる地域・地区➡高度地区の他にも、用途地域、特別用途地区、特定用途制限地域、景観地区、風致地区などがあります。

解答13 ×

5 地域地区

防火地域または準防火地域➡準都市計画区域の都市計画に定めることはできません。

解答14 ×

5 地域地区

本問は、高度地区の説明です。

高度利用地区➡用途地域内の市街地における土地の合理的かつ健全な高度利用と都市機能の更新とを図るため、❶建築物の容積率の最高限度・最低限度、❷建築物の建蔽率の最高限度、❸建築物の建築面積の最低限度、❹壁面の位置の制限を定める地区です。

解答15 ×

5 地域地区

第一種中高層住居専用地域には定められません。

高層住居誘導地区➡住居と住居以外の用途とを適正に配分し、利便性の高い高層住宅の建設を誘導するために、第一種・第二種住居地域、準住居地域、近隣商業地域または準工業地域で、建築物の容積率が10分の40または10分の50と定められた地域において定められます。

高層住居誘導地区では、❶建築物の容積率の最高限度、❷建築物の建蔽率の最高限度、❸建築物の敷地面積の最低限度が定められるよ！

問題16 □□□

第一種低層住居専用地域については、都市計画に特定用途制限地域を定めることができる場合がある。

問題17 □□□

市街化区域および区域区分が定められていない都市計画区域については、少なくとも道路、病院および下水道を定めるものとされている。

問題18 □□□

都市計画区域については、用途地域が定められていない土地の区域であっても、一定の場合には、都市計画に、地区計画を定めることができる。

問題19 □□□

地区計画については、都市計画に、地区施設および地区整備計画を定めるよう努めるものとされている。

解答16 ✗ 〔5 地域地区〕

- 特定用途制限地域 ➡ 用途地域が定められていない土地の区域（市街化調整区域を除く）内において定められます。

解答17 ✗ 〔6 都市施設〕

- 市街化区域、非線引き区域 ➡ 道路、公園および下水道を必ず定めるものとされています。

> 住居系の用途地域（8種）には義務教育施設を必ず定めなければならず、都市計画区域外には、特に必要があるときは、都市施設を定めることができるよ！

解答18 ◯ 〔7 地区計画等〕

- そのとおりです。
- 市街化調整区域と非線引き区域においても、用途地域が定められている場合のほか、一定の場合にも地区計画を定めることができます。

> 準都市計画区域や都市計画区域・準都市計画区域以外の区域は、地区計画を定めることはできないよ（都市計画区域外だから）！

解答19 ✗ 〔7 地区計画等〕

- 努力義務ではなく、必ず定める必要があります。
- 地区計画について、都市計画に必ず定める事項は、地区計画の種類・名称・位置・区域、地区施設、地区整備計画です。

問題20 □□□

地区整備計画が定められている地区計画の区域内において、建築物の建築を行おうとする者は、都道府県知事（市の区域内にあっては、当該市の長）の許可を受けなければならない。

問題21 □□□

市町村が定めた都市計画が、都道府県が定めた都市計画と抵触するときは、その限りにおいて、市町村が定めた都市計画が優先する。

以下、問題22から問題31については、許可を要する開発行為の面積について、条例による定めはないものとします。

問題22 □□□

区域区分の定めのない都市計画区域内において、遊園地の建設の用に供する目的で3,000㎡の土地の区画形質の変更を行おうとする者は、あらかじめ、都道府県知事の許可を受けなければならない。

解答20 ✗
7 地区計画等

都道府県知事の許可ではなく、行為に着手する日の**30日前**までに、一定の事項を**市町村長**に**届け出**なければなりません。

解答21 ✗
8 都市計画の決定手続

- 市町村の都市計画が、都道府県の都市計画と抵触する場合➡**都道府県**の都市計画が**優先**します。

解答22 ✗
9 開発許可❶ 全体像

- 開発行為➡主として建築物の建築または特定工作物の建設の用に供する目的で行う土地の区画形質の変更のことをいいます。
- 第二種特定工作物➡(面積にかかわらず)ゴルフコース、**1ha**(10,000㎡)以上の運動・レジャー施設と墓園をいいます。
- 3,000㎡の遊園地➡(第二種)特定工作物の建設ではないので開発行為には該当せず、開発許可は不要となります。

> 第一種特定工作物は、コンクリートプラント、アスファルトプラントなどだよ(面積の要件なし)！

問題23 □□□

首都圏整備法に規定する既成市街地内にある市街化区域において、住宅の建築を目的とした800㎡の土地の区画形質の変更を行おうとする者は、あらかじめ、都道府県知事の許可を受けなければならない。

問題24 □□□

市街化調整区域において、自己の居住の用に供する住宅の建築の用に供する目的で行われる100㎡の土地の区画形質の変更を行おうとする者は、都道府県知事の許可を受けなくてよい。

問題25 □□□

区域区分が定められていない都市計画区域において、店舗の建築の用に供する目的で行われる2,000㎡の土地の区画形質の変更を行おうとする者は、あらかじめ、都道府県知事の許可を受けなければならない。

問題26 □□□

準都市計画区域において、商業施設の建築を目的とした2,000㎡の土地の区画形質の変更を行おうとする者は、あらかじめ、都道府県知事の許可を受けなければならない。

問題27 □□□

都市計画区域および準都市計画区域外の区域内において、8,000㎡の開発行為をしようとする者は、都道府県知事の許可を受けなくてよい。

解答23 ○　　　　　　　　　9 開発許可❶ 全体像

・そのとおりです。

・3大都市圏の一定区域にある市街化区域においては、**500㎡未満**の開発行為について、**開発許可が不要**となります。

解答24 ✕　　　　　　　　　9 開発許可❶ 全体像

・市街化調整区域➡原則として、開発規模にかかわらず**開発許可が必要**となります。

解答25 ✕　　　　　　　　　9 開発許可❶ 全体像

・非線引き区域➡**3,000㎡未満**の開発行為については、**開発許可が不要**となります。

解答26 ✕　　　　　　　　　9 開発許可❶ 全体像

・準都市計画区域➡**3,000㎡未満**の開発行為については、**開発許可が不要**となります。

解答27 ○　　　　　　　　　9 開発許可❶ 全体像

・都市計画区域および準都市計画区域外➡**10,000㎡未満**の開発行為については、**開発許可が不要**となります。

問題28　□□□　基本

　市街化区域において、農業を営む者の居住の用に供する建築物の建築を目的とした1,500㎡の土地の区画形質の変更を行おうとする者は、都道府県知事の許可を受けなくてよい。

問題29　□□□　基本

　市街化区域において、社会教育法に規定する公民館の建築の用に供する目的で行われる1,500㎡の土地の区画形質の変更を行おうとする者は、都道府県知事の許可を受けなくてよい。

問題30　□□□　基本

　市街化調整区域において、医療法に規定する病院の建築を目的とした1,000㎡の土地の区画形質の変更を行おうとする者は、都道府県知事の許可を受けなくてよい。

問題31　□□□　基本

　区域区分が定められていない都市計画区域において、土地区画整理事業の施行として行う8,000㎡の土地の区画形質の変更を行おうとする者は、あらかじめ、都道府県知事の許可を受けなければならない。

解答28 ✕

9 開発許可❶ 全体像

- 農林漁業を営む者の居住用建築物を建築するために行う開発行為➡開発許可が不要となりますが、市街化区域内の開発行為には適用されません。
- 本問は市街化区域における1,000㎡以上の開発行為に該当するので、開発許可が必要となります。

解答29 〇

9 開発許可❶ 全体像

- 公益上必要な建築物(駅舎、図書館、公民館、変電所など)を建設するための開発行為➡開発許可が不要となります。

解答30 ✕

9 開発許可❶ 全体像

- 病院の建築➡公益上必要な建築物を建設するための開発行為に該当しません。
- 市街化調整区域➡開発規模にかかわらず、開発許可が必要となります。

解答31 ✕

9 開発許可❶ 全体像

- 「土地区画整理事業」の施行として行う開発行為➡開発許可が不要となります。

CH 03 法令上の制限

SEC 01 都市計画法

問題32 □□□

開発許可を申請しようとする者は、あらかじめ、開発行為または開発行為に関する工事により設置される公共施設を管理することとなる者と協議し、その同意を得なければならない。

問題33 □□□

開発許可を受けようとする者は、開発行為に関する工事の請負人または請負契約によらないで自らその工事を施行する者を記載した申請書を都道府県知事に提出しなければならない。

問題34 □□□

都道府県知事は、用途地域の定められていない土地の区域における開発行為について開発許可をする場合において必要があると認めるときは、当該開発区域内の土地について、建築物の敷地、構造および設備に関する制限を定めることができる。

問題35 □□□

開発許可を受けた者は、開発行為に関する国土交通省令で定める軽微な変更をしたときは、遅滞なく、その旨を都道府県知事に届け出なければならない。

解答32 ×   10 開発許可❷ 開発許可の手続の流れ

- 開発行為に関係がある公共施設の管理者（既存の公共施設の場合）➡ あらかじめ協議し、その同意を得なければなりません。
- 開発行為により設置される公共施設を管理することとなる者（これから設置される公共施設の場合）➡ あらかじめ協議しなければなりません（本問では同意を得る必要はありません）。

解答33 ○   10 開発許可❷ 開発許可の手続の流れ

そのとおりです。

開発許可申請書の記載事項➡開発区域の位置・区域・規模、予定建築物等の用途、開発行為に関する設計、工事施行者などです。

解答34 ○   10 開発許可❷ 開発許可の手続の流れ

- そのとおりです。他に、建築物の建蔽率、高さ、壁面の位置についての制限も定めることができます。

用途地域の定められていない土地の区域における開発行為についての制限だから、市街化区域内における開発行為には適用されないよ！

解答35 ○   11 開発許可❸ 開発許可が出たあとの手続の流れ

- そのとおりです。なお、開発許可を要しない開発行為への変更をする場合は、許可も届出も不要となります。

問題36 □□□

開発許可を受けた開発行為により公共施設が設置されたときは、その公共施設は、工事完了の公告の日の翌日において、原則としてその公共施設の存する市町村の管理に属するものとされている。

問題37 □□□

開発行為に同意していない土地の所有者は、当該開発行為に関する工事完了の公告前に、当該開発許可を受けた開発区域内において、その権利の行使として自己の土地に建築物を建築することができる。

問題38 □□□

用途地域等の定めがない土地のうち開発許可を受けた開発区域内においては、開発行為に関する工事完了の公告があった後は、都道府県知事の許可を受けなければ、当該開発許可に係る予定建築物以外の建築物を新築することができない。

問題39 □□□

都市計画事業の施行として行う建築物の新築であっても、市街化調整区域のうち開発許可を受けた開発区域以外の区域内においては、都道府県知事の許可を受けなければ、建築物の新築をすることができない。

解答36 ◯ 11 開発許可❸ 開発許可が出たあとの手続の流れ

- そのとおりです。なお、他の法律にもとづく管理者が別にあるときや事前の協議により管理者について別段の定めをしたときは、それらの者の管理に属することになります。

解答37 ◯ 12 開発許可❹ 建築行為の制限

- そのとおりです。

解答38 ◯ 12 開発許可❹ 建築行為の制限

- そのとおりです。なお、開発区域内の土地について、**用途地域等が定められているとき**にも、予定建築物等以外の建築等ができます。

解答39 ✕ 12 開発許可❹ 建築行為の制限

開発許可を受けた区域以外の区域でも、市街化調整区域内に建築物を建築等するとき➡**都道府県知事の許可が必要**となりますが、**都市計画事業の施行として行うもの**については、**許可が不要**となります。

問題40 □□□

都市計画事業の認可の告示後、事業地内において行われる建築物の建築については、都市計画事業の施行の障害となるおそれがあるものであっても、非常災害の応急措置として行うものであれば、都道府県知事（市の区域内にあっては、当該市の長）の許可を受ける必要はない。

解答40 ✗ 　　　　　　　　　　　　　　13 都市計画事業制限

都市計画事業の認可または承認の告示があったあと➡事業地内において、都市計画事業の施行の障害となるおそれがある一定の行為を行おうとする者は、都道府県知事等の許可を受けなければならず、これには例外がありません。

CH
03
法令上の制限

SEC
01
都市計画法

375

CHAPTER 03 | 法令上の制限

SECTION 02 建築基準法

問題1 □□□

建築基準法の改正により、現に存する建築物が改正後の規定に適合しなくなった場合、当該建築物の所有者または管理者は速やかに当該建築物を改正後の建築基準法の規定に適合させなければならない。

問題2 □□□

主要構造部とは、壁、柱、床、はり、屋根または階段をいい、建築物の構造上重要でない最下階の床やひさしを含むものである。

問題3 □□□

延べ面積が1,000㎡を超える準耐火建築物は、防火上有効な構造の防火壁または防火床によって有効に区画し、かつ、各区画の床面積の合計をそれぞれ1,000㎡以内としなければならない。

問題4 □□□

高さ25mの建築物には、周囲の状況によって安全上支障がない場合を除き、有効に避雷設備を設けなければならない。

解答1 ×　　　　　　　　　　　　　1 建築基準法の全体像

- 本問のような建築物を既存不適格建築物といい、改正後の新たな建築基準法の規定に適合させる必要はありません。

解答2 ×　　　　　　　　　　　　　　　　2 単体規定

- 主要構造部➡壁、柱、床、はり、屋根または階段をいい、建築物の構造上重要でない建築物の部分は除かれます。

解答3 ×　　　　　　　　　　　　　　　　2 単体規定

- 延べ面積が1,000㎡を超える建築物➡防火上有効な構造の防火壁・防火床によって有効に区画し、かつ、各区画の床面積の合計をそれぞれ1,000㎡以下にしなければなりません。ただし、当該建築物が耐火建築物または準耐火建築物等であるときは除かれます。

解答4 ○ 　　　　　　　2 単体規定

- そのとおりです。

> 避雷設備は20m超、エレベーターは31m超の建築物に設ける必要があるよ！

問題5　□□□ 基本

　　住宅の地上階における居住のための居室には、採光のための窓その他の開口部を設け、その採光に有効な部分の面積は、その居室の床面積に対して、原則として、7分の1以上としなければならない。

問題6　□□□ 基本

　　換気設備を設けていない住宅の居室には、換気のための窓その他の開口部を設け、その換気に有効な部分の面積は、その居室の床面積に対して10分の1以上としなければならない。

問題7　□□□ 基本

　　居室を有する建築物の建築に際し、飛散または発散のおそれがある石綿を添加した建築材料を使用するときは、その居室内における衛生上の支障がないようにするため、当該建築物の換気設備を政令で定める技術的基準に適合するものとしなければならない。

問題8　□□□ 基本

　　幅員4m以上であり、建築基準法が施行された時点または都市計画区域もしくは準都市計画区域に入った時点で現に存在する道は、特定行政庁の指定がない限り、建築基準法上の道路とはならない。

解答5 ◯　　　　　　　　　　　　2 単体規定

・そのとおりです。

・【原則】住宅の居室における採光のための窓その他の開口部の
　　　　面積➡居室の床面積に対して**7分の1以上**としなけれ
　　　　ばなりません。

・【例外】照明設備の設置、有効な採光方法の確保その他これら
　　　　に準ずる措置が講じられている場合➡**10分の1**まで
　　　　の範囲内において国土交通大臣が別に定める割合とな
　　　　ります。

解答6 ✕　　　　　　　　　　　　2 単体規定

・換気に有効な部分の面積➡居室の床面積に対して**20分の1以
　上**としなければなりません。

解答7 ✕　　　　　　　　　　　　2 単体規定

・石綿等を添加した建築材料➡(石綿等を飛散または発散させるおそれが
　ない一定のものを除き)**使用が禁止**されています。

解答8 ✕　　　　　4 集団規定❶　道路に関する制限

・建築基準法上の道路➡幅員**4m以上**の道路法による道路などを
　いいます。

・本問の道の幅員は4m以上なので、特定行政庁の指定がなくて
　も建築基準法上の道路となります。

CH
03
法令上の制限

SEC
02
建築基準法

379

問題9 □□□

建築基準法第42条第2項の規定により道路の境界線とみなされる線と道との間の部分の敷地が私有地である場合は、敷地面積に算入される。

問題10 □□□

人口10万人以上の市は、その長の指揮監督の下に、建築確認に関する事務をつかさどらせるために、建築主事を置かなければならない。

問題11 □□□

都市計画区域内において中古住宅を建て替える場合の建築物の敷地と道路との関係に関し、その敷地が幅員4m以上の道路に2m以上面していれば、その道路が自動車専用道路であっても、その建築に制限を受けることはない。

問題12 □□□

地方公共団体は、その敷地が袋路状道路にのみ接する一戸建ての住宅について、条例で、その敷地が接しなければならない道路の幅員に関して必要な制限を付加することができる。

解答9 ×   4 集団規定❶ 道路に関する制限

- 2項道路において、道路の境界線とみなされる線と道との間の部分➡**セットバック**といい、敷地面積に算入されません。

解答10 ×   4 集団規定❶ 道路に関する制限

- **建築主事**➡建築確認等の事務を行う公務員をいい、政令で指定する人口25万人以上の市と都道府県については建築主事を置かなければなりませんが、それ以外の市町村は任意で置くことができます。

解答11 ×   4 集団規定❶ 道路に関する制限

- 建築物の敷地の接道義務➡原則として、建築物の敷地は建築基準法上の道路に**2m以上接していなければなりません**が、自動車専用道路は、この道路には含まれません。

解答12 ×   4 集団規定❶ 道路に関する制限

- **地方公共団体**は、特殊建築物や敷地が袋路状道路にのみ接する延べ面積150㎡超の建築物（一戸建て住宅を除く）等について、**条例**で必要な**制限を付加**することができます（本問は一戸建て住宅なので必要な制限を付加することはできません）。

条例で制限を緩和することはできないよ！

問題13 □□□

公衆便所および巡査派出所については、特定行政庁の許可を得ないで、道路に突き出して建築することができる。

問題14 □□□

建築物の壁またはこれに代わる柱は、地盤面下の部分または特定行政庁が建築審査会の同意を得て許可した歩廊の柱その他これに類するものを除き、壁面線を越えて建築してはならない。

問題15 □□□

第一種低層住居専用地域内においては、高等学校を建築することができるが、高等専門学校を建築することはできない。なお、用途地域以外の地域地区等の指定および特定行政庁の許可は考慮しないものとする。

問題16 □□□

工業地域内では、住宅は建築できるが、病院は建築できない。ただし、特定行政庁の許可は考慮しないものとする。

解答13 ✕   　　　4 集団規定❶　道路に関する制限

- 【原則】道路内に、または道路に突き出して、建築物や敷地を造成するための擁壁を建築してはなりません。
- 【例外】公衆便所、巡査派出所など公益上必要な建築物➡**特定行政庁**が、通行上支障がないと認めて**建築審査会の同意を得て許可した**ものは建築することができます。

解答14 ◯   　　　4 集団規定❶　道路に関する制限

- そのとおりです。

解答15 ◯   　　　5 集団規定❷　用途制限

- そのとおりです。
- 第一種・第二種低層住居専用地域、田園住居地域➡幼稚園、小学校、中学校、高等学校を建築することができますが、高等専門学校や大学は建築することができません。

用途制限によって建築することができない建築物であっても、一定の要件を満たして特定行政庁が許可(特例許可)した場合には建築することができるよ!

解答16 ◯   　　　5 集団規定❷　用途制限

- そのとおりです。なお、住宅(共同住宅)は工業専用地域内のみ、病院は、第一種・第二種低層住居専用地域、田園住居地域、工業地域、工業専用地域内で建築することができません。

問題17 □□□

店舗の用途に供する建築物で当該用途に供する部分の床面積の合計が10,000㎡を超えるものは、原則として工業地域内では建築することができない。

問題18 □□□

一の敷地で、その敷地面積の40％が第二種低層住居専用地域に、60％が第一種中高層住居専用地域にある場合は、原則として、当該敷地内には大学を建築することができない。

問題19 □□□

都市計画区域または準都市計画区域内における用途地域の指定のない区域内の建築物の建蔽率の上限値は、原則として建築基準法で定めた数値のうち、特定行政庁が土地利用の状況等を考慮し当該区域を区分して都道府県都市計画審議会の議を経て定めるものとなる。

問題20 □□□

都市計画により建蔽率の限度が10分の8と定められている準工業地域においては、防火地域内にある耐火建築物については、建築基準法第53条第1項から第5項までの規定に基づく建蔽率に関する制限は適用されない。

解答17 ○　　　　　　　　　　5 集団規定❷　用途制限

・そのとおりです。

・**10,000㎡超**の一定の店舗・飲食店は、近隣商業地域、商業地域、準工業地域内にのみ建築することができます。

解答18 ✕　　　　　　　　　　5 集団規定❷　用途制限

建築物の敷地が２つの用途地域にまたがる場合➡**広いほう**（敷地の**過半**が属するほう）の用途制限が適用されます。

第一種中高層住居専用地域➡大学を建築することができます。

解答19 ○　　　　　　　　　　6 集団規定❸　建蔽率

・そのとおりです。

解答20 ○　　　　　　　　　　6 集団規定❸　建蔽率

・そのとおりです。

・建蔽率の最高限度が**10分の8**と定められている地域内で、かつ、**防火地域内**にある**耐火建築物等**については、**建蔽率100％**で建築することができます。

問題21 ☐ ☐ ☐

都市計画により建蔽率の限度が10分の6と定められている近隣商業地域において、準防火地域内にある耐火建築物で、街区の角にある敷地またはこれに準ずる敷地で特定行政庁が指定するものの内にある建築物については、建蔽率の限度が10分の8となる。

問題22 ☐ ☐ ☐

隣地境界線から後退して壁面線の指定がある場合において、当該壁面線を越えない建築物で、特定行政庁が安全上、防火上および衛生上支障がないと認めて許可したものの建蔽率は、当該許可の範囲内において建蔽率による制限が緩和される。

問題23 ☐ ☐ ☐

建築物の敷地が、建築基準法第53条第1項の規定にもとづく建築物の建蔽率に関する制限を受ける地域または区域の二以上にわたる場合においては、当該建築物の敷地の過半の属する地域または区域における建蔽率に関する制限が、当該建築物に対して適用される。

問題24 ☐ ☐ ☐

建築物の容積率の制限は、都市計画において定められた数値によるものと、建築物の前面道路の幅員に一定の数値を乗じて得た数値によるものがあるが、前面道路の幅員が12m未満である場合には、当該建築物の容積率は、都市計画において定められた容積率以下でなければならない。

解答21 ○ 　　　6 集団規定❸ 建蔽率

下記の❶、❷の両方を満たすので、10分の8となります。

❶「建蔽率の最高限度が10分の8とされている地域外で、かつ、防火地域内にある耐火建築物等」または「準防火地域内にある耐火建築物等・準耐火建築物等」➡10分の1を加算できます。

❷「街区内の角地等のうち、特定行政庁が指定したものの内にある建築物」➡10分の1を加算できます。

解答22 ○ 　　　6 集団規定❸ 建蔽率

そのとおりです。

解答23 × 　　　6 集団規定❸ 建蔽率

建築物の敷地が建蔽率の異なる地域にまたがる場合➡加重平均で計算します。

容積率の場合も加重平均で計算するよ！

解答24 × 　　　7 集団規定❹ 容積率

前面道路の幅員が12m未満である場合➡指定容積率、または前面道路の幅員×法定乗数のいずれか小さいほうとなります。

問題25 □□□

建築物の前面道路の幅員により制限される容積率について、前面道路が2つ以上ある場合には、これらの前面道路の幅員の最小の数値（12m未満の場合に限る。）を用いて算定する。

問題26 □□□

建築物の容積率の算定の基礎となる延べ面積には、老人ホームの共用の廊下または階段の用に供する部分の床面積は、算入しないものとされている。

問題27 □□□

田園住居地域内の建築物に対しては、建築基準法第56条第1項第3号の規定（北側斜線制限）は適用されない。

問題28 □□□

日影による中高層の建築物の高さの制限に係る日影時間の測定は、夏至日の真太陽時の午前8時から午後4時までの間について行われる。

問題29 □□□

準工業地域、工業地域および工業専用地域には、建築基準法第56条の2第1項の規定（日影規制）は適用されない。

解答25 ✗ 7 集団規定❹ 容積率

- 建築物の敷地が２つ以上の道路に面している場合➡最も幅員の広い道路が前面道路となります。

解答26 ○ 7 集団規定❹ 容積率

そのとおりです。

他にも、エレベーターの昇降路の部分や住宅または老人ホーム等に設ける機械室等の部分の床面積も延べ面積に算入されません。

解答27 ✗ 8 集団規定❺ 高さ制限（斜線制限、日影規制）

- 北側斜線制限➡第一種・第二種低層住居専用地域、田園住居地域、（日影規制を受けるものを除いた）第一種・第二種中高層住居専用地域にのみ適用されます。

> 低層住居専用地域等内（第一種・第二種低層住居専用地域、田園住居地域）に適用されないのは、隣地斜線制限だよ！

解答28 ✗ 8 集団規定❺ 高さ制限（斜線制限、日影規制）

- 日影時間の測定は、夏至日ではなく、冬至日の真太陽時の午前8時から午後4時までの間について行われます。

解答29 ✗ 8 集団規定❺ 高さ制限（斜線制限、日影規制）

- 日影規制➡商業地域、工業地域および工業専用地域には適用されません（準工業地域は適用されます）。

問題30 □□□

田園住居地域内においては、建築物の高さは、一定の場合を除き、10mまたは12mのうち当該地域に関する都市計画において定められた建築物の高さの限度を超えてはならない。

問題31 □□□

第一種住居地域内における建築物の外壁またはこれに代わる柱の面から敷地境界線までの距離は、当該地域に関する都市計画においてその限度が定められた場合には、当該限度以上でなければならない。

問題32 □□□

防火地域または準防火地域において、延べ面積が1,000㎡を超える建築物は、その建築物の階数にかかわらず、すべて耐火建築物等としなければならない。

問題33 □□□

防火地域または準防火地域内にある建築物に付属する門で、高さが2mのものは、延焼防止上支障のない構造としなければならない。

解答30 ○   9 集団規定❻ 低層住居専用地域等内の制限

- そのとおりです。
- 絶対高さの制限は、低層住居専用地域等内（第一種・第二種低層住居専用地域、田園住居地域）に適用されます。

解答31 ✗   9 集団規定❻ 低層住居専用地域等内の制限

- 外壁の後退距離の限度➡低層住居専用地域等内（第一種・第二種低層住居専用地域、田園住居地域）に適用されます。

解答32 ✗   10 集団規定❼ 防火・準防火地域内の制限

- 防火地域…**100㎡超**、準防火地域…**1,500㎡超**の建築物➡階数にかかわらず、すべて**耐火建築物等**にしなければなりません。

> 準防火地域内の1,500㎡以下・地階を除く3階建ての建築物については、準耐火建築物等にしなければならないよ！

解答33 ✗   10 集団規定❼ 防火・準防火地域内の制限

- 防火地域内にある建築物または準防火地域内にある木造建築物等に付属する門・塀で、高さが**2mを超えるもの**➡延焼防止上支障のない構造としなければなりません。

問題34　□□□　基本

防火地域内において建築物の屋上に看板を設ける場合には、その主要な部分を難燃材料で造り、またはおおわなければならない。

問題35　□□□　基本

防火地域または準防火地域内にある建築物で、外壁が防火構造であるものについては、その外壁を隣地境界線に接して設けることができる。

問題36　□□□　基本

建築物が防火地域および準防火地域にわたる場合においては、その全部について、敷地の属する面積が大きい方の地域内の建築物に関する規定を適用する。

問題37　□□□　基本

階数が2で延べ面積が200㎡の鉄骨造の共同住宅の大規模の修繕をしようとする場合、建築主は、当該工事に着手する前に、確認済証の交付を受けなければならない。

解答34 ✗  10 集団規定❼ 防火・準防火地域内の制限

- 防火地域内の看板、広告塔、装飾等で一定のもの(建物の屋上に設けるものまたは高さが3mを超えるもの)➡その主要部分を**不燃材料**で造り、またはおおわなければなりません。

解答35 ✗　　10 集団規定❼ 防火・準防火地域内の制限

- 防火地域または準防火地域内にある建築物で、外壁が**耐火構造**であるもの➡その外壁を隣地境界線に接して設けることができます。

 民法の規定の例外だよ！

解答36 ✗　　10 集団規定❼ 防火・準防火地域内の制限

建築物が防火地域および準防火地域にわたる場合➡その全部について防火地域内の建築物に関する規定(厳しいほう)が適用されます。

解答37 ◯　　11 建築確認

- **地階を含めた階数が2以上**または延べ面積が**200㎡超**の**木造以外**の建築物(木造以外の大規模建築物)の大規模修繕➡**建築確認が必要**となります。

 特殊建築物で、その用途部分の床面積が200㎡超のものも建築確認が必要だよ！

問題38 □□□

床面積の合計が500㎡の映画館の用途に供する建築物を演芸場に用途変更する場合、建築主事または指定確認検査機関の確認を受ける必要はない。

問題39 □□□

防火地域内にある3階建ての木造の建築物を増築する場合、その増築に係る部分の床面積の合計が10㎡以内であれば、その工事が完了した際に、建築主事または指定確認検査機関の完了検査を受ける必要はない。

問題40 □□□

建築主は、3階建ての木造の共同住宅を新築する場合において、特定行政庁が、安全上、防火上および避難上支障がないと認めたときは、検査済証の交付を受ける前においても、仮に、当該共同住宅を使用することができる。

問題41 □□□

建築協定区域内の土地の所有者等は、特定行政庁から認可を受けた建築協定を変更または廃止しようとする場合においては、土地所有者等の過半数の合意をもってその旨を定め、特定行政庁の認可を受けなければならない。

解答38 ○ 　11 建築確認

- そのとおりです。
- 一定の類似の用途相互間への変更の場合➡建築確認は不要です。

解答39 ✕ 　11 建築確認

- 防火地域および準防火地域内の場合➡床面積が10㎡以下であっても建築確認が必要です。

 防火地域および準防火地域外で、建築物を増築・改築・移転しようとする場合、その増築・改築・移転の床面積合計が10㎡以下であれば、建築確認は不要！

解答40 ○ 　11 建築確認

- そのとおりです。

解答41 ✕ 　12 建築協定

- 建築協定の締結・変更➡土地の所有者等の全員の合意と特定行政庁の認可が必要です。
- 建築協定の廃止➡土地の所有者等の過半数の合意と特定行政庁の認可が必要です。

CHAPTER 03 | 法令上の制限

SECTION
03 国土利用計画法

問題1 □□□

注視区域または監視区域に所在する土地について、土地売買等の契約を締結しようとする場合には、国土利用計画法第27条の4または同法第27条の7の事前届出が必要であるが、当該契約が一定の要件を満たすときは国土利用計画法第23条の事後届出も必要である。

問題2 □□□

個人Aが所有する都市計画区域外の12,000㎡の土地に、個人Bが地上権の設定を受ける契約を締結した場合、Bは一定の場合を除き国土利用計画法第23条の事後届出を行う必要がある。

問題3 □□□

Aが所有する都市計画区域外の15,000㎡の土地をBに贈与した場合、Bは国土利用計画法第23条の事後届出を行う必要がある。

問題4 □□□

個人Aが所有する市街化区域内の3,000㎡の土地を、個人Bが相続により取得した場合、Bは国土利用計画法第23条の事後届出を行わなければならない。

解答1 ✗

1 国土利用計画法の全体像

- 注視区域または監視区域➡土地取引契約の締結前に都道府県知事に届出が必要です(事前届出制)。この場合、重ねて事後届出を行う必要はありません。

解答2 ○

2 土地売買等の契約とは

- 地上権の設定➡土地に関する権利の移転または設定(権利性)に該当します(権利金等の返還されない対価の授受がある場合に限ります)。
- 都市計画区域外の12,000㎡の土地➡事後届出が必要です。

> 都市計画区域外(準都市計画区域とそれ以外の区域)は、10,000㎡未満であれば事後届出は不要だよ！

解答3 ✗

2 土地売買等の契約とは

- 贈与➡対価の授受を伴うもの(対価性)に該当しないので、事後届出は不要です。

解答4 ✗

2 土地売買等の契約とは

- 相続➡契約によって行われるもの(契約性)に該当せず、対価性もないので、事後届出は不要です。

問題5 □□□

国が所有する市街化区域内の一団の土地である1,500㎡の土地と500㎡の土地を個人Aが購入する契約を締結した場合、Aは国土利用計画法第23条の事後届出を行う必要がある。

問題6 □□□

Aが所有する市街化区域内の1,500㎡の土地をBが購入した場合には、Bは国土利用計画法第23条の事後届出を行う必要はないが、Cが所有する市街化調整区域内の6,000㎡の土地についてDと売買に係る予約契約を締結した場合には、Dは同条の事後届出を行う必要がある。

問題7 □□□

市街化調整区域において、宅建業者Aが所有する面積5,000㎡の土地について、宅建業者Bが一定の計画に従って、2,000㎡と3,000㎡に分割して順次購入した場合、Bは国土利用計画法第23条の事後届出を行う必要はない。

問題8 □□□

土地売買等の契約を締結した場合には、当事者のうち当該契約による権利取得者は、その契約を締結した日の翌日から起算して3週間以内に、国土利用計画法第23条の事後届出を行わなければならない。

解答5 ×　　　3 許可・届出が不要な場合

- 当事者の一方または双方が国、地方公共団体、地方住宅供給公社等である場合➡許可・届出は不要です。

解答6 ○　　　3 許可・届出が不要な場合

- 市街化区域➡2,000㎡未満は事後届出が不要です。
- 市街化調整区域・非線引き区域➡5,000㎡未満は事後届出が不要です。

 予約契約は土地売買等の契約に該当するよ（予約完結権の行使時に改めて届出は不要）！

解答7 ×　　　3 許可・届出が不要な場合

- 一団の土地➡一連の計画にもとづいて買い集めた土地の合計面積で判断します。
- 市街化調整区域の5,000㎡（2,000㎡＋3,000㎡）の土地を購入➡事後届出が必要です。

解答8 ×　　　4 事後届出の手続等

- 事後届出の期間➡契約締結後2週間以内に事後届出が必要となります。

問題9 □□□ 基本

指定都市(地方自治法にもとづく指定都市をいう。)の区域以外に所在する土地について、国土利用計画法第23条の事後届出を行うに当たっては、市町村の長を経由しないで、直接都道府県知事に届け出なければならない。

問題10 □□□ 基本

都道府県知事は、国土利用計画法第23条の事後届出に係る土地の利用目的および対価の額について、届出をした宅建業者に対し勧告することができ、都道府県知事から勧告を受けた当該業者が勧告に従わなかった場合、その旨およびその勧告の内容を公表することができる。

問題11 □□□

都道府県知事は、国土利用計画法第23条の事後届出をした者に対し、その届出に係る土地に関する権利の移転もしくは設定後における土地の利用目的または土地に関する権利の移転もしくは設定の対価の額について、当該土地を含む周辺の地域の適正かつ合理的な土地利用を図るために必要な助言をすることができる。

問題12 □□□

国土利用計画法第23条の事後届出が必要な土地売買等の契約により権利取得者となった者が事後届出を行わなかった場合、都道府県知事から当該届出を行うよう勧告されるが、罰則の適用はない。

解答 9 ✗   4 事後届出の手続等

事後届出の提出先➡権利取得者が一定事項を示して、**市町村長を経由して都道府県知事**に届け出ます。

解答 10 ✗   4 事後届出の手続等

都道府県知事の勧告➡事後届出をした者に対し、**利用目的**を変更すべきことを勧告することができます（対価の額は審査の対象ではありません）。なお、後段はそのとおりです。

解答 11 ✗   4 事後届出の手続等

都道府県知事の助言➡事後届出をした者に対し、土地の利用目的について必要な助言をすることはできますが、対価の額については助言できません。

解答 12 ✗   6 罰則

事後届出を行わなかった場合➡罰則の適用はありますが、届出を行うように勧告されることはありません。

・必要な届出をしなかった場合は罰則の適用あり！
・勧告に従わなかった場合は罰則の適用なし！

CHAPTER 03 | 法令上の制限

SECTION
04 農地法

問題1 □□□

自己所有の農地に住宅を建設する資金を借り入れるため、当該農地に抵当権の設定をする場合には、農地法第3条第1項の許可を受ける必要がある。

問題2 □□□

耕作目的で原野を農地に転用しようとする場合、農地法第4条第1項の許可は不要である。

問題3 □□□

農地の賃貸借および使用貸借は、その登記がなくても農地の引渡しがあったときは、これをもってその後にその農地について所有権を取得した第三者に対抗することができる。

問題4 □□□

農地法第2条第3項の農地所有適格法人の要件を満たしていない株式会社は、耕作目的で農地を借り入れることはできない。

解答1 ✗ _{1 農地法の全体像}

- 抵当権の設定は権利移動に該当しないので、許可は不要です。

解答2 ○ _{1 農地法の全体像}

- そのとおりです。
- 法第4条第1項の規制の対象となる転用とは、農地を農地以外の土地にすることをいいます。

> 採草放牧地を採草放牧地以外の土地に転用しても4条許可は不要だよ！

解答3 ✗ _{1 農地法の全体像}

- 農地の賃貸借➡農地の引渡しが第三者への対抗要件です。
- 農地の使用貸借➡(農地に限らず)使用貸借は、第三者への対抗要件を備える手段がありません。

解答4 ✗ _{1 農地法の全体像}

- 農地所有適格法人以外の法人➡農地・採草放牧地を所有することはできませんが、借り入れることはできます。

問題5　□□□　基本

耕作を目的として農業者が競売により農地を取得する場合は、農地法第3条第1項の許可を受ける必要がない。

問題6　□□□　基本

遺産分割によって農地を取得する場合には、農地法第3条第1項の許可は不要であるが、農業委員会への届出が必要である。

問題7　□□□　基本

農地法第3条第1項の許可を受けなければならない場合の売買については、その許可を受けずに農地の売買契約を締結しても、所有権移転の効力は生じない。

問題8　□□□　基本

市街化区域内の自己所有の農地を駐車場に転用するため、あらかじめ農業委員会に届け出た場合には、農地法第4条第1項の許可を受ける必要がない。

解答5 ✗　　　2 3条、4条、5条の規制のポイント

・競売による取得➡3条許可が必要となります。

民事調停法による農事調停によって権利が設定・移転される場合は、3条許可は不要だよ！

解答6 ○　　　2 3条、4条、5条の規制のポイント

・そのとおりです。

3条許可の許可権者は農業委員会だよ！

解答7 ○　　　2 3条、4条、5条の規制のポイント

・そのとおりです。
・農地法の許可を受けずに売買契約を締結した場合➡効力は生じません(無効)。

解答8 ○　　　2 3条、4条、5条の規制のポイント

・そのとおりです。
・**市街化区域内の特例➡あらかじめ農業委員会に届け出れば、4条許可・5条許可は不要**となります。

3条許可には市街化区域の特例はないし、もちろん市街化調整区域内の土地にもこの特例の適用はないよ！

問題9　□□□　基本

都道府県が市街化調整区域内の農地を取得して病院を建設する場合には、都道府県知事（農地法第4条第1項に規定する指定市町村の区域内にあってはその長）との協議が成立すれば、農地法第5条第1項の許可があったものとみなされる。

問題10　□□□　基本

砂利採取法第16条の認可を受けて市街化調整区域内の農地を砂利採取のために一時的に借り受ける場合には、農地法第5条第1項の許可は不要である。

解答9 ⭕ 　　　　　　2 3条、4条、5条の規制のポイント

そのとおりです。

4条許可、5条許可の許可権者は都道府県知事（指定市町長）だよ！

解答10 ❌ 　　　　　　2 3条、4条、5条の規制のポイント

一時的な転用目的の権利移動➡5条許可が必要です。

SECTION
05 盛土規制法

問題1 □□□ 基本

宅地造成等工事規制区域内において宅地を宅地以外の土地にするために行う土地の形質の変更であれば、当該宅地に隣接し、または近接する宅地において災害を発生させるおそれが大きいものとして政令で定める規模の工事を行う場合でも、都道府県知事(指定都市または中核市の区域内の土地については、それぞれの長。以下同じ。)の許可を受ける必要はない。

問題2 □□□ 基本

宅地造成等工事規制区域内において、宅地を造成するために切土をする土地の面積が500㎡であって盛土を生じない場合、切土をした部分に生じる崖の高さが1.5mであれば、都道府県知事の盛土規制法第12条第1項本文の工事の許可を受けなければならない。

問題3 □□□ 基本

宅地または農地等において行う土石の堆積で政令で定める規模のものであっても、一定期間の経過後に当該土石を除却しないものは、土石の堆積に該当しない。

解答1 ✕ 　　　　　　　　　　1 盛土規制法の全体像

- 宅地造成等工事規制区域内において行われる盛土その他の土地の形質の変更➡政令で定める規模の盛土や切土を行う場合は、一定の場合を除き、**都道府県知事の許可**を受けなければなりません。

>
> ・宅地造成➡宅地以外の土地を宅地にするために行う盛土その他の土地の形質の変更で政令で定める規模のもの。
> ・特定盛土等➡宅地・農地等において行う盛土その他の土地の形質の変更で、当該宅地・農地等に隣接し、または近接する宅地において災害を発生させるおそれが大きいものとして政令で定める規模のもの。

解答2 ✕　　　　　　　　　　1 盛土規制法の全体像

盛土・切土をする土地の面積が**500㎡以下**➡宅地造成・特定盛土等に該当しません。

切土によって生じた崖の高さが**2m以下**➡宅地造成・特定盛土等に該当しません。

解答3 ◯　　　　　　　　　　1 盛土規制法の全体像

- 土石の堆積➡政令で定める規模のものであって、**一定期間の経過後に土石を除却するもの**に限られます。

問題4 □□□

主務大臣は、基本方針にもとづき、おおむね5年ごとに、宅地造成等工事規制区域の指定、特定盛土等規制区域の指定および造成宅地防災区域の指定その他盛土規制法にもとづき行われる宅地造成、特定盛土等または土石の堆積に伴う災害の防止のための対策に必要な基礎調査として、宅地造成、特定盛土等または土石の堆積に伴う崖崩れまたは土砂の流出のおそれがある土地に関する地形、地質の状況その他主務省令で定める事項に関する調査を行う。

問題5 □□□

宅地造成等工事規制区域内において行われる宅地造成等に関する工事について、工事主は、一定の場合を除き、工事に着手する前に都道府県知事の許可を受けなければならず、当該申請があったときは、都道府県知事は、宅地造成等に関する工事の施行に係る土地の周辺地域の住民に対し、説明会の開催その他の当該宅地造成等に関する工事の内容を周知させるため必要な措置を講じなければならない。

問題6 □□□

宅地造成等工事規制区域内において宅地造成等に関する工事（許可不要の工事を除く。）を行う場合、宅地造成等に伴う災害を防止するために行う高さ5mを超える擁壁に係る工事については、政令で定める資格を有する者の設計によらなければならない。

解答4 ✗　　2 基本方針および基礎調査

- 基礎調査➡主務大臣ではなく、都道府県(指定都市、中核市の区域内の土地については、それぞれ指定都市または中核市)が行います。

解答5 ✗　　3 宅地造成等工事規制区域内の規制

- 宅地造成等工事規制区域内において行われる宅地造成等に関する工事➡原則として、工事主は工事着手前に都道府県知事の許可を受けなければなりません。
- 説明会の開催等の必要な措置➡工事主が、許可を申請する前にあらかじめ行う必要があります。

解答6 ○　　3 宅地造成等工事規制区域内の規制

- そのとおりです。
- ❶高さ5m超の擁壁の設置、❷盛土・切土をする土地の面積が1,500㎡超の土地における排水施設の設置に係る工事➡一定の資格を有する者が設計したものでなければなりません。

問題7 □□□ 基本

宅地造成等工事規制区域内において行われる宅地造成等に関する工事の許可を受けた者は、国土交通省令で定める軽微な変更を除き、当該許可に係る工事の計画の変更をしようとするときは、遅滞なくその旨を都道府県知事に届け出なければならない。

問題8 □□□ 基本

宅地造成等工事規制区域内において行われる宅地造成等に関する工事の許可を受けた者は、その工事の規模にかかわらず、一定期間ごとに当該許可に係る宅地造成等に関する工事の実施の状況等を都道府県知事に報告しなければならない。

問題9 □□□ 基本

宅地造成等工事規制区域内の土地(公共施設用地を除く。)において、地表水等を排除するための排水施設の除却の工事を行おうとする者は、宅地造成等に関する工事の許可を受けた等の場合を除き、工事に着手する日までに、その旨を都道府県知事に届け出なければならない。

解答7 ✗　　　　　　　　　　　　3 宅地造成等工事規制区域内の規制

- 【原則】許可を受けた工事の計画を変更するとき➡都道府県知事の許可が必要です。
- 【例外】軽微な変更➡都道府県知事へ変更の届出を行います。

> 軽微な変更
> ❶工事主や設計者、工事施行者の氏名・名称または住所の変更
> ❷工事の着手予定年月日、完成予定年月日の変更

解答8 ✗　　　　　　　　　　　　3 宅地造成等工事規制区域内の規制

- 定期の報告➡政令で定める規模の宅地造成等に関する工事に係るものに限り、定期の報告が必要となります。

解答9 ✗　　　　　　　　　　　　　　4 工事等の届出

- 宅地造成等工事規制区域内の土地において、擁壁等に関する工事、その他の工事(地表水等を排除するための排水施設の除却の工事など)を行おうとする者➡工事に着手する日の14日前までに都道府県知事にその旨の届出が必要です。

問題10 □ □ □

宅地造成等工事規制区域内で過去に宅地造成等に関する工事が行われ、現在は工事主とは異なる者がその工事が行われた土地を所有している場合において、当該土地の所有者は宅地造成等に伴う災害が生じないよう、その土地を常時安全な状態に維持するよう努めなければならない。

問題11 □ □ □

特定盛土等規制区域内において行われる特定盛土等または土石の堆積に関する工事については、その工事の規模にかかわらず、工事主は、当該工事に着手する前に、都道府県知事の許可を受けなければならない。

問題12 □ □ □

都道府県知事は、基本方針にもとづき、かつ、基礎調査の結果を踏まえ、宅地造成、特定盛土等または土石の堆積に伴う災害が生じるおそれが大きい市街地もしくは市街地となろうとする土地の区域または集落の区域(これらの区域に隣接し、または近接する土地の区域を含む。)であって、宅地造成等に関する工事について規制を行う必要があるものを、造成宅地防災区域として指定することができる。

解答10 ◯

5 土地の保全義務等

・そのとおりです。

・宅地造成等工事規制区域内の土地の**所有者・管理者・占有者**➡宅地造成等（宅地造成等工事規制区域の指定前に行われたものを含む）に伴う災害が生じないよう、その土地を常時安全な状態に維持するように努めなければなりません。

解答11 ✕

6 特定盛土等規制区域

・特定盛土等規制区域内において行われる特定盛土等または土石の堆積に関する工事➡工事に着手する日の**30日前**までに都道府県知事に工事計画の**届出**が必要です。

・大規模な崖崩れまたは土砂の流出を生じさせるおそれが大きいものとして政令で定める規模の工事➡**工事着手前**に都道府県知事の**許可**を受けなければなりません。

解答12 ✕

7 造成宅地防災区域

・本問は**宅地造成等工事規制区域**の説明です。

・**造成宅地防災区域**➡宅地造成または特定盛土等（宅地において行うものに限る）に伴う災害で、相当数の居住者等に危害を生ずるものの発生のおそれが大きい一団の造成宅地の区域であって一定の基準に該当する区域をいい、都道府県知事が、基本方針にもとづき、かつ、基礎調査の結果を踏まえて、必要があると認めるときに、関係市町村長の意見を聴いて**宅地造成等工事規制区域以外の区域**に指定します。

CH 03 法令上の制限

SEC 05 盛土規制法

415

CHAPTER 03 | 法令上の制限

SECTION
06 土地区画整理法

問題1 □□□

土地区画整理事業とは、公共施設の整備改善および宅地の利用の増進を図るため、土地区画整理法で定めるところに従って行われる、都市計画区域内および都市計画区域外の土地の区画形質の変更に関する事業をいう。

問題2 □□□

土地区画整理組合が施行する土地区画整理事業に係る施行地区内の宅地について借地権のみを有する者は、その土地区画整理組合の組合員とはならない。

問題3 □□□

土地区画整理組合の設立認可を申請しようとする者は、施行地区となるべき区域内の宅地について借地権を有するすべての者の3分の2以上の同意を得なければならないが、未登記の借地権を有する者の同意を得る必要はない。

問題4 □□□

土地区画整理組合が賦課金を徴収する場合、賦課金の額は、組合員が施行地区内に有する宅地または借地の地積等にかかわらず一律に定めなければならない。

解答1 ✕　　　　　　　　　　　1 土地区画整理法の全体像

・土地区画整理事業➡**都市計画区域内の土地**について、公共施設の整備改善、宅地の利用の増進を図るために行われる土地の区画形質の変更、公共施設の新設・変更に関する事業をいいます。

解答2 ✕　　　　　　　　　　　1 土地区画整理法の全体像

・土地区画整理組合の組合員➡施行地区内の宅地の所有者・借地権者は**全員**、組合員となります（強制加入）。

解答3 ✕　　　　　　　　　　　1 土地区画整理法の全体像

・未登記の借地権者➡未登記の借地権者も、一定の要件の下、借地権者に含みますので、同意が必要となる場合があります。

解答4 ✕　　　　　　　　　　　1 土地区画整理法の全体像

・組合が賦課金を徴収する場合➡宅地等の位置や地積等を考慮して公平に定めなければなりません。

CH
03
法令上の制限

SEC
06
土地区画整理法

417

問題5 □□□

施行者は、施行地区内の宅地について換地処分を行うため、換地計画を定めなければならない。この場合において、当該施行者が土地区画整理組合であるときは、その換地計画について市町村長の認可を受けなければならない。

問題6 □□□

換地計画において換地を定める場合においては、換地および従前の宅地の位置、地積、土質、水利、利用状況、環境等が照応するように定めなければならない。

問題7 □□□

仮換地が指定された場合においては、従前の宅地について権原にもとづき使用し、または収益することができる者は、仮換地の指定の効力発生の日から換地処分の公告がある日まで、仮換地について、従前の宅地について有する権利の内容である使用または収益と同じ使用または収益をすることができる。

問題8 □□□

施行者は、仮換地を指定した場合において、特別の事情があるときは、その仮換地について使用または収益を開始することができる日を仮換地の指定の効力発生日と別に定めることができる。

解答5 　　　　　　　　　　　　2 換地計画

- 前段はそのとおりです。
- 施行者が都道府県、国土交通大臣以外であるとき➡換地計画について都道府県知事の認可を受けなければなりません。

解答6 　　　　　　　　　　　　2 換地計画

- そのとおりです。これを換地照応の原則といいます。

解答7 　　　　　　　　　　　　4 仮換地

- そのとおりです。なお、処分(売却、抵当権の設定)は従前の宅地において行います。

解答8 ○ 　　　　　　　　　　　　4 仮換地

- そのとおりです。なお、この場合、従前の宅地の所有者等は、仮換地の使用収益開始日まで、仮換地について(従前の宅地についても)使用・収益することができません。

問題9 □□□ 基本

換地処分は、換地計画に係る区域の全部について土地区画整理事業の工事がすべて完了した後でなければすることができない。

問題10 □□□ 基本

換地処分は、施行者が換地計画において定められた関係事項を公告して行うものとする。

問題11 □□□ 基本

組合施行の土地区画整理事業において、定款に特別の定めがある場合には、換地計画において、保留地の取得を希望する宅建業者に当該保留地に係る所有権が帰属するよう定めることができる。

問題12 □□□ 基本

施行者は、仮換地を指定した時に、清算金を徴収し、または交付しなければならない。

解答9 ✕

5 換地処分

- 【原則】換地処分の時期➡換地計画に係る区域の全部について、**工事が完了した後**に遅滞なく行います。
- 【例外】規準、規約、定款、施行規程に別段の定めがある場合➡**工事の完了前**でも換地処分を行うことができます。

解答10 ✕

5 換地処分

換地処分は、施行者が関係権利者に対して、換地計画で定められた事項を**通知**して行います。なお、換地処分があった場合、**都道府県知事**は、換地処分があった旨を**公告**しなければなりません。

解答11 ✕

5 換地処分

- 保留地の取得➡換地処分の**公告があった日の翌日**に**施行者が取得**します。
- 保留地➡換地計画において、土地区画整理事業の施行費用に充てるため（民間施行の場合は定款等で定める目的のためも含む）、一定の土地を換地として定めないで、保留地として定めることができます。

解答12 ✕

5 換地処分

- 清算金の確定➡換地処分の**公告があった日の翌日**に確定します。
- 仮換地を指定した時点では清算金は確定していないため、徴収、または交付することはできません。

CH
03
法令上の制限

SEC
06
土地区画整理法

SECTION 07 その他の法令上の制限

問題1 □□□

都市緑地法によれば、特別緑地保全地区内において建築物の新築、改築または増築を行おうとする者は、一定の場合を除き、公園管理者の許可を受けなければならない。

問題2 □□□

地すべり等防止法によれば、地すべり防止区域内において、地表水を放流し、または停滞させる行為をしようとする者は、一定の場合を除き、市町村長の許可を受けなければならない。

問題3 □□□

河川法によれば、河川区域内の土地において工作物を新築し、改築し、または除却しようとする者は、河川管理者と協議をしなければならない。

問題4 □□□

津波防災地域づくりに関する法律によれば、津波防護施設区域内において土地の掘削をしようとする者は、一定の場合を除き、津波防護施設管理者の許可を受けなければならない。

解答1 ✕　　　　　　　　　1 その他の法令上の制限

・特別緑地保全地区（都市緑地法）➡**都道府県知事等の許可**が必要です。

解答2 ✕　　　　　　　　　1 その他の法令上の制限

・地すべり等防止法➡**都道府県知事の許可**が必要です。

解答3 ✕　　　　　　　　　1 その他の法令上の制限

・河川法➡**河川管理者の許可**が必要です。

解答4 ◯　　　　　　　　　1 その他の法令上の制限

・津波防護施設区域内の土地の掘削（津波防災地域づくりに関する法律）
➡**津波防護施設管理者の許可**が必要です。

CHAPTER 04

税・その他

SECTION 01	不動産に関する税金（40問）	426
SECTION 02	不動産鑑定評価基準（9問）	446
SECTION 03	地価公示法（8問）	452
SECTION 04	住宅金融支援機構法（9問） 登録講習修了者は免除項目	456
SECTION 05	景品表示法（10問） 登録講習修了者は免除項目	460
SECTION 06	土地・建物（17問） 登録講習修了者は免除項目	466

CHAPTER 04 | 税・その他

SECTION
01 不動産に関する税金

問題1 □□□

共有物の分割による不動産の取得については、当該不動産の取得者の分割前の当該共有物に係る持分の割合を超えない部分の取得であれば、不動産取得税は課されない。

問題2 □□□

不動産取得税は、不動産の取得に対して課される税であるので、家屋を改築したことにより、当該家屋の価格が増加したとしても、不動産取得税は課されない。

問題3 □□□

家屋が新築された日から3年を経過して、なお、当該家屋について最初の使用または譲渡が行われない場合においては、当該家屋が新築された日から3年を経過した日において家屋の取得がなされたものとみなし、当該家屋の所有者を取得者とみなして、これに対して不動産取得税を課する。

問題4 □□□

個人が取得した、住宅用以外の建物に係る不動産取得税の税率は3%である。

解答1 ○

2 不動産取得税

- そのとおりです。
- **相続**や**法人の合併**等による不動産の取得についても、**不動産取得税はかかりません。**

解答2 ×

2 不動産取得税

- 不動産の取得➡改築により不動産の価格が増加すれば、不動産の取得とみなされます（不動産取得税が課されることになります）。

解答3 ×

2 不動産取得税

- 家屋が新築された日から6カ月を経過しても最初の使用または譲渡が行われない場合に、**6カ月を経過した日**に家屋の取得があったものとみなされます。

宅建業者等が売り渡す新築住宅については、「6カ月」が「1年」に延長されるよ！

解答4 ×

2 不動産取得税

- 不動産取得税の税率➡**住宅用以外の建物**に係る税率は**4％**です。

問題5 □□□

不動産取得税は、不動産の取得があった日の翌日から起算して2か月以内に当該不動産の所在する都道府県に申告納付しなければならない。

問題6 □□□

一定の面積に満たない土地の取得に対しては、狭小な不動産の取得者に対する税負担の排除の観点から、不動産取得税を課することができない。

問題7 □□□

宅地の取得に係る不動産取得税の課税標準は、当該取得が令和6年3月31日までに行われた場合、当該宅地の価格の4分の1の額とされる。

問題8 □□□

新築ではない既存住宅(平成10年築・床面積210㎡)を個人が自己の居住のために取得した場合、当該取得に係る不動産取得税の課税標準の算定については、控除を受けることはできない。

解答5 ✕　　　　　　　　　　　　　2 不動産取得税

- 不動産取得税の納付方法➡**普通徴収**です。
- 納期は条例によって定められており、各都道府県により異なります。

解答6 ✕　　　　　　　　　　　　　2 不動産取得税

- 不動産取得税の免税点➡課税標準額が一定の額未満の不動産を取得した場合には不動産取得税がかかりません。
- 免税点の基準は、面積ではなく金額によって決まります。

> 土地の場合は10万円未満、建物の新築・増改築による取得の場合は1戸につき23万円未満、その他の建物の場合は1戸につき12万円未満の不動産を取得した場合には、不動産取得税はかからないよ！

解答7 ✕　　　　　　　　　　　　　2 不動産取得税

- 宅地の課税標準の特例➡課税標準額が**2分の1**に引き下げられます。

解答8 ✕　　　　　　　　　　　　　2 不動産取得税

- 中古住宅の課税標準の特例➡床面積が**50㎡以上240㎡以下**の既存住宅を個人が自己の居住のために取得した場合、一定の要件を満たしていれば、最大で1,200万円が控除されます。

問題9 □□□

新築した建物の所有権を取得した者がする表題登記には、原則として登録免許税が課されない。

問題10 □□□

住宅用家屋の所有権の移転登記に係る登録免許税の課税標準となる不動産の価額は、売買契約書に記載されたその住宅用家屋の実際の取引価格である。

問題11 □□□

住宅用家屋の所有権の移転登記に係る登録免許税の税率の軽減措置の適用を受けるためには、やむを得ない事情がある場合を除き、その住宅用家屋の取得後1年以内に所有権の移転登記を受けなければならない。

問題12 □□□

過去に住宅用家屋の所有権の移転登記に係る登録免許税の税率の軽減措置の適用を受けたことがある者は、再度この措置の適用を受けることはできない。

問題13 □□□

住宅用家屋の所有権の移転登記に係る登録免許税の税率の軽減措置は、法人が取得した住宅用家屋も対象となる。

解答9 ◯ 　　　　　　　　　　　　　　　3 登録免許税

- 表示に関する登記➡原則として、登録免許税は課されません。ただし、土地の分筆、合筆等による表示の変更登記等、一定の表示に関する登記は登録免許税が課されます。

解答10 ✕　　　　　　　　　　　　　　　3 登録免許税

- 所有権移転登記に係る登録免許税の課税標準となる不動産の価額➡固定資産税評価額です。

抵当権設定登記の場合、課税標準となるのは債権金額だよ！

解答11 ◯　　　　　　　　　　　　　　　3 登録免許税

- そのとおりです。

解答12 ✕　　　　　　　　　　　　　　　3 登録免許税

- 本問のような規定はありません。
- 要件を満たす住宅用家屋を取得すれば、再度適用を受けることができます。

解答13 ✕　　　　　　　　　　　　　　　3 登録免許税

- 適用を受ける住宅用家屋は、**個人が自己の居住用**に取得するものに限られます。

問題14 □□□

住宅用家屋の所有権の移転登記に係る登録免許税の税率の軽減措置は、築年数が20年（耐火建築物の場合は25年）を経過した住宅用家屋については適用がない。

問題15 □□□

住宅用家屋の所有権の移転登記に係る登録免許税の税率の軽減措置は、一定の要件を満たせばその住宅用家屋の敷地の用に供されている土地の所有権の移転登記についても適用される。

問題16 □□□

国を売主、株式会社Ａを買主とする土地の売買契約において、共同で売買契約書を２通作成し、国とＡ社がそれぞれ１通ずつ保存することとした場合、Ａ社が保存する契約書には印紙税は課されない。

問題17 □□□

土地譲渡契約書に課税される印紙税を納付するため当該契約書に印紙をはり付けた場合には、課税文書と印紙の彩紋とにかけて判明に消印しなければならないが、契約当事者の従業者の印章または署名で消印しても、消印したことにはならない。

解答14 ✗　　　　　　　　　　　3 登録免許税

- 昭和57年1月1日以降に建築された家屋、または一定の耐震基準に適合している家屋であれば適用を受けることができます。

解答15 ✗　　　　　　　　　　　3 登録免許税

- 本問の軽減税率の特例は、住宅用家屋についてのみ適用されます。

解答16 ◯　　　　　　　　　　　4 印紙税

- そのとおりです。
- 私人(法人含む)が保存している文書(国等が作成したもの)は非課税となりますが、国等が保存している文書(私人が作成したもの)は課税されます。

解答17 ✗　　　　　　　　　　　4 印紙税

- 印紙税の納付方法➡原則として、印紙を貼付して、消印する方法によって納付します。
- この消印は、課税文書の作成者だけでなく、代理人、使用人等の印鑑・署名によって行うことができます。

問題18 □□□

本契約書を後日作成することを文書上で明らかにした、土地を8,000万円で譲渡することを証した仮契約書には、印紙税は課されない。

問題19 □□□

土地の売買契約書(記載金額2,000万円)を3通作成し、売主A、買主Bおよび媒介した宅建業者Cがそれぞれ1通ずつ保存する場合、Cが保存する契約書には、印紙税は課されない。

問題20 □□□

売上代金に係る金銭の受取書(領収書)は記載された受取金額が3万円未満の場合、印紙税が課されないことから、不動産売買の仲介手数料として、現金49,500円(消費税および地方消費税を含む。)を受け取り、それを受領した旨の領収書を作成した場合、受取金額に応じた印紙税が課される。

問題21 □□□

「契約期間は10年間、賃料は月額10万円、権利金の額は100万円とする」旨が記載された土地の賃貸借契約書は、記載金額1,300万円の土地の賃借権の設定に関する契約書として印紙税が課される。

解答18 ✗ 　　　　　　　　　　　　　4 印紙税

- 一時的に作成する仮文書➡(後日、正式文書を作成するものであっても)課税文書に該当します。

解答19 ✗　　　　　　　　　　　　　4 印紙税

- 同一内容の契約書を２通以上作成した場合は、各契約書に印紙税が課されます。
- Ａ、Ｂが保存する契約書はもちろん、Ｃの保存する契約書にも印紙税が課されます。

解答20 ✗　　　　　　　　　　　　　4 印紙税

- 金銭等の受取書＝領収書➡記載された金額が**5万円以上**の場合に課税されます。

営業に関しない受取書(個人が自宅を売却した際の領収書など)に印紙税は課税されないよ。

解答21 ✗　　　　　　　　　　　　　4 印紙税

- 土地の賃貸借契約書➡契約に際して相手方に交付し、後日返還されることが予定されていない金額が記載金額となります(地代、敷金は含みません)。
- 本問の場合は、100万円が記載金額となります。

建物の賃貸借契約書は課税文書に該当しないよ！

問題22 □□□

一の契約書に土地の譲渡契約(譲渡金額4,000万円)と建物の建築請負契約(請負金額5,000万円)をそれぞれ区分して記載した場合、印紙税の課税標準となる当該契約書の記載金額は、5,000万円である。

問題23 □□□

「建物の電気工事に係る請負代金は1,100万円(うち消費税額および地方消費税額100万円)とする」旨を記載した工事請負契約書について、印紙税の課税標準となる当該契約書の記載金額は1,100万円である。

問題24 □□□

印紙税の課税文書である不動産譲渡契約書を作成したが、印紙税を納付せず、その事実が税務調査により判明した場合は、納付しなかった印紙税額と納付しなかった印紙税額の10％に相当する金額の合計額が過怠税として徴収される。

問題25 □□□

年度の途中において家屋の売買が行われた場合、売主と買主は、当該年度の固定資産税を、固定資産課税台帳に所有者として登録されている日数で按分して納付しなければならない。

解答22　〇　　　　　　　　　　　　　　　　　4 印紙税

- 一通の契約書に売買契約と請負契約の記載がある場合➡原則として、全体が売買契約に係る文書となりますが、両方の金額が記載されているときには、金額が高いほうが記載金額となります。

解答23　✕　　　　　　　　　　　　　　　　　4 印紙税

- 契約書に消費税額が区分記載されている場合➡消費税額は記載金額に含めません。
- 本問の場合は、1,000万円が記載金額となります。

解答24　✕　　　　　　　　　　　　　　　　　4 印紙税

- 印紙が貼付されていない場合の過怠税➡納付しなかった印紙税の額とその2倍に相当する金額の合計額（印紙税額の3倍に相当）となります。

貼付はされていたが印紙に消印がない場合の過怠税は、印紙の額面金額分となるよ！

解答25　✕　　　　　　　　　　　　　　　　　5 固定資産税

- 固定資産税の納税義務者➡賦課期日（1月1日）現在、固定資産課税台帳に所有者として登録されている者が納税義務者となります。
- 年度の途中で所有者が変更した場合でも、その年度については、1月1日現在の所有者が納税義務者となります。

問題26 □□□

固定資産税は、固定資産の所有者に対して課されるが、借地権、質権または100年より永い存続期間の定めのある地上権が設定されている土地については、所有者ではなくその借地権者、質権者または地上権者が固定資産税の納税義務者となる。

問題27 □□□

固定資産の所有者の所在が震災、風水害、火災等によって不明である場合には、その使用者を所有者とみなして固定資産課税台帳に登録し、その者に固定資産税を課することができる。

問題28 □□□

固定資産税の税率は、1.7％を超えることができない。

問題29 □□□

市町村は、財政上その他特別の必要がある場合を除き、当該市町村の区域内において同一の者が所有する土地に係る固定資産税の課税標準額が30万円未満の場合には課税できない。

問題30 □□□

200㎡以下の住宅用地に対して課する固定資産税の課税標準は、課税標準となるべき価格の2分の1の額とする特例措置が講じられている。

解答26 ✕

5 固定資産税

- 質権または100年より永い存続期間の定めのある地上権が設定されている土地➡所有者ではなくその質権者または地上権者が固定資産税の納税義務者となります。
- 借地権が設定されている土地➡所有者が納税義務者となります（借地権者は固定資産税の納税義務者とはなりません）。

解答27 ◯

5 固定資産税

- そのとおりです。

解答28 ✕

5 固定資産税

- 固定資産税の標準税率は**1.4%**で、これをベースに、市町村で税率を決めることができます（1.7%を超えることもできます）。

解答29 ◯

5 固定資産税

- そのとおりです。
- 家屋については20万円が免税点になります。

解答30 ✕

5 固定資産税

- **小規模住宅用地**（住宅用地のうち200㎡以下の部分）の課税標準の特例➡固定資産税評価額が**6分の1**となります。
- **一般住宅用地**（200㎡を超える部分）の課税標準の特例➡固定資産税評価額が**3分の1**となります。

CH **04** 税・その他

SEC **01** 不動産に関する税金

439

問題31 □□□

一定の条件を満たす新築住宅に対して課される固定資産税は、新築後3年間（耐火造または準耐火造の中高層住宅の場合は5年間）、120㎡までの部分について、固定資産税評価額が2分の1に軽減される。

問題32 □□□

居住用超高層建築物（いわゆるタワーマンション）に対して課する固定資産税は、当該居住用超高層建築物に係る固定資産税額を、各専有部分の取引価格の当該居住用超高層建築物の全ての専有部分の取引価格の合計額に対する割合により按分した額を、各専有部分の所有者に対して課する。

問題33 □□□

固定資産税の納税者は、その納付すべき当該年度の固定資産課税に係る固定資産について、固定資産課税台帳に登録された価格について不服があるときは、一定の場合を除いて、文書をもって、固定資産評価審査委員会に審査の申出をすることができる。

問題34 □□□

譲渡所得とは資産の譲渡による所得をいうので、不動産業者である個人が営利を目的として継続的に行っている土地の譲渡による所得は、譲渡所得として課税される。

解答31 ✕   5 固定資産税

- 固定資産税評価額(課税標準)ではなく、固定資産税額(税額)が**2分の1**に軽減されます。

解答32 ✕   5 固定資産税

- 居住用超高層建築物(いわゆるタワーマンション)に対する固定資産税➡専有部分の床面積を一定の補正率(**階層別専有床面積補正率**)によって補正したうえで、タワーマンション全体に係る固定資産税額を按分した額が各専有部分の所有者に対して課されます。

解答33 ◯   5 固定資産税

- そのとおりです。

解答34 ✕   6 所得税(譲渡所得)

- 営利を目的として継続的に行われる資産の譲渡による所得は、譲渡所得ではなく、事業所得として課税されます。

問題35 □□□

土地・建物等の譲渡によって生じた譲渡所得の長期・短期の区分については、譲渡のあった時点において所有期間が5年を超えているか否かで判定する。

問題36 □□□

居住用財産について、その譲渡した時にその居住用財産を自己の居住の用に供していなければ、居住用財産を譲渡した場合の軽減税率の特例を適用することができない。

問題37 □□□

居住用財産について、その者と生計を一にしていない孫に譲渡した場合には、居住用財産の譲渡所得の3,000万円特別控除を適用することができる。

問題38 □□□

相続の開始の直前において、被相続人の居住の用に供されており、その後空き家になっていた区分所有建物を一定期間内に譲渡した場合には、その譲渡金額から最高3,000万円を控除することができる。

解答35 ✕　　　　　　　　　　　　6 所得税（譲渡所得）

・土地・建物等の譲渡については、譲渡のあった時点ではなく、譲渡のあった年の1月1日時点の所有期間で判定されます。

解答36 ✕　　　　　　　　　　　　6 所得税（譲渡所得）

・居住用財産➡譲渡した時に居住している家屋・その敷地に加え、一定の要件を満たす過去に居住していた家屋・その敷地も含みます。

・過去に居住していた家屋・その敷地の場合➡居住の用に供されなくなった日から**3年**を経過する日の属する年の12月31日までに譲渡されたものが対象となります。

解答37 ✕　　　　　　　　　　　　6 所得税（譲渡所得）

・居住用財産の3,000万円の特別控除➡配偶者、直系血族（父母、子、孫など）、生計を一にしている親族等への譲渡には適用されません。

解答38 ✕　　　　　　　　　　　　6 所得税（譲渡所得）

・空き家にかかる3,000万円の特別控除の特例➡マンションなどの区分所有建物は適用を受けることができません。

CH
04
税・その他

SEC
01
不動産に関する税金

443

問題39 □□□

　当年中に居住用家屋を居住の用に供した場合において、住宅ローン控除の適用を受けようとする者のその年分の合計所得金額が2,000万円を超えるときは、その超える年分の所得税について住宅ローン控除の適用を受けることはできない。

問題40 □□□

　当年中に居住用家屋を居住の用に供した場合において、その前年において居住用財産を譲渡した場合の3,000万円特別控除の適用を受けているときであっても、当年分以後の所得税について住宅ローン控除の適用を受けることができる。

解答39 ○　　　　　　　　　　　　6 所得税（譲渡所得）

- そのとおりです。
- 住宅ローン控除➡控除を受ける年の合計所得金額が2,000万円以下であることが要件となります。

> 床面積が40㎡以上50㎡未満の場合には、合計所得金額が1,000万円以下の者に限られるよ！

解答40 ×　　　　　　　　　　　　6 所得税（譲渡所得）

- 居住年、前2年、後3年に居住用財産の特別控除の特例を受けた場合➡住宅ローン控除の適用を受けることはできません。

SECTION 02 不動産鑑定評価基準

問題1 □□□

不動産の鑑定評価によって求める価格は、基本的には正常価格であるが、市場性を有しない不動産については、鑑定評価の依頼目的および条件に応じて限定価格、特定価格または特殊価格を求める場合がある。

問題2 □□□

限定価格とは、市場性を有する不動産について、法令等による社会的要請を背景とする鑑定評価目的の下で、正常価格の前提となる諸条件を満たさないことにより正常価格と同一の市場概念の下において形成されるであろう市場価値と乖離することとなる場合における不動産の経済価値を適正に表示する価格のことをいい、民事再生法にもとづく鑑定評価目的の下で、早期売却を前提として求められる価格が例としてあげられる。

問題3 □□□

特殊価格とは、一般的に市場性を有しない不動産について、その利用現況等を前提とした不動産の経済価値を適正に表示する価格をいい、例としては、文化財の指定を受けた建造物について、その保存等に主眼をおいた鑑定評価を行う場合において求められる価格があげられる。

解答1 ✗ 　　　2 不動産の鑑定評価によって求める価格

- **市場性を有しない不動産**について、不動産の鑑定評価によって求める価格は**特殊価格**です。**正常価格、限定価格、特定価格**については、**市場性を有する不動産**について求める価格です。

解答2 ✗ 　　　2 不動産の鑑定評価によって求める価格

- 本問は、**特定価格**の説明です。
- **限定価格**➡市場性を有する不動産について、**市場が相対的に限定される**場合の価格をいいます。

たとえば、隣接する土地の併合を目的として売買するときに求められる価格があるよ！

解答3 ◯ 　　　2 不動産の鑑定評価によって求める価格

- そのとおりです。

問題4　□□□

不動産の価格は、その不動産の効用が最高度に発揮される可能性に最も富む使用を前提として把握される価格を標準として形成されるが、不動産についての現実の使用方法は当該不動産が十分な効用を発揮していない場合があることに留意すべきである。

問題5　□□□

鑑定評価の基本的な手法は、原価法、取引事例比較法および収益還元法に大別され、実際の鑑定評価に際しては、地域分析および個別分析により把握した対象不動産に係る市場の特性等を適切に反映した手法をいずれか1つ選択して、適用すべきである。

問題6　□□□

原価法は、対象不動産が建物およびその敷地である場合において、再調達原価の把握および減価修正を適切に行うことができるときに有効な手法であるが、対象不動産が土地のみである場合には、この手法を適用することはできない。

問題7　□□□

取引事例等に係る取引が特殊な事情を含み、これが当該取引事例等に係る価格等に影響を及ぼしている場合に、適切に補正することを時点修正という。

解答4 ○   ■ 2 不動産の鑑定評価によって求める価格

・そのとおりです。これを**最有効使用の原則**といいます。

解答5 ✕   ■ 3 不動産の鑑定評価方式

・原則として、**複数**の鑑定評価の手法を適用すべきとされています。

解答6 ✕   ■ 3 不動産の鑑定評価方式

・対象不動産が土地のみの場合➡再調達原価を適切に求めることができれば、原価法を適用できます。

解答7 ✕   ■ 3 不動産の鑑定評価方式

・本問は、**事情補正**の説明です。

・**時点修正**➡取引事例等に係る取引等の時点が価格時点と異なることにより、その間に価格水準に変動があると認められる場合に、当該取引事例等の価格等を価格時点の価格等に修正することをいいます。

問題 8 □□□

鑑定評価の各手法の適用に当たって必要とされる取引事例等については、取引等の事情が正常なものと認められるものから選択すべきであり、売り急ぎ、買い進み等の特殊な事情が存在する事例を用いてはならない。

問題 9 □□□

収益還元法は、賃貸用不動産または賃貸以外の事業の用に供する不動産の価格を求める場合に特に有効な手法であるが、事業の用に供さない自用の不動産の鑑定評価には適用すべきではない。

解答8 ×　　　　　　　　　　　3 不動産の鑑定評価方式

- 取引事例については、取引事情が正常なものと認められることが必要ですが、特殊な事例が存在していても、適切に補正ができる場合には用いることができます。

投機的取引であると認められる事例はダメ！

解答9 ×　　　　　　　　　　　3 不動産の鑑定評価方式

- 収益還元法➡一般的に**市場性のない不動産以外**のものには基本的にすべて適用すべきものとされています。

CHAPTER 04 | 税・その他

SECTION 03 地価公示法

問題1 □□□

地価公示法の目的は、都市およびその周辺の地域等において、標準地を選定し、その正常な価格を公示することにより、一般の土地の取引価格に対して指標を与え、および公共の利益となる事業の用に供する土地に対する適正な補償金の額の算定等に資し、もって適正な地価の形成に寄与することである。

問題2 □□□

不動産鑑定士は、公示区域内の土地について鑑定評価を行う場合において、当該土地の正常な価格を求めるときは、公示価格と実際の取引価格を規準としなければならない。

問題3 □□□

土地収用法その他の法律によって土地を収用することができる事業を行う者は、標準地として選定されている土地を取得する場合において、当該土地の取得価格を定めるときは、公示価格と同額としなければならない。

問題4 □□□

標準地は、都市計画区域外や国土利用計画法の規定により指定された規制区域内からは選定されない。

解答1 ○   1 地価公示法の基本

- そのとおりです。

解答2 ✕   1 地価公示法の基本

- **不動産鑑定士**が公示区域内の土地について鑑定評価を行う場合で、当該土地の正常な価格を求めるとき➡**公示価格を規準**としなければなりません（実際の取引価格を規準とする必要はありません）。

解答3 ✕   1 地価公示法の基本

- **土地収用法等**によって土地を収用できる事業を行う者が、公示区域内の土地を取得する場合で、当該土地の取得価格を定めるとき➡**公示価格を規準**としなければなりません（公示価格と同額とする必要はありません）。

解答4 ✕   2 地価公示の手続

- **標準地**は**公示区域内**から選定されます。そして、公示区域は、都市計画区域その他の土地取引が相当程度見込まれる区域から定められます（つまり、都市計画区域外から選定されることもあります）。なお、規制区域からは選定されません。

問題5 □□□

土地鑑定委員会は、自然的および社会的条件からみて類似の利用価値を有すると認められる地域において、土地の利用状況、環境等が特に良好と認められる一団の土地について標準地を選定する。

問題6 □□□

標準地の正常な価格とは、土地について、自由な取引が行われるとした場合におけるその取引（一定の場合を除く。）において通常成立すると認められる価格をいい、当該土地に関して地上権が存する場合は、この権利が存しないものとして通常成立すると認められる価格となる。

問題7 □□□

土地鑑定委員会は、標準地の正常な価格を判定したときは、標準地の単位面積当たりの価格のほか、当該標準地の価格の総額についても官報で公示しなければならない。

問題8 □□□

関係市町村の長は、土地鑑定委員会が公示した事項のうち、当該市町村が属する都道府県に存する標準地に係る部分を記載した書面等を、当該市町村の事務所において一般の閲覧に供しなければならない。

解答5 　　　　　　　　　　　　　2 地価公示の手続

- 標準地 ➡ 土地の利用状況、環境等が「通常と認められる」一団の土地について、**土地鑑定委員会**が選定します。

解答6 ○ 　　　　　　　　　　　　　2 地価公示の手続

- そのとおりです。

解答7 　　　　　　　　　　　　　2 地価公示の手続

- 土地鑑定委員会が官報で公示すべき事項に、標準地の価格の総額は含まれません。

> 標準地の単位面積あたりの価格と標準地の地積は、官報で公示すべき事項だから総額は不要だよね！

解答8 ○ 　　　　　　　　　　　　　2 地価公示の手続

- そのとおりです。
- これらの図書は土地鑑定委員会が、公示後すみやかに、関係市町村の長に送付します。

CHAPTER 04 | 税・その他

SECTION
04 **住宅金融支援機構法**

問題 1 □□□

住宅金融支援機構は、証券化支援事業（買取型）において、MBS（資産担保証券）を発行することにより、債券市場（投資家）から資金を調達している。

問題 2 □□□

住宅金融支援機構が証券化支援事業（買取型）により譲り受ける貸付債権は、自ら居住する住宅または自ら居住する住宅以外の親族の居住の用に供する住宅を建設し、または購入する者に対する貸付けに係るものでなければならない。

問題 3 □□□

住宅金融支援機構は、証券化支援事業（買取型）において、賃貸住宅の購入に必要な資金の貸付けに係る金融機関の貸付債権を譲受けの対象としている。

問題 4 □□□

証券化支援業務（買取型）において、住宅金融支援機構による譲受けの対象となる住宅の購入に必要な資金の貸付けに係る金融機関の貸付債権には、当該住宅の購入に付随する改良に必要な資金は含まれない。

解答1 ○　　　　　　　　　　　　　　　2 機構の業務

- そのとおりです。
- 機構の証券化支援事業(買取型)➡民間の金融機関の住宅ローン債権を機構が買い取って、証券化し、投資家に売却しています。

解答2 ○　　　　　　　　　　　　　　　2 機構の業務

- そのとおりです。

解答3 ×　　　　　　　　　　　　　　　2 機構の業務

- 自らまたは親族が居住する住宅である必要があるので、賃貸住宅は対象とはなりません。

解答4 ×　　　　　　　　　　　　　　　2 機構の業務

- 住宅の建設・購入に付随する土地・借地権の取得、住宅の購入に付随する当該住宅の改良に必要な資金の貸付債権も含みます。

問題5 □□□

証券化支援事業（買取型）における民間金融機関の住宅ローン金利は、金融機関によって異なる場合がある。

問題6 □□□

住宅金融支援機構は、災害により住宅が滅失した場合において、それに代わるべき建築物の建設または購入に必要な資金の貸付けを業務として行っている。

問題7 □□□

住宅金融支援機構は、子どもを育成する家庭または高齢者の家庭に適した良好な居住性能および居住環境を有する賃貸住宅の建設に必要な資金の貸付けを業務として行っていない。

問題8 □□□

住宅金融支援機構は、マンション管理組合や区分所有者に対するマンション共用部分の改良に必要な資金の貸付けを業務として行っている。

問題9 □□□

住宅金融支援機構は、貸付けを受けた者とあらかじめ契約を締結して、その者が死亡した場合に支払われる生命保険の保険金を当該貸付けに係る債務の弁済に充当する団体信用生命保険を業務として行っている。

解答5 ○ 　　　　　　　　　　　　　　　2 機構の業務

- そのとおりです。融資金利や融資手数料は金融機関によって異なります。

解答6 ○ 　　　　　　　　　　　　　　　2 機構の業務

- そのとおりです。機構の業務(直接融資)に含まれます。

解答7 ✕ 　　　　　　　　　　　　　　　2 機構の業務

- 機構の業務(直接融資)に含まれます。

解答8 ○ 　　　　　　　　　　　　　　　2 機構の業務

- そのとおりです。機構の業務(直接融資)に含まれます。

解答9 ○ 　　　　　　　　　　　　　　　2 機構の業務

- そのとおりです。機構の業務(団体信用生命保険業務)に含まれます。

CHAPTER 04 | 税・その他

SECTION
05
景品表示法
(不当景品類及び不当表示防止法)

問題1 □□□

新築分譲マンションを販売するに当たり、契約者全員が四つの選択肢の中から景品を選ぶことができる総付景品のキャンペーンを企画している場合、選択肢の一つを現金200万円とし、他の選択肢を海外旅行として実施することができる。

問題2 □□□

建築基準法第42条第2項の規定により道路とみなされる部分(セットバックを要する部分)を含む土地については、セットバックを要する旨およびその面積を必ず表示しなければならない。

問題3 □□□

土地上に古家が存在する場合に、当該古家が、住宅として使用することが可能な状態と認められる場合であっても、古家がある旨を表示すれば、売地と表示して販売しても不当表示に問われることはない。

問題4 □□□

取引態様については、「売主」、「貸主」、「代理」または「媒介」(「仲介」)の別を表示しなければならず、これらの用語以外の「直販」、「委託」等の用語による表示は、取引態様の表示とは認められない。

解答1 ✕　　2 不動産業における景品類の提供の制限に関する公正競争規約

・懸賞によらないで提供する景品類の制限 ➡ 取引価額の**10分の1**または**100万円**の**いずれか低い額**の範囲を超えて景品類を提供してはなりません。

解答2 ✕　　3 不動産の表示に関する公正競争規約

・セットバックを要する旨は必ず表示しますが、セットバックを要する部分の面積がおおむね10%以上である場合は、あわせてその面積を明示することとされています（つまり、面積については表示が不要な場合があります）。

解答3 ◯　　3 不動産の表示に関する公正競争規約

・土地取引において、土地上に古家、廃屋等が存在するとき ➡ その旨を明示することが必要です（本問ではその旨を明示していますので、不当表示に問われることはありません）。

解答4 ◯　　3 不動産の表示に関する公正競争規約

・そのとおりです。

CH 04 税・その他

SEC 05 景品表示法（不当景品類及び不当表示防止法）

461

問題5 □□□

近くに新駅の設置が予定されている分譲住宅の販売広告を行うに当たり、当該鉄道事業者が新駅設置およびその予定時期を公表している場合、広告の中に新駅設置の予定時期を明示して表示してもよい。

問題6 □□□

新築の建売住宅について、建築中で外装が完成していなかったため、同じ施工業者が他の地域で手掛けた取引する建物と構造、階数、仕様が同一であって、規模、形状、色等が類似する住宅の外観写真であっても、当該建売住宅の外観と同一でなければ、この広告表示は不当表示に問われる。

問題7 □□□

新築分譲マンションを販売するに当たり、住戸により管理費の額が異なる場合であって、すべての住戸の管理費を示すことが広告スペースの関係で困難なときは、全住戸の管理費の平均額を表示すればよい。

解答5 〇 　　　　　　3 不動産の表示に関する公正競争規約

・そのとおりです。

・新設予定の鉄道の駅等やバスの停留所➡当該路線の運行主体が公表したものに限り、その新設予定時期を明示して表示することができます。

解答6 ✕ 　　　　　　3 不動産の表示に関する公正競争規約

・宅地・建物の写真・動画➡取引する物件を表示するのが原則ですが、建築中等であれば、取引しようとする建物と同一の施工者が過去に施工した他の建物の写真・動画を使用することができます。

・この場合、取引する建物の外観については、構造、階数、仕様が同一であって、規模、形状、色等が類似する建物であれば、同一である必要はありません。

解答7 ✕ 　　　　　　3 不動産の表示に関する公正競争規約

・管理費、共益費、修繕積立金について、住戸により金額が異なる場合であって、すべての住戸の金額を示すことが困難であるとき➡最高額と最低額のみで表示することができます（平均額の表示ではありません）。

CH
04
税・その他

SEC
05
景品表示法
（不当景品類及び不当表示防止法）

463

問題8 □□□

新築分譲マンションの広告に住宅ローンについても記載する場合、返済例を表示すれば、当該ローンを扱っている金融機関や融資限度額等について表示する必要はない。

問題9 □□□

分譲住宅について、住宅の購入者から買い取って再度販売する場合、当該住宅が建築工事完了後1年未満で居住の用に供されたことがないものであるときは、広告に「新築」と表示しても、不当表示に問われることはない。

問題10 □□□

インターネット上に掲載している賃貸物件について、掲載した後に契約済みとなり実際には取引できなくなっていたとしても、当該物件について消費者からの問合せがなく、故意に掲載を継続していたものでなければ、不当表示に問われることはない。

解答8 ✗　　　3 不動産の表示に関する公正競争規約

- 住宅ローンについての表示➡❶金融機関の名称・商号(または都市銀行、地方銀行、信用金庫等の種類)、❷借入金の利率および利息を徴する方式または返済例を明示して表示しなければなりません。

> 融資限度額については、表示は不要だよ！

解答9 〇　　　3 不動産の表示に関する公正競争規約

- そのとおりです。
- 新築➡建築工事完了後1年未満であって、居住の用に供されたことがないものをいいます。

解答10 ✗　　　3 不動産の表示に関する公正競争規約

- おとり広告(物件は存在するが、実際には取引の対象となり得ない物件に関する表示)に該当するので、不当表示に問われることがあります。

CHAPTER 04 | 税・その他

SECTION
06 土地・建物

問題1 □□□

平地に乏しい都市の周辺では、住宅地が丘陵や山麓に広がり、土砂崩壊等の災害を引き起こす例も多い。

問題2 □□□

台地は、一般的に地盤が安定しており、低地に比べ自然災害に対して安全度は高い。

問題3 □□□

丘陵地帯で地下水位が深く、砂質土で形成された地盤では、地震の際に液状化する可能性が高い。

問題4 □□□

低地は、一般に洪水や地震などに対して弱く、防災的見地からは住宅地として好ましくない。

問題5 □□□

山麓の地形の中で、地すべりによってできた地形は一見なだらかで、水はけもよく、住宅地として好適のように見えるが、末端の急斜面部等は斜面崩壊の危険度が高い。

解答1 〇
〔1 土地〕

- そのとおりです。山麓部は、地すべりや崩壊等が起こりやすい場所で、一般的には宅地として適していません。

解答2 〇
〔1 土地〕

- そのとおりです。

解答3 ×
〔1 土地〕

- 丘陵地や台地の浅い谷に見られる小さな池沼を埋め立てた所については、地盤沈下や液状化が生じる可能性があります（液状化現象は、地下水位が浅いところで発生します）。

解答4 〇
〔1 土地〕

- そのとおりです。低地でも**旧河道、自然堤防に囲まれた後背低地**、三角州、谷底平野は特に**危険性が高い場所**になります。

解答5 〇
〔1 土地〕

- そのとおりです。地すべり地は、再び地すべりや崩壊を起こしやすい場所です。

問題6 □□□

断層は、ある面を境にして地層が上下または水平方向にくい違っているものであるが、その周辺では地盤の強度が安定しているため、断層に沿った崩壊、地すべりが発生する危険性は低い。

問題7 □□□

等高線が山頂に向かって高い方に弧を描いている部分は尾根で、山頂から見て等高線が張り出している部分は谷である。

問題8 □□□

建築物の高さが60mを超える場合、必ずその構造方法について国土交通大臣の認定を受けなければならない。

問題9 □□□

階数が2以上または延べ面積が50㎡を超える木造の建築物においては、必ず構造計算を行わなければならない。

解答6 ✕ 　　　　　　　　　　　　　　　　　　　　1 土地

- 断層周辺では、地盤の強度が安定していません。そのため、崩壊、地すべりが発生する可能性が高いといえます。

解答7 ✕ 　　　　　　　　　　　　　　　　　　　　1 土地

- 等高線が山頂に向かって高い方に弧を描いている部分は谷で、山頂から見て等高線が張り出している部分は尾根です。

解答8 ◯ 　　　　　　　　　　　　　　　　　　　　2 建物

- そのとおりです。

解答9 ✕ 　　　　　　　　　　　　　　　　　　　　2 建物

- 高さが60m以下の木造建築物 ➡ 地階を含む階数が**3以上**、延べ面積が**500㎡超**、高さが**13m超**、軒の高さが**9m超**のいずれかに該当する木造建築物は、一定の構造計算によって安全性が確認されたものでなければなりません。

> 高さが60m以下の木造建築物以外の建築物で、地階を含む階数が2以上、または延べ面積が200㎡超の建築物も構造計算が必要！

問題10 □□□

木造建物を造る際には、強度や耐久性において、できるだけ乾燥している木材を使用するのが好ましい。

問題11 □□□

木材に一定の力をかけたときの圧縮に対する強度は、繊維方向に比べて繊維に直角方向のほうが大きい。

問題12 □□□

筋かいには、欠込みをしてはならない。ただし、筋かいをたすき掛けにするためにやむを得ない場合において、必要な補強を行ったときは、この限りでない。

問題13 □□□

鉄骨構造は、不燃構造であり、耐火材料による耐火被覆がなくても耐火構造にすることができる。

問題14 □□□

鉄筋コンクリート構造は、耐火性、耐久性があり、耐震性、耐風性にも優れた構造である。

解答10 ○　　　　　　　　　　　　　　　　　　2 建物

- そのとおりです。
- 木材は含水率が小さい(乾燥している)状態のほうが強度が大きくなります。

解答11 ✕　　　　　　　　　　　　　　　　　　2 建物

- 木材の強度➡繊維方向のほうが繊維に垂直方向よりも大きいです。

辺材(外側)は心材(内側)に比べて弱いことも忘れずに覚えておこう！

解答12 ○　　　　　　　　　　　　　　　　　　2 建物

- そのとおりです。

解答13 ✕　　　　　　　　　　　　　　　　　　2 建物

- 鉄骨造は不燃構造ですが、火熱にあうと耐力が減少します。したがって、耐火構造にするためには、耐火材料で被覆する必要があります。

解答14 ○　　　　　　　　　　　　　　　　　　2 建物

- そのとおりです。

問題15 □□□

常温、常圧において、鉄筋と普通コンクリートを比較すると、熱膨張率はほぼ等しい。

問題16 □□□

アーチ式構造は、スポーツ施設のような大空間を構成するには適していない構造である。

問題17 □□□

免震はゴムなどの免震装置を設置し、上部構造の揺れを減らす技術で、制震は制振ダンパーなどの制振装置を設置し、地震等の周期に建物が共振することで起きる大きな揺れを制御する技術である。

解答15 ○　　　　　　　　　　　　　　　　2 建物

- そのとおりです。

解答16 ×　　　　　　　　　　　　　　　　2 建物

- アーチ式構造➡アーチ型の骨組みで、スポーツ施設のような大空間を構成するのに適した構造です。

解答17 ○　　　　　　　　　　　　　　　　2 建物

- そのとおりです。地震に対する建物の安全確保においては、耐震、制震、免震という考え方があります。

耐震は建物の剛性を高め、地震に対して十分耐えられる技術のこと！

参考編

SECTION 01	宅建業法の参考論点（4問）	476
SECTION 02	権利関係の参考論点（23問）	480
SECTION 03	法令上の制限の参考論点（5問）	494

SECTION 01

宅建業法の参考論点

問題1 □□□

保証協会は、弁済業務保証金から生ずる利息または配当金、および、弁済業務保証金準備金を弁済業務保証金の供託に充てた後に社員から納付された還付充当金は、いずれも弁済業務保証金準備金に繰り入れなければならない。

問題2 □□□

保証協会の社員は、保証協会から特別弁済業務保証金分担金を納付すべき旨の通知を受けた場合で、その通知を受けた日から2週間以内にその通知された額の特別弁済業務保証金分担金を保証協会に納付しないときは、当該保証協会の社員の地位を失う。

問題3 □□□

宅建業者Aが、自ら売主として、宅建業者ではないBとの間で建物の売買契約を締結するに際し、AB間の建物の割賦販売の契約において、Bからの賦払金が当初設定していた支払期日までに支払われなかった場合、Aは直ちに賦払金の支払の遅滞を理由として当該契約を解除することができる。

解答1 　1 弁済業務保証金準備金、特別弁済業務保証金分担金

- そのとおりです。
- 弁済業務保証金準備金➡社員が還付充当金を納付しない場合に備えて、保証協会が積み立てる義務を負います。

解答2 　1 弁済業務保証金準備金、特別弁済業務保証金分担金

- 特別弁済業務保証金分担金の納付➡通知を受けた日から**1カ月以内**に納付しなければなりません（期間内に納付しない場合には、社員の地位を失います）。

「特別」なので、通常（弁済業務保証金の不足額の供託の場合は2週間）よりも長いよ！

解答3 　2 8種制限について

- 買主が賦払金（各回ごとの支払金額）の支払いを履行しない場合➡❶**30日以上の期間**を定めて、❷その支払いを**書面**で**催告**し、その期間内に支払いがないときでなければ、契約の解除や残りの賦払金の支払請求をすることができません。

問題4　□□□

　宅建業者Ａが、自ら売主として宅建業者ではないＢを買主とする土地付建物の売買契約（代金3,200万円）を締結するに際し、割賦販売の契約を締結し、当該土地付建物を引き渡した場合、Ａは、Ｂから800万円の賦払金の支払を受けるまでに、当該土地付建物に係る所有権の移転登記をしなければならない。

解答4 ✕　　　　　　　　　　　[２８種制限について]

・【原則】所有権留保の禁止➡宅建業者は、宅地・建物の引渡しまでに、登記の移転をしなければなりません。

・【例外】❶宅建業者が受け取った金額が代金の額の10分の3以下であるとき、または、❷買主が、所有権の登記をしたあとの代金債務について、これを担保するための抵当権や先取特権の登記の申請をする見込みがないときや、保証人を立てる見込みがないとき➡登記等の売主の義務を履行する必要はありません。

・本問の場合、代金の額の30％が960万円なので、これを超える額の支払いを受けるまでに移転登記をしなければなりません。

SECTION 02 権利関係の参考論点

問題1

建物の賃借人が賃貸人の承諾を得て建物に付加した造作の買取請求をした場合、賃借人は、造作買取代金の支払を受けるまで、当該建物を留置することができる。

問題2

不動産に留置権を有する者は、目的物が金銭債権に転じた場合には、当該金銭に物上代位することができる。

問題3

Aは、Bに対し建物を賃貸し、Bは、その建物をAの承諾を得てCに対し適法に転貸している。この場合、Aは、Bに対する賃料債権に関し、Bが建物に備え付けた動産、およびBのCに対する賃料債権について先取特権を有する。

解答1 ×   2 抵当権以外の担保物権

- 留置権 ➡ 他人の物を占有している者が、その物に関して生じた債権の弁済を受けるまで、その物を留置できるという権利をいいます。
- 造作買取代金は建物に関して生じた債権ではないので、造作買取代金債権を被担保債権として、建物を留置することはできません。

解答2 ×   2 抵当権以外の担保物権

- 留置権 ➡ 物上代位性はありません。

留置権は、単に債務の弁済を受けるまで物を留置して債務の弁済を促すことができるだけなので、優先弁済を受けることもできないよ！

解答3 ○   2 抵当権以外の担保物権

- そのとおりです。
- 不動産賃貸の先取特権（動産の先取特権）➡ 建物の賃貸人の先取特権は、賃借人がその建物に備え付けた動産、また、転貸されている場合には、転借人の動産や転貸人（＝賃借人）が受け取るべき賃料債権にも及びます。

問題4 □□□

不動産質権は、目的物の引渡しが効力の発生要件であるのに対し、抵当権は、目的物の引渡しは効力の発生要件ではない。

問題5 □□□

抵当権を設定する場合には、被担保債権を特定しなければならないが、根抵当権を設定する場合には、根抵当権者と債務者間のあらゆる範囲の不特定の債権を極度額の限度で被担保債権とすることができる。

問題6 □□□

根抵当権者は、総額が極度額の範囲内であっても、被担保債権の範囲に属する利息の請求権については、その満期となった最後の2年分についてのみ、その根抵当権を行使することができる。

問題7 □□□

元本の確定前に根抵当権者から被担保債権の範囲に属する債権を取得した者は、その債権について根抵当権を行使することはできない。

解答4 ○
`2 抵当権以外の担保物権`

- そのとおりです。
- 質権➡債権者が債権の担保として債務者または第三者から受け取った物を、債務の弁済を受けるまで留置して（債務の弁済を間接的に強制し）、弁済がされない場合には、その物から優先的に弁済を受けることができる権利をいいます。

解答5 ×
`3 根抵当権`

- 抵当権➡**特定の債権**を担保する担保物権です。
- 根抵当権➡**一定の範囲に属する不特定の債権**を極度額の限度で担保する担保物権です（あらゆる範囲ではありません）。

解答6 ×
`3 根抵当権`

- 根抵当権で担保される利息の請求権➡最後の2年分に限られず、**極度額の範囲内**であれば担保されます。

> 抵当権で担保される利息の請求権は、満期となった最後の2年分についてのみだったよね！

解答7 ○
`3 根抵当権`

- そのとおりです。
- 元本確定前の根抵当権➡随伴性（被担保債権の移転に伴い担保物権も移転するという性質）はありません。

問題8 □□□

債務者が既に自ら権利を行使しているときでも、債権者は、自己の債権を保全するため、民法第423条に基づく債権者代位権を行使することができる場合がある。

問題9 □□□

Aは、Bに対する債権者であるが、Bが債務超過の状態にあるにもかかわらずB所有の甲土地をCに売却し所有権移転登記を経たので、民法第424条に基づく詐害行為取消権の行使を考えている。Cが甲土地の購入時においてこの購入がBの債権者を害すべきことを知らなかったとしても、Bが売却時においてこの売却がBの債権者を害することを意図していた場合は、Aは詐害行為取消権を行使できる。

問題10 □□□

免責的債務引受は、債務者と引受人となる者との契約によってすることができ、契約をした旨を債権者に通知した時に、その効力が生じる。

解答8 ✕   4 債権者代位権、詐害行為取消権

- 債権者代位権➡債務者が自ら権利行使をしていないことが行使の要件となります。

解答9 ✕   4 債権者代位権、詐害行為取消権

- 詐害行為取消権➡債務者Bと受益者Cが、行為の時点で債権者Aを害すべきことを知っていることが行使の要件となります。

> 詐害行為取消権は、裁判所に請求して行使する必要があるよ！

解答10 ✕   5 債務引受

- 免責的債務引受➡❶債権者と引受人となる者との間で契約をする方法と、❷債務者と引受人となる者との間で契約をし、かつ、債権者が引受人となる者に対して承諾をする方法があります。
- ❶は契約をした旨を債権者が債務者に通知した時に、❷は債権者が引受人となる者に対して承諾をした時に、効力が生じます。

問題11 □□□

定型約款準備者と相手方が定型約款を契約の内容とする旨の合意をした場合であっても、定型約款の個別の条項の一部について、相手方がその内容を認識していなかったときは、その条項については合意をしたものとはみなされることはない。

問題12 □□□

個人として事業を営むAが死亡した。AがB所有の建物について貸主Bとの間で使用貸借契約を締結していた場合、Aの相続人は、Bとの間で特段の合意をしなくても、当該使用貸借契約の借主の地位を相続して当該建物を使用することができる。

問題13 □□□

委任契約の受任者は、報酬を受けて受任する場合も、無報酬で受任する場合も、善良な管理者の注意をもって委任事務を処理する義務を負う。

解答11 ✗　　　　　　　　　　　　　　　6 定型約款

- 個別の条項の内容を相手方が認識していなくても、合意が擬制されることがあります。
- 定型約款の個別条項についても合意したものとみなされる場合 ➡ ❶定型取引を行うことの合意(定型取引合意)をした場合で、かつ、❷次のいずれかにあたる場合、ⓐ定型約款を契約の内容とする旨の合意をしたこと、ⓑ定型約款準備者(定型約款を準備した者)があらかじめ、その定型約款を契約の内容とする旨を相手方に表示していたこと。

> ただし、定型約款の個別の条項のうち、相手方の権利を制限し、または相手方の義務を加重する条項であって、その定型取引の態様・実情、取引上の社会通念に照らして、信義則に反して相手方の利益を一方的に害すると認められるものについては、合意しなかったものとみなされるよ！

解答12 ✗　　　　　　　　　　　　　　　7 使用貸借

- 使用貸借契約 ➡ **借主の死亡によって終了**します。
- 使用貸借契約の借主の相続人は、その地位を相続することはありません。

解答13 ◯　　　　　　　　　　　　　　　9 委任

- そのとおりです。有償・無償を問わず、受任者は**善管注意義務**を負います。

問題14 □□□

　AとBとの間で締結された委任契約において、委任者Aが受任者Bに対して報酬を支払うこととされていた。この場合に、Bが死亡したときは、Bの相続人は、急迫の事情の有無にかかわらず、受任者の地位を承継して委任事務を処理しなければならない。

問題15 □□□

　Aが購入した甲土地が他の土地に囲まれて公道に通じない土地であった。甲土地が共有物の分割によって公道に通じない土地となっていた場合には、Aは公道に至るために他の分割者の所有地を、償金を支払うことなく通行することができる。

問題16 □□□

　他の土地に設備を設置し、または、他人が所有する設備を使用しなければ、電気、ガスや水道水の供給などの継続的給付を受けることのできない土地の所有者は、必要な範囲内で、他の土地に設備を設置することができるが、他人が所有する設備を使用することはできない。

解答14 ✕　　　　　　　　　　　　　　　9 委任

- 急迫の事情がなければ、受任者の死亡により委任契約は終了します。
- 委任の終了事由 ➡ 委任者が死亡・破産手続開始の決定を受けた場合、受任者が死亡・破産手続開始の決定・後見開始の審判を受けた場合に終了します。

> 委任契約が終了した場合で急迫の事情があるときは、受任者(またはその相続人等)は、委任者等が委任事務を処理することができるようになるまで、必要な処分を行わなければならないよ！

解答15 〇　　　　　　　　　　　　　　　10 相隣関係

- そのとおりです。
- 他の土地に囲まれて公道に通じない土地の所有者 ➡ 公道に至るために、他の土地を通行する権利が認められます。

> 本問のような場合には、他の分割された土地だけを通行でき、その場合に損害が生じても、償金を支払う必要はないよ！

解答16 ✕　　　　　　　　　　　　　　　10 相隣関係

- 継続的給付を受けるための設備の設置権等 ➡ 継続的給付を受けることのできない土地の所有者は、必要な範囲内で、一定の要件のもと他の土地に設備を設置し、または、他人が所有する設備を使用することができます。

問題17 □□□

所有者を知ることができず、または所有者の所在を知ることができない建物について、裁判所によって所有者不明建物管理命令が発せられた場合、所有者不明建物管理命令の効力は、当該所有者不明建物管理命令の対象とされた建物のみに及び、建物内の動産や建物を所有するための建物の敷地に関する権利については管理の対象外となる。

問題18 □□□

被相続人は、遺言によって遺産分割を禁止することはできず、共同相続人は、遺産分割協議によって遺産の全部または一部の分割をすることができる。

問題19 □□□

遺産に属する預貯金債権は、相続開始と同時に当然に相続分に応じて分割され、共同相続人は、その持分に応じて、単独で預貯金債権に関する権利を行使することができる。

問題20 □□□

被相続人Aの配偶者Bが、A所有の建物に相続開始の時に居住していたため、遺産分割協議によって配偶者居住権を取得した。遺産分割協議でBの配偶者居住権の存続期間を20年と定めた場合、存続期間が満了した時点で配偶者居住権は消滅し、配偶者居住権の延長や更新はできない。

解答17 ✕

11 所有者不明土地・建物管理制度等

- 所有者不明土地・建物管理の対象となる財産➡管理命令の対象
  とされた土地・建物にある動産（建物の場合は、その敷地利用権（所有
  権を除く））にも及びます。

解答18 ✕

12 遺産分割

- 遺産分割➡被相続人は、遺言により、相続開始の時から**5年を
  超えない期間**を定めて、遺産の分割を禁止することができます。

解答19 ✕

12 遺産分割

- 預貯金債権➡遺産分割の対象となります（当然に相続分に応じて分割
  されるわけではありません）。ただし、一定額については、単独でそ
  の権利を行使することができます。

解答20 ○

13 配偶者の居住の権利

- そのとおりです。
- 存続期間は原則として配偶者の終身の間ですが、別段の定めを
  することもできます（存続期間を定めた場合には、その延長や更新はでき
  ません）。

SEC
02

権利関係の参考論点

参考編

491

問題21 □□□

被相続人Ａの配偶者Ｂが、Ａ所有の建物に相続開始の時に居住していたため、遺産分割協議によって配偶者居住権を取得した。配偶者居住権の存続期間中にＢが死亡した場合、Ｂの相続人ＣはＢの有していた配偶者居住権を相続する。

問題22 □□□

被相続人Ａの配偶者Ｂが、Ａ所有の建物に相続開始の時に居住していたため、遺産分割協議によって配偶者居住権を取得した。Ｂが配偶者居住権に基づいて居住している建物が第三者Ｃに売却された場合、Ｂは、配偶者居住権の登記がなくてもＣに対抗することができる。

問題23 □□□

被相続人Ａの配偶者Ｂが、Ａ所有の建物に相続開始の時に居住していたため、遺産分割協議によって配偶者居住権を取得した。Ｂは、配偶者居住権の存続期間内であれば、居住している建物の所有者の承諾を得ることなく、第三者に当該建物を賃貸することができる。

解答21 ✕　　　　　　　　13 配偶者の居住の権利

・配偶者居住権➡配偶者の死亡によって終了します（相続の対象とはなりません）。

解答22 ✕　　　　　　　　13 配偶者の居住の権利

・配偶者居住権の登記➡居住建物の所有者は、配偶者に配偶者居住権の設定の登記を備えさせる義務を負い、登記が第三者対抗要件となります。

解答23 ✕　　　　　　　　13 配偶者の居住の権利

・配偶者居住権の設定された居住建物➡配偶者は、居住建物の所有者の承諾を得なければ、居住建物の増改築をしたり、第三者に居住建物の使用・収益をさせることはできません。

SECTION 03 法令上の制限の参考論点

問題1

地区整備計画においては、市街化区域と市街化調整区域との区分の決定の有無を定めることができる。

問題2

地区整備計画においては、建築物の建蔽率の最高限度を定めることができる。

問題3

市街化調整区域内の土地の区域について定められる地区計画の地区整備計画においては、建築物の容積率の最低限度、建築物の建築面積の最低限度および建築物等の高さの最低限度を定めることはできない。

問題4

用途地域に関する都市計画において建築物の敷地面積の最低限度を定める場合においては、その最低限度は200㎡を超えてはならない。

解答1　×　　　　　　　　　　　　　　　1 地区整備計画

- 地区整備計画において、区域区分の決定の有無を定めることはできません。

> 区域区分は「大きな街づくり計画」だけど、地区計画は小規模な地区を対象とした「小さな街づくり計画」だったよね！

解答2　○　　　　　　　　　　　　　　　1 地区整備計画

- そのとおりです。

解答3　○　　　　　　　　　　　　　　　1 地区整備計画

- そのとおりです。

> 市街化調整区域は市街化を抑制すべき区域なので、これらの最低限度を定めてしまうと、市街化を促進することになってしまうから！

解答4　○　　　　　　　　　2 集団規定❽ 敷地面積の最低限度

- そのとおりです。

問題5　□□□

　土地区画整理組合が仮換地を指定した場合において、当該処分によって使用しまたは収益することができる者のなくなった従前の宅地については、換地処分の公告がある日までは、当該宅地の存する市町村がこれを管理する。

解答5 ✕　　　　　　　　　　　　　　　3 仮換地

- 仮換地の指定(または使用収益の停止)によって、使用収益することができる者がいなくなった従前の宅地 ➡ 換地処分の公告がある日まで**施行者が管理**します。

> 本問では土地区画整理組合が管理することになるよ！

【著 者】
滝澤ななみ（たきざわ・ななみ）

簿記、FPなど多くの資格書を執筆している。本書の姉妹書『みんなが欲しかった！宅建士の教科書』および『問題集』は、刊行以来9年連続売上No.1※を記録している。

※ 紀伊國屋書店　2015年度版〜2023年度版（毎年度10月〜8月で集計）

〈ホームページ〉『滝澤ななみのすすめ！』
URL：https://takizawananami-susume.jp/

みんなが欲しかった！ 宅建士シリーズ

2024年度版　みんなが欲しかった！ 宅建士の一問一答問題集

（2023年度版　2022年12月20日　初版　第1刷発行）
2023年10月20日　初版　第1刷発行

著　者　滝　澤　な　な　み
発　行　者　多　田　敏　男
発　行　所　TAC株式会社　出版事業部
　　　　　　　　　　　　　　　（TAC出版）
〒101-8383 東京都千代田区神田三崎町3-2-18
電話　03（5276）9492（営業）
FAX　03（5276）9674
https://shuppan.tac-school.co.jp/

印　　　刷　今　家　印　刷　株　式　会　社
製　　　本　株式会社　常　川　製　本

© Nanami Takizawa 2023　　Printed in Japan　　ISBN 978-4-300-10864-2
N.D.C. 673

本書は、「著作権法」によって、著作権等の権利が保護されている著作物です。本書の全部または一部につき、無断で転載、複写されると、著作権等の権利侵害となります。上記のような使い方をされる場合、および本書を使用して講義・セミナー等を実施する場合には、小社宛許諾を求めてください。

乱丁・落丁による交換、および正誤のお問合せ対応は、該当書籍の改訂版刊行月末日までといたします。なお、交換につきましては、書籍の在庫状況等により、お受けできない場合もございます。
また、各種本試験の実施の延期、中止を理由とした本書の返品はお受けいたしません。返金もいたしかねますので、あらかじめご了承くださいますようお願い申し上げます。

宅地建物取引士

2024年度版 宅地建物取引士への道

宅地建物取引士証を手に入れるには、試験に合格し、宅地建物取引士登録を経て、宅地建物取引士証の交付申請という手続

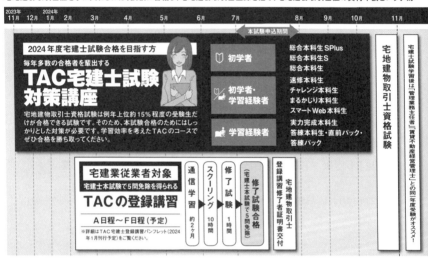

"実務の世界で活躍する皆さまを応援したい"そんな思いから、TACでは試験合格のみならず宅建業で活躍されている方、活躍したい方を「登録講習」「登録実務講習」実施機関として国土交通大臣の登録を受け、サポートしております。

宅建業従事者対象 登録講習 [登録番号(7)第003号] 宅建士試験で5問免除

登録講習とは?
国土交通省の登録を受けた講習実施機関が、宅建業に従事している方に対し、その業務の適正化ならびに資質の向上を図るために必要な基礎的知識の習得を目的として実施する講習です。登録講習を受講し、講習内で実施する修了試験に合格した登録講習修了者は、修了者証明書交付日から3年以内に実施される宅建士試験において、一部科目が免除となります。免除科目は「その他関連知識」という科目の一部で、例年問46〜50で出題される5問です。「5問免除」は宅建士試験合格へ大きなアドバンテージとなります。

登録講習受講のススメ
注目すべき点としては、全体の合格率に対して、登録講習修了者の合格率が高いということです。5問免除により、2022年度試験では全体合格率よりも3.4パーセントも高くなっています。

過去5年間の年度別試験結果

■TAC登録講習カリキュラム
TACの登録講習は国土交通省令に基づき「通信学習」及び「スクーリング」により行われますな。なお、通信学習・スクーリング実施後「修了試験」を行い、一定水準をクリアすることで「講習修了」となります。

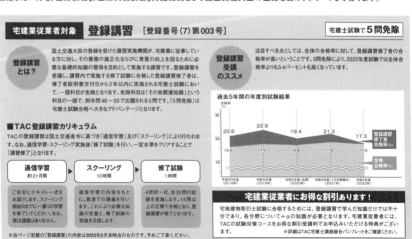

通信学習 約2ヶ月間	スクーリング 10時間	修了試験 1時間
ご自宅にテキスト一式をお届けします。スクーリング開始日までに一通りの学習を修了してください。なお、提出課題はありません。	通信学習の内容をもとに、教室での講義を行います。これにより必要な知識の定着と、修了試験の突破を目指します。	4肢択一式、全20問の試験を実施します。14問以上の正解で合格となり、登録講習が修了となります。

宅建業従事者にお得な割引あります!
宅地建物取引士試験に合格するためには、登録講習で学んだ知識だけでは不十分であり、各分野について+αの知識が必要です。宅建業従事者には、TACの試験対策コースをお得な割引受講料でお申込みいただける特典がございます。
※詳細はTAC宅建士講座総合パンフレットをご確認ください。

※当ページ記載の「登録講習」の内容は2023年8月末時点のものです。予めご了承ください。

宅地建物取引士

試験ガイド

>> 試験実施日程
(2023年度例)

試験案内配布
例年7月上旬より各都道府県の試験協力機関が指定する場所にて配布(各都道府県別)

【2023年度】
7/3(月)〜7/31(月)

試験申込期間
■郵送(消印有効)
例年7月上旬〜7月下旬
■インターネット
例年7月上旬〜7月中旬

【2023年度】
■郵送
7/3(月)〜7/31(月)消印有効
■インターネット
7/3(月)9時30分〜
7/19(水)21時59分

試 験
毎年1回
原則として例年10月第3日曜日時間帯/午後1時〜3時(2時間)
※登録講習修了者
午後1時10分〜3時(1時間50分)

【2023年度】
10/15(日)

合格発表
原則として11月下旬

合格者受験番号の掲示および合格者には合格証書を送付

【2023年度】
11/21(火)

>> 試験概要 (2023年度例)

受験資格	原則として誰でも受験できます。また、宅地建物取引業に従事している方で、国土交通大臣から登録を受けた機関が実施する講習を受け、修了した人に対して試験科目の一部(例年5問)を免除する「登録講習」制度があります。
受験地	試験は、各都道府県別で実施されるため、受験申込時に本人が住所を有する都道府県での受験が原則となります。
受験料	8,200円
試験方法・出題数	方法:4肢択一式の筆記試験(マークシート方式)　出題数:50問(登録講習修了者は45問)
試験内容	法令では、試験内容を7項目に分類していますが、TACでは法令をもとに下記の4科目に分類しています。 | 科　目 | 出題数 | |---|---| | 民法等 | 14問 | | 宅建業法 | 20問 | | 法令上の制限 | 8問 | | その他関連知識 | 8問 | ※登録講習修了者は例年問46〜問50の5問が免除となっています。

試験実施機関	(一財)不動産適正取引推進機構 〒105-0001 東京都港区虎ノ門3-8-21　第33森ビル3階 03-3435-8111　http://www.retio.or.jp/

 注意　受験資格または願書の配布時期及び申込受付期間等については、必ず各自で事前にご確認ください。
願書の取り寄せ及び申込手続も必ず各自で忘れずに行ってください。

| 通話無料 **0120-509-117** | ゴウカク イイナ | TAC 受付時間 月〜金 10:00〜17:00 土日祝 10:00〜17:00 | 検索 | 資格の学校 **TAC** |

詳しい資料のご請求・お問い合わせは

学習経験者対象 8・9月開講 答練パック

学習期間の目安 1〜2ヶ月

- アウトプット重視
- 講義ペース 週1〜2回 ※時期により回数が前後する場合がございます
- 途中入学OK!

実戦感覚を磨き、出題予想論点を押さえる！
学習経験者を対象とした問題演習講座

学習経験者を対象とした問題演習講座です。
試験会場の雰囲気にのまれず、時間配分に十分気を配る予行練習と、TAC講師陣の総力を結集した良問揃いの答練で今年の出題予想論点をおさえ、合格を勝ち取ってください。

カリキュラム（全8回）

8・9月〜

応用答練（3回）
答練＋解説講義

1回30問の本試験同様4肢択一の応用問題を、科目別で解いていきます。ここでは本試験に通用する応用力を身に付けていただきます。

直前答練（4回）
答練＋解説講義

出題が予想されるところを重点的にピックアップし、1回50問を2時間で解く本試験と同一形式の答練です。時間配分や緊張感をこの場でつかみ、出題予想論点をも押さえます。

10月上旬

全国公開模試（1回）

本試験約2週間前に、本試験と同一形式で行われる全国公開模試です。本試験の擬似体験として、また客観的な判断材料としてラストスパートの戦略にお役立てください。

10月中旬 宅建士本試験

11月下旬 合格！

------ 本試験形式 ------

開講一覧

教室講座

8・9月開講予定
札幌校・仙台校・水道橋校・新宿校・池袋校・渋谷校・八重洲校・立川校・町田校・横浜校・大宮校・津田沼校・名古屋校・京都校・梅田校・なんば校・神戸校・広島校・福岡校

ビデオブース講座

札幌校・仙台校・水道橋校・新宿校・池袋校・渋谷校・八重洲校・立川校・町田校・横浜校・大宮校・津田沼校・名古屋校・京都校・梅田校・なんば校・神戸校・広島校・福岡校
8月中旬より順次講義視聴開始予定

Web通信講座

8月上旬より順次教材発送開始予定
8月中旬より順次講義配信開始予定

DVD通信講座

8月上旬より順次教材発送開始予定

通常受講料 [教材費・消費税10%込]

教室講座	
ビデオブース講座	**¥33,000**
Web通信講座	
DVD通信講座	

答練パックのみお申込みの場合は、TAC入会金（¥10,000・10%税込）は不要です。なお、当コースのお申込みと同時もしくはお申込み後、さらに別コースをお申込みの際にTAC入会金が必要となる場合があります。予めご了承ください。

※なお、上記内容はすべて2023年8月時点での予定です。詳細につきましては2023年合格目標のTAC宅建士講座パンフレットをご参照ください。

宅地建物取引士

全国公開模試
選ばれる理由がある。

受験の有無で差がつきます!

- 高精度の個人別成績表!!
- Web解説講義で復習をサポート!!
- 高水準の的中予想問題!!

"高精度"の個人別成績表!!
TACの全国公開模試は、全国ランキングはもとより、精度の高い総合成績判定、科目別得点表示で苦手分野の最後の確認をしていただけるほか、復習方法をまとめた学習指針もついています。本試験合格に照準をあてた多くの役立つデータ・情報を提供します。

Web解説講義で"復習"をサポート!!
インターネット上でTAC講師による解答解説講義を動画配信いたします。模試の重要ポイントやアドバイスも満載で、直前期の学習の強い味方になります!復習にご活用ください。

"ズバリ的中"の予想問題!!

毎年本試験でズバリ的中を続出しているTACの全国公開模試は、宅建士試験を知り尽くした講師陣の長年にわたる緻密な分析の積み重ねと、叡智を結集して作成されています。TACの全国公開模試を受験することは最高水準の予想問題を受験することと同じなのです。

下記はほんの一例です。もちろん他にも多数の的中がございます!

全国公開模試[問13]肢3 ○
〔区分所有法〕区分所有者の5分の1以上で議決権の5分の1以上を有するものは、管理者に対し、会議の目的たる事項を示して、集会の招集を請求することができるが、この定数は規約で減ずることができる。

令和4年度本試験[問13]肢2 ○
〔区分所有法〕管理者がないときは、区分所有者の5分の1以上で議決権の5分の1以上を有するものは、集会を招集することができる。ただし、この定数は、規約で減ずることができる。

全国公開模試[問18]肢3 ○
〔建築基準法〕法の改正により、現に存する建築物が改正後の規定に適合しなくなった場合でも、当該建築物の所有者又は管理者は、当該建築物を改正後の法の規定に適合させる必要はない。

令和4年度本試験[問17]肢1 ×
〔建築基準法〕法の改正により、現に存する建築物が改正後の法の規定に適合しなくなった場合には、当該建築物は違反建築物となり、速やかに改正後の法の規定に適合させなければならない。

全国公開模試[問34]肢2 ×
〔37条書面の交付〕宅地建物取引業者Aが、宅地の売買を媒介により成立させた場合、Aは、売買契約成立後、遅滞なく、37条書面を宅地建物取引士をして売主と買主の双方に交付させなければならない。

令和4年度本試験[問44]肢2 ○
〔37条書面の交付〕(違反するものはどれか。)Aは、その媒介により建物の賃貸の契約を成立させ、37条書面を借主に交付するに当たり、37条書面に記名した宅地建物取引士が不在であったことから、宅地建物取引士ではないAの従業員に書面を交付させた。

◆全国公開模試の詳細は2024年7月上旬に発表予定です。

詳しい資料のご請求・お問い合わせは
通話無料 **0120-509-117** ゴウカク イイナ
TAC 検索
受付時間 月〜金 10:00〜17:00 土日祝 10:00〜17:00

資格の学校 **TAC**

直前対策シリーズ

※直前対策シリーズの受講料等詳細につきましては、2024年7月中旬刊行予定のご案内をご確認ください。

ポイント整理、最後の追い込みに大好評!

TACでは、本試験直前期に、多彩な試験対策講座を開講しています。
ポイント整理のために、最後の追い込みのために、毎年多くの受験生から好評をいただいております。
周りの受験生に差をつけて合格をつかみ取るための最後の切り札として、ご自身のご都合に合わせてご活用ください。

8月開講　直前対策講義　**講義形式**
〈全7回／合計17.5時間〉

 ビデオブース講座　　Web通信講座

直前の総仕上げとして重要論点を一気に整理!
直前対策講義のテキスト(非売品)は本試験当日の最終チェックに最適です!

対象者
- よく似たまぎらわしい内容や表現が「正確な知識」として整理できていない方
- 重要論点ごとの総復習や内容の整理を効率よくしたい方
- 問題を解いてもなかなか得点に結びつかない方

特色
- 直前期にふさわしく「短時間(合計17.5時間)で重要論点の総復習」ができる
- 重要論点ごとに効率良くまとめられた教材で、本試験当日の最終チェックに最適
- 多くの受験生がひっかかってしまうまぎらわしい出題ポイントをズバリ指摘

カリキュラム（全7回）
使用テキスト
- 直前対策講義レジュメ（全1冊）

※2024年合格目標宅建士講座「総合本科生SPlus」「総合本科生S」「総合本科生」をお申込みの方は、カリキュラムの中に「直前対策講義」が含まれておりますので、別途「直前対策講義」のお申込みの必要はありません。

| 通常受講料
(教材費・消費税10%込) | ビデオブース講座
Web通信講座 | **¥33,000** |

10月開講　やまかけ3日漬講座　**問題演習+解説講義**
〈全3回／合計7時間30分〉

 教室講座　 Web通信講座　　DVD通信講座

TAC宅建士講座の精鋭講師陣が2024年の宅建士本試験を
完全予想する最終直前講座!

対象者
- 本試験直前に出題予想を押さえておきたい方

特色
- 毎年多数の受験生が受講する大人気講座
- TAC厳選の問題からさらに選りすぐった「予想選択肢」を一挙公開
- リーズナブルな受講料
- 一問一答形式なので自分の知識定着度合いが把握しやすい

申込者限定配付

使用テキスト
- やまかけ3日漬講座レジュメ（問題・解答 各1冊）

| 通常受講料
(教材費・消費税10%込) | 教室講座
Web通信講座
DVD通信講座 | **¥9,900** |

※2024年合格目標TAC宅建士講座各本科生・パック生の方も別途お申込みが必要です。
※振替・重複出席等のフォロー制度はございません。予めご了承ください。

宅建士とのW受験に最適!

宅地建物取引士試験と管理業務主任者試験の同一年度W受験をオススメします!

宅建士受験生の皆さまへ!

宅建士で学習した知識を活かすには同一年度受験!!

宅建士と同様、不動産関連の国家資格「管理業務主任者」は、マンション管理のエキスパートです。管理業務主任者はマンション管理業者に必須の資格で独占業務を有しています。**現在、そして将来に向けてマンション居住者の高齢化とマンションの高経年化は日本全体の大きな課題となっており、今後「管理業務主任者」はより一層社会から求められる人材として期待が高まることが想定されます。**マンションディベロッパーをはじめ、宅建業者の中にはマンション管理業を兼務したりマンション管理の関連会社を設けているケースが多く見受けられ、宅建士とのダブルライセンス取得者の需要も年々高まっています。

また、**試験科目が宅建士と多くの部分で重なっており、**宅建士受験者にとっては資格取得に向けての大きなアドバンテージになります。したがって、宅建士受験生の皆さまには、**同一年度に管理業務主任者試験とのW合格のチャレンジをオススメします!**

◆各資格試験の比較 ※受験申込受付期間にご注意ください。

	宅建士	共通点	管理業務主任者
受験申込受付期間	例年 7月初旬~7月末		例年 8月初旬~9月末
試験形式	四肢択一・50問	↔	四肢択一・50問
試験日時	毎年1回、10月の第3日曜日		毎年1回、12月の第1日曜日
	午後1時~午後3時(2時間)	↔	午後1時~午後3時(2時間)
試験科目 (主なもの)	◆民法 ◆借地借家法 ◆区分所有法 ◆不動産登記法 ◆宅建業法 ◆建築基準法 ◆税金	↔	◆民法 ◆借地借家法 ◆区分所有法 ◆不動産登記法 ◆宅建業法 ◆建築基準法 ◆税金
	◆都市計画法 ◆国土利用計画法 ◆農地法 ◆土地区画整理法 ◆鑑定評価 ◆宅地造成等規制法 ◆統計		◆標準管理規約 ◆マンション管理適正化法 ◆マンションの維持保全(消防法・水道法等) ◆管理組合の会計知識 ◆標準管理委託契約書 ◆建替え円滑化法
合格基準点	36点/50点(令和4年度)		36点/50点(令和4年度)
合格率	17.0%(令和4年度)		18.9%(令和4年度)

※管理業務主任者試験を目指すコースの詳細は、2024年合格目標 管理業務主任者講座パンフレット(2023年12月刊行予定)をご覧ください。

宅建士からのステップアップに最適!

ステップアップ・ダブルライセンスを狙うなら…

宅地建物取引士の本試験終了後に、不動産鑑定士試験へチャレンジする方が増えています。なぜなら、これら不動産関連資格の学習が、不動産鑑定士へのステップアップの際に大きなアドバンテージとなるからです。宅建の学習で学んだ知識を活かして、ダブルライセンスの取得を目指してみませんか?

▶不動産鑑定士

宅建を学習された方にとっては見慣れた法令が点在しているはずです。

2023年度不動産鑑定士短答式試験
行政法規 出題法令・項目

難易度の差や多少の範囲の相違はありますが、一度学習した法令ですから、初学者に比べてよりスピーディーに合格レベルへと到達でき、非常に有利といえます。
なお、論文式試験に出題される「民法」は先述の宅建士受験者にとっては馴染みがあることでしょう。したがって不動産鑑定士試験全体を通じてアドバンテージを得ることができます。

問題	法 律		問題	法 律
1	土地基本法		21	マンションの建替え等の円滑化に関する法律
2	不動産の鑑定評価に関する法律		22	不動産登記法
3	不動産の鑑定評価に関する法律		23	住宅の品質確保の促進等に関する法律
4	地価公示法		24	宅地建物取引業法
5	国土利用計画法		25	不動産特定共同事業法
6	都市計画法	準都市計画区域等	26	高齢者、障害者等の移動等の円滑化の促進に関する法律
7	都市計画法	再開発等促進区	27	土地収用法
8	都市計画法	地域地区	28	土壌汚染対策法
9	都市計画法	開発行為等	29	文化財保護法
10	都市計画法	開発許可の要否	30	自然公園法
11	土地区画整理法		31	農地法
12	土地区画整理法		32	森林法
13	都市再開発法		33	道路法
14	都市再開発法		34	国有財産法
15	都市緑地法		35	所得税法
16	建築基準法	総合	36	法人税法
17	建築基準法	単体規定等	37	租税特別措置法
18	建築基準法	集団規定等	38	固定資産税
19	建築基準法	集団規定	39	相続税及び贈与税
20	建築基準法	道路	40	金融商品取引法、投資信託及び投資法人に関する法律、資産の流動化に関する法律

さらに 宅地建物取引士試験を受験した経験のある方は割引受講料にてお申込みいただけます!

詳細はTACホームページ、不動産鑑定士講座パンフレットをご覧ください。

TAC出版 書籍のご案内

TAC出版では、資格の学校TAC各講座の定評ある執筆陣による資格試験の参考書をはじめ、
資格取得者の開業法や仕事術、実務書、ビジネス書、一般書などを発行しています!

TAC出版の書籍

*一部書籍は、早稲田経営出版のブランドにて刊行しております。

資格・検定試験の受験対策書籍

- ○日商簿記検定
- ○建設業経理士
- ○全経簿記上級
- ○税理士
- ○公認会計士
- ○社会保険労務士
- ○中小企業診断士
- ○証券アナリスト
- ○ファイナンシャルプランナー(FP)
- ○証券外務員
- ○貸金業務取扱主任者
- ○不動産鑑定士
- ○宅地建物取引士
- ○賃貸不動産経営管理士
- ○マンション管理士
- ○管理業務主任者
- ○司法書士
- ○行政書士
- ○司法試験
- ○弁理士
- ○公務員試験(大卒程度・高卒者)
- ○情報処理試験
- ○介護福祉士
- ○ケアマネジャー
- ○社会福祉士　ほか

実務書・ビジネス書

- ○会計実務、税法、税務、経理
- ○総務、労務、人事
- ○ビジネススキル、マナー、就職、自己啓発
- ○資格取得者の開業法、仕事術、営業術
- ○翻訳ビジネス書

一般書・エンタメ書

- ○ファッション
- ○エッセイ、レシピ
- ○スポーツ
- ○旅行ガイド(おとな旅プレミアム/ハルカナ)
- ○翻訳小説

TAC出版

(2021年7月現在)

書籍のご購入は

1 全国の書店、大学生協、ネット書店で

2 TAC各校の書籍コーナーで

資格の学校TACの校舎は全国に展開!
校舎のご確認はホームページにて

資格の学校TAC ホームページ
https://www.tac-school.co.jp

3 TAC出版書籍販売サイトで

CYBER TAC出版書籍販売サイト
BOOK STORE

24時間ご注文受付中

TAC 出版　で　検索

https://bookstore.tac-school.co.jp/

- 新刊情報をいち早くチェック!
- たっぷり読める立ち読み機能
- 学習お役立ちの特設ページも充実!

TAC出版書籍販売サイト「サイバーブックストア」では、TAC出版および早稲田経営出版から刊行されている、すべての最新書籍をお取り扱いしています。

また、無料の会員登録をしていただくことで、会員様限定キャンペーンのほか、送料無料サービス、メールマガジン配信サービス、マイページのご利用など、うれしい特典がたくさん受けられます。

サイバーブックストア会員は、特典がいっぱい!(一部抜粋)

 通常、1万円(税込)未満のご注文につきましては、送料・手数料として500円(全国一律・税込)頂戴しておりますが、1冊から無料となります。

 専用の「マイページ」は、「購入履歴・配送状況の確認」のほか、「ほしいものリスト」や「マイフォルダ」など、便利な機能が満載です。

 メールマガジンでは、キャンペーンやおすすめ書籍、新刊情報のほか、「電子ブック版TACNEWS(ダイジェスト版)」をお届けします。

 書籍の発売を、販売開始当日にメールにてお知らせします。これなら買い忘れの心配もありません。

2024年合格目標

宅建士 独学道場

TAC出版の人気「宅建士 独学スタイル」をご案内します！

人気シリーズ書籍を使用
独学道場の教材は、TAC出版の人気シリーズ書籍！
9年連続書店売上No.1★の人気と実績のある書籍で学習できる！

書籍に合わせた専用のWeb講義
実力派講師が各書籍専用の講義をわかりやすく展開！
書籍での学習効果をさらに引き上げる！

お得！
「独学」だからこその価格設定！
直前期専用の教材や模試まで付いてこの値段！

★「みんなが欲しかった！ 宅建士の教科書／問題集」2015年度版～2023年度版（毎年度10月～7月で集計）
宅建士受験対策書籍 紀伊國屋PubLineを基に冊数ベースで当社にて集計

TAC出版＋TAC宅建士講座による独学者向けコース

村田 隆尚 講師の
みんなが欲しかった！コース

私が講義を担当します！
村田 隆尚 講師
TAC宅建士講座 専任講師

学習のポイントとして、知識の正確性も大事ですが、まずは細かいことにとらわれず、全体のイメージを理解することが大切です。
合格するうえで必要なポイントを全て盛り込んだフルカラーのななみ先生渾身の「教科書」&「問題集」を使って独学で合格を手に入れましょう。

料 金 (10％税込)	みんなが欲しかった！コース	フルパック	31,570円
		「教科書」「問題集」「一問一答」なしパック	25,300円

※「教科書」「問題集」「一問一答」なしパックは、2024年度版のみんなが欲しかった！「宅建士の教科書」「宅建士の問題集」「宅建士の一問一答問題集」をお持ちの方向けでこの3冊が含まれません。

申込受付期間	2023年10月4日(水)～2024年8月29日(木)

宅建士 独学道場

1. 「宅建士の教科書」を読み、「宅建士の一問一答問題集」を活用して、知識を定着させ、「宅建士の問題集」を解く

試験に必要な知識を身につける

2. 「ズバッとポイントWeb講義」を視聴する

講義トータル 約30時間
1回約15分〜30分
短期学習を可能に!
独学専用カリキュラム

合格に欠かせないポイントをズバッと解説

学習効果をさらに引き上げる!

3. 「宅建士の直前予想問題集」「法律改正点レジュメ」で直前対策!

独学では不足しがちな法律改正情報や最新試験対策もフォロー!

4. TAC宅建士講座「全国公開模試」で総仕上げ

実力が実戦力に

「独学で合格」のポイント 利用中のサポート 学習中の疑問を解決! 質問カード

「教科書」を読んだだけでは、理解しにくい箇所や重要ポイントは、Web講義で解説していますが、それでも不安なところがある場合には「質問カード」を使って解決することができます。
専門スタッフが質問・疑問に回答いたしますので、「理解があっているだろうか?」など、独学の不安から解放されて、安心して学習を進めていただくことができます。

コンテンツPickup!「ズバッとポイントWeb講義」

Web講義のポイント

- 1回が短い(約15分〜30分)ので、スキマ時間に見られる!
- 合格にとって最も重要なポイントを押さえられる!
- Webで配信だからいつでもどこでも講義が聴ける!

パソコンのほか、スマートフォンやタブレットから、利用期間内なら繰り返し視聴可能!
専用のアプリで動画のダウンロードが可能です!

※電波のない環境でも、速度制限を気にすることなく再生できます。
　ダウンロードした動画は2週間視聴可能です。

お申込み・最新内容の確認

インターネットで
TAC出版書籍販売サイト「サイバーブックストア」にて

TAC出版 [検索]

https://bookstore.tac-school.co.jp/

詳細は必ず、TAC出版書籍販売サイト「サイバーブックストア」でご確認ください。

※本広告の記載内容は、2023年8月現在のものです。
やむを得ず変更する場合もありますので、詳細は必ず、TAC出版書籍販売サイト「サイバーブックストア」の「宅建士独学道場」ページにてご確認ください。

書籍の正誤に関するご確認とお問合せについて

書籍の記載内容に誤りではないかと思われる箇所がございましたら、以下の手順にてご確認とお問合せをしてくださいますよう、お願い申し上げます。

なお、正誤のお問合せ以外の**書籍内容に関する解説および受験指導などは、一切行っておりません。**
そのようなお問合せにつきましては、お答えいたしかねますので、あらかじめご了承ください。

1 「Cyber Book Store」にて正誤表を確認する

TAC出版書籍販売サイト「Cyber Book Store」の
トップページ内「正誤表」コーナーにて、正誤をご確認ください。

CYBER TAC出版書籍販売サイト
BOOK STORE

URL:https://bookstore.tac-school.co.jp/

2 1 の正誤表がない、あるいは正誤表に該当箇所の記載がない ⇒ 下記①、②のどちらかの方法で文書にて問合せをする

★ご注意ください★

お電話でのお問合せは、お受けいたしません。

①、②のどちらの方法でも、お問合せの際には、「お名前」とともに、

「対象の書籍名(○級・第○回対策も含む)およびその版数(第○版・○○年度版など)」
「お問合せ該当箇所の頁数と行数」
「誤りと思われる記載」
「正しいとお考えになる記載とその根拠」

を明記してください。

なお、回答までに1週間前後を要する場合もございます。あらかじめご了承ください。

---

① ウェブページ「Cyber Book Store」内の「お問合せフォーム」より問合せをする

【お問合せフォームアドレス】

https://bookstore.tac-school.co.jp/inquiry/

---

② メールにより問合せをする

【メール宛先 TAC出版】

syuppan-h@tac-school.co.jp

※土日祝日はお問合せ対応をおこなっておりません。
※正誤のお問合せ対応は、該当書籍の改訂版刊行月末日までといたします。

乱丁・落丁による交換は、該当書籍の改訂版刊行月末日までといたします。なお、書籍の在庫状況等により、お受けできない場合もございます。

また、各種本試験の実施の延期、中止を理由とした本書の返品はお受けいたしません。返金もいたしかねますので、あらかじめご了承くださいますようお願い申し上げます。

TACにおける個人情報の取り扱いについて
■お預かりした個人情報は、TAC(株)で管理させていただき、お問合せへの対応、当社の記録保管にのみ利用いたします。お客様の同意なしに業務委託先以外の第三者に開示、提供することはございません(法令等により開示を求められた場合を除く)。その他、個人情報保護管理者、お預かりした個人情報の開示等及びTAC(株)への個人情報の提供の任意性については、当社ホームページ(https://www.tac-school.co.jp)をご覧いただくか、個人情報に関するお問い合わせ窓口(E-mail:privacy@tac-school.co.jp)までお問合せください。

(2022年7月現在)

2024年合格目標

みんなが欲しかった!コース

- ● 学習ガイドブック(1冊)
- ● 質問カード(5回)

学習準備＋論点学習

- ● みんなが欲しかった! 宅建士の教科書 (1冊)★
- ● みんなが欲しかった! 宅建士の問題集 (1冊)★
- ● みんなが欲しかった! 宅建士の一問一答問題集 (1冊)★

＋Plus

- ● みんなが欲しかった! ズバッとポイントWeb講義
  - 教科書編 約25時間
  - 問題集編 約6時間

直前対策

- ● みんなが欲しかった! 宅建士の直前予想問題集(1冊)
- ● 法律改正点レジュメ (1冊)
- ● TAC宅建士講座 全国公開模試 (全1回) 会場受験可

料金 (10%税込)

フルパック	31,570円
『教科書』『問題集』『一問一答』なしパック★	25,300円

★『教科書』『問題集』『一問一答』なしパックは、2024年度版のみんなが欲しかった!『宅建士の教科書』『宅建士の問題集』『宅建士の一問一答問題集』をお持ちの方向けでこの3冊が含まれません。

※Web講義は1回約15〜30分で、2023年12月下旬より順次配信予定です。

※当コースの申込受付期間は、2023年10月4日(水)〜2024年8月29日(木)です。

※本案内書に記載されている内容は2023年10月現在のものです。

まずはTAC出版「サイバーブックストア」へ!

🔍 TAC出版 検索

https://bookstore.tac-school.co.jp/

●「独学道場」のお申込みはインターネットにてお受けしています。

スマートフォンの方はこちら

[メールでのお問い合わせ]
✉ sbook@tac-school.co.jp

大好評! 申込受付中!